ISABELLE SCHULER

LADY MACBETH

Traduzione di Valeria Bastia

HarperCollins

ISBN 979-12-5985-316-5

Titolo originale dell'edizione in lingua inglese:
Lady MacBethad
Raven Books
an Imprint of Bloomsbury Publishing Plc

Traduzione di Valeria Bastia

Le citazioni sono tratte da
William Shakespeare, *Macbeth*, traduzione di Nemi D'Agostino,
Garzanti Grandi Libri, Milano 2016.
Per gentile concessione dell'editore.

Prima edizione HarperCollins
gennaio 2025

FSC
www.fsc.org

MISTO
Carta da fonti gestite
in maniera responsabile
FSC® C005461

Questo libro è prodotto con carta FSC certificata e da fonti controllate con un sistema
di controllo di parte terza indipendente per garantire una gestione forestale responsabile.

A Charlotte Blacklock

1

Come mi spiegò una volta mia nonna, pitto significa "dipinto". I miei antenati pitti, infatti, si decoravano la pelle tingendola di blu, rosso e verde. Quei disegni circolari brillavano così vivaci che si credeva provenissero da un altro mondo, e si aveva la conferma che fossero mortali solo quando il loro sangue veniva versato.

Mia nonna ricordava ogni dettaglio di quell'epoca; apparteneva a una stirpe in via d'estinzione, figlia di druidi che in passato avevano servito re e principi dei Pitti, prima che sorgesse il regno di Alba e che le loro tradizioni fossero soppiantate. Sentì tutto il peso della sconfitta, ancora di più quando lei e mia madre, Ailith, vennero portate a Scone, alla corte del grande Principe Boedhe, mio padre. Da ragazzina, Ailith aveva visitato la corte di mio nonno, Re Coinneach, e in quell'occasione era stato combinato il fidanzamento. Benché credesse nella nuova religione, Coinneach cercava comunque di conquistarsi il favore di quei sudditi che ancora non si erano convertiti al dio dei cristiani: mettere una pagana sul trono accanto al figlio era un gesto di considerevole buona volontà.

Suo cugino Malcolm, però, lo uccise e si impossessò della corona, ponendo così fine alle sue aspirazioni. Vedendo che in molti gli restarono fedeli anche dopo la sua morte, Re Malcolm nominò mio padre Mormaer del Fife, per placare quelli che altrimenti avrebbero potuto unirsi a lui in una rivolta.

Per quanto mio padre odiasse Re Malcolm, ancora più radicata in lui era la paura di perdere quel poco che gli restava, pertanto, quando le pratiche druidiche vennero bandite nel nome della nuova religione, costrinse mia madre Ailith a rinunciarvi. Ridurre al silenzio mia nonna, invece, si rivelò un compito ben più arduo.

A tale scopo, le distrusse tutti gli amuleti e i ciondoli che aveva portato con sé. Con determinazione, ma senza mai proferire parola, spense ogni fuoco sacro che la scopriva ad accendere. A denti stretti, mandò le guardie a estirpare le piantagioni di erbe magiche che coltivava in segreto. Alla fine mia nonna si accorse che interveniva sempre con un tempismo impeccabile, dunque iniziò a sospettare che la spiasse.

Ma, quando mia madre insisté per darmi un nome pitto, mio padre non trattenne più la rabbia. In seguito mia nonna mi raccontò l'episodio con il fervore di una martire.

«Boedhe, dobbiamo chiamarla Groa!» si impuntò. «Guarda i suoi occhi! Sono immensi pozzi di saggezza, come quelli della grande veggente norvegese.»

«Se ha solo due giorni di vita! Di che saggezza stai parlando?»

«Si chiamerà *Groa*, punto» ribatté lei, ignorando la sua domanda.

«È già abbastanza grave che Re Malcolm sospetti che io abbia sposato una druida, non ho intenzione di scatenare un ulteriore putiferio dando un nome pitto a mia figlia!»

«Forse se passassi meno tempo a leccarti le ferite e pensassi di più a come riprenderti il trono, non saresti tanto codardo» rincarò la dose mia madre.

«Da' retta ad Ailith» convenne mia nonna. «Chiamala Groa, così dimostrerai che non devi niente a nessuno.»

«Basta!» tuonò mio padre. «Certi discorsi ci faranno uccidere. La guerra è finita, e abbiamo perso. La chiameremo Gruoch» dichiarò, senza ammettere repliche.

Mia nonna mi chiamava comunque Groa, e per questo mio padre la allontanò immediatamente e la spedì su un'isola in mezzo a un lago verso i confini più remoti delle sue terre, accompagnata soltanto da una manciata di servitori. Ben presto i locali si rivolsero a lei in massa perché preparasse rimedi segreti e benedisse le loro case, per questo non si ritrovava mai a corto di cibo o compagnia.

Io e mia madre avevamo il permesso di andare a trovarla una volta all'anno – *il nostro pellegrinaggio pagano*, così lo chiamavamo. Adoravo stare con lei e ascoltare le storie sui miei antenati pitti. Celebravamo la festa di Imbolc insieme alla gente del posto, poi mia nonna insegnava a mia madre nuovi incantesimi, sfruttando il potere della terra per realizzare amuleti che garantivano protezione e fortuna. Il momento più bello era l'ultima sera, quando ci mostrava lo splendido arazzo che aveva intessuto in nostra assenza. Li teneva tutti appesi alle pareti di casa, e ognuno raccontava un episodio glorioso risalente all'epoca dei druidi e delle divinità pitte.

Mentre il fuoco scoppiettava nel grande focolare, io mi sedevo tra lei e mia madre e mangiucchiavo fette di morbido pane al rosmarino spalmato di burro. Tenevamo l'arazzo disteso sulle gambe. Intanto che mia madre esaminava il lavoro della nonna, i capelli biondo rame le ricadevano sulla stoffa, e allora mi ci voleva una buona dose di autocontrollo per non immergere le mani in quella soffice criniera. Con le sue dita delicate seguiva l'intricata trama dei fili, e il bracciale d'oro da cui non si separava mai luccicava ammaliante alla luce delle fiamme.

Nella stanza risuonava la voce bassa e profonda della nonna, che narrava di battaglie combattute e vinte, di eroiche missioni alla conquista di bellezza, amore e verità. Avevo davanti agli occhi quelle immagini scintillanti e, mentre cantava l'antica melodia dell'addio, sentivo l'eco delle generazioni passate rimbombarmi nelle orecchie.

Cuin a choinnicheas sinn a-rithist?
Ann an dealanach tàirneanaich no uisge?
Nuair a tha am mi-òrdugh air tighinn agus air falbh
Nuair a thèid am blàr air chall agus bhuannaich.

Sebbene mi sfuggisse il significato di quelle parole, mi trasmettevano un senso di calore, magia e libertà. La settimana trascorsa insieme a lei mi dava la forza per vivere un altro anno nell'ombra che Re Malcolm aveva gettato sulla contea del Fife e su mio padre.

Lui si rammaricava di vivere così lontano da Scone e dal trono che gli spettava di diritto, invece secondo me il Fife diventava più bello di stagione in stagione. Situata tra il mare e una profonda vallata, la nostra fortezza era costruita in legno e mattoni. All'interno disponevamo di una semplice stalla e di un piccolo presidio per soldati che, stranamente, restava vuoto. Nonostante il titolo di mormaer fosse secondo solo a quello del re, mio padre aveva il permesso di tenere appena uno sparuto manipolo di guardie, che però tecnicamente dipendevano dal vescovo di St. Andrews, il braccio destro di Re Malcolm. Ecco perché spesso il presidio veniva adibito ad alloggio per gli ospiti. La nostra unica vera fonte di protezione era l'immensa staccionata di legno che circondava l'intero perimetro della fortezza, ma di solito era pattugliata da una sola vedetta.

Non avevo visto molto del mondo, dunque nella mia ingenuità pensavo che non esistessero edifici maestosi quanto il nostro. Io e mia madre giocavamo a nascondere dappertutto gli amuleti che ci preparava la nonna, avventurandoci addirittura nel piccolo insediamento alle sue spalle. Proteggere la nostra gente e le nostre terre mediante gli antichi riti pitti mi faceva sentire utile.

Un pomeriggio d'estate, però, quando avevo cinque anni, cambiò tutto.

Avevo implorato mia madre di venire in spiaggia e giocare alle selkie con me, e infatti avevamo trascorso le ore più calde della giornata a saltare tra le onde, fingendo di essere quelle creature mitologiche: donne che si trasformavano in foche e vivevano sulla terraferma e nel mare. L'acqua gelida ci toglieva il respiro ma, appena crollavamo sulla sabbia, il sole ci riscaldava di nuovo.

Mia madre aveva preso le tinture blu e verdi che teneva nascoste nelle sue stanze e aveva dipinto le braccia e la pancia di entrambe con i simboli circolari che rendevano omaggio a Lir, il grande dio del mare. Scintillavamo come esseri magici; con i capelli sciolti che le scendevano sulle spalle, gli occhi color ambra che brillavano alla luce del sole, la pelle dipinta che rifletteva il bagliore del sole, lei sembrava una dea a tutti gli effetti.

Ero convinta che, prima di tornare alla fortezza, ci saremmo ripulite, ma quel giorno mia madre si sentiva particolarmente audace. Ci sollevammo la gonna in vita e corremmo a casa sfrontate a petto nudo. Mio padre ci venne incontro, il sole che danzava sulla torque d'oro che aveva al collo, il segno distintivo di un mormaer. Mi sembrava di vivere in una delle storie della nonna: un Principe di Alba che va ad accogliere la divinità marina sua moglie...

Non appena ci vide, però, affrettò il passo. Mia madre allargò le braccia in un gesto d'affetto, i seni che le ballonzolavano e i fianchi che ondeggiavano sempre di più. Ma solo quando fummo abbastanza vicine e notammo il suo sguardo d'acciaio, ebbe un attimo di esitazione.

Non avevo mai visto nessuno sferrare un colpo così violento.

Vedendo mia madre cadere a terra barcollando, urlai.

Da noi, da sempre i mariti picchiavano le mogli. L'avevo visto fare ai thane che venivano in visita alla fortezza e pure ai domestici. Perfino i mozzi di cucina battevano le sorelle, replicando imprecazioni ereditate dai padri, anche se, a quell'età, loro gli rispondevano a tono.

Non mio padre, però.

Mentre mia madre cercava di rialzarsi, la afferrò per un braccio e la tirò a sé in modo da nasconderla dal vigile controllo delle guardie all'ingresso della roccaforte. Io gli conficcai le unghie nel braccio, ma mi cacciò via.

«Che stai facendo?» le chiese a denti stretti. «Vuoi farci espellere da Alba? Vuoi che ci tolgano anche quel poco che abbiamo?»

Lei si limitò a fissarlo, impassibile in volto.

Sollevai la testa e, oltre la staccionata, notai alle finestre qualche faccia incuriosita che ci fissava. Tirai su il vestito per nascondere il petto e le spalle, tentando di coprirmi per la vergogna, ma quell'ignobile tintura mi inzuppò la sottoveste. Avevo le guance in fiamme, come se avessi ricevuto anch'io un ceffone. Volevo andare da mia madre, ma lei era lì immobile che fissava mio padre, lo sguardo talmente terrorizzato che non osai intervenire.

Mi aspettavo che inveisse contro di lui o lo insultasse, invece cominciò a borbottare qualcosa nella lingua dei nostri antenati, che riconobbi al volo. A quel punto mio padre la allontanò da sé e la sua rabbia evaporò, anche se serrò la presa.

«Rimangiati le tue maledizioni, donna, non hanno alcun potere su di me» grugnì. Voleva risultare minaccioso, ma gli tremava la voce, e a lei non sfuggì.

Difatti riprese a parlare in quell'antica lingua, il volume della voce sempre più alto. Quando mio padre si rese conto che l'avrebbero sentita anche oltre la staccionata, le mollò il braccio. La cantilena cessò all'istante.

Rimasi meravigliata dal contegno che mantenne mia madre. Benché le si stessero già arrossando le braccia, i segni della stretta ben visibili sulla pelle chiara, appena mio padre si chinò verso di lei, fu evidente chi avesse vinto.

Mia madre lasciò che la sua vittoria gravasse nell'aria carica di tensione tra loro. Per liberarmi da quel silenzio opprimente, stavo per azzardarmi a dire qualcosa, poi la vidi coprirsi il petto con la sottoveste e allontanarsi senza voltarsi. Mio padre si girò verso di me, e rimasi sconvolta nel notare che aveva le lacrime agli occhi. In quel momento, con mio sommo stupore, era lui ad avere avuto la peggio.

Episodi come quello non ne accaddero più ma, con il trascorrere dell'inverno, da ogni angolo della fortezza si udivano i miei genitori litigare. Un giorno, mentre passavo davanti alle stanze di mia madre, li sentii discutere sulla nonna.

«Ti mando da lei per un motivo ben preciso!» le gridò mio padre.

«Mi mandi da lei perché sai che il nostro potere è reale» gli rispose lei.

«Ah, e dove sarebbe questo grande potere di cui parli, eh? Ormai Gruoch ha cinque anni. Un uomo più forte di me avrebbe soffocato il proprio amore e ammesso che sei maledetta, poi si sarebbe sbarazzato di una moglie sterile.»

«Forse quello maledetto sei tu, per avere rinnegato le tradizioni della nostra gente!»

«E allora dov'è il mio erede? Dov'è mio figlio?» tuonò ancora.

Prima che lei potesse ribattere, se ne andò. Io indietreggiai barcollando ma, da tanto era agitato, nemmeno si accorse della mia presenza.

«Ci sono altri modi di vivere» brontolò tra sé mentre attraversava il corridoio come una furia. La curiosità prese il sopravvento, ed entrai in punta di piedi. Mia madre stava buttando nel fuoco manciate di amuleti presi dal baule, le guance rigate di lacrime furibonde. Mentre bruciavano, nella stanza si diffuse il profumo della lavanda, un aroma delicato e rilassante, in netto contrasto con i suoi movimenti frenetici.

Quando si strappò dal collo anche il sacchettino di fiori di sambuco che indossava sempre per proteggersi dalle malattie e lo aggiunse alla pira di amuleti, trattenni il fiato.

Quel rumore attirò la sua attenzione.

«Fuori di qui!» mi ordinò.

Io rimasi di sasso, combattuta tra il desiderio di abbracciarla e darle conforto e allontanarmi da quella voce cupa e rotta.

Vedendo che mi si scagliava contro, corsi via.

Poco dopo quel litigio, le giunse all'orecchio un pettegolezzo su un presunto tradimento da parte di mio padre, che la spinse ad abbandonare completamente e in via definitiva le sue tradizioni druidiche – era molto peggio subire l'indifferenza di un marito che non la sua collera. Da quel momento, dedicò tutte le sue energie a interpretare il ruolo della moglie leale e obbediente. Mio padre era sollevato, e forse scelse di non vedere con quale disagio assolveva al proprio dovere. Gli promise all'infinito che gli avrebbe dato un erede, e alla fine lui si lasciò convincere.

Che fosse per senso di colpa o sincero affetto, mio padre cambiò davvero atteggiamento. Si mostrava dolce e gentile, e addirittura le comprò dei gioielli da un mercante di St. Andrews che era venuto alla fortezza in cerca di fortuna.

Cominciai a sentire la mancanza della nonna e della libertà della sua isola. Temevo che mia madre non volesse più andare a trovarla, invece, quando arrivò la primavera, diede inizio ai preparativi. Con mia grande sorpresa, ottenne anche l'approvazione di mio padre.

«Te lo prometto, sarà la volta buona» gli sussurrò mentre mi issavano sul cavallo. «Sì, te lo prometto.»

In risposta, lui la baciò appassionatamente.

A mano a mano che ci allontanavamo da casa, decisi di tentare il tutto per tutto, sperando che durante il viaggio mia madre tornasse a essere la giocosa compagnia di un tempo.

«Anche tu mi insegnerai gli incantesimi, come ha fatto la nonna con te?» azzardai.

«No» rispose, indurendo leggermente l'espressione della bocca. «Tua nonna prende il suo potere dalla terra, la cui qualità divina, però, si è inaridita. Adesso appartiene agli uomini.»

«Cioè a mio padre?»

«In parte, ma non come quando ci siamo fidanzati» rispose, corrucciando le labbra. Nonostante le sue parole, mi rallegrai nel constatare che stava recuperando la sua proverbiale petulanza.

«Un giorno apparterrà a me?»

Mentre cavalcavamo l'una accanto all'altra, si girò a guardarmi. La guardia che ci accompagnava si irrigidì.

«No, a mio figlio.»

«Ma tu non ce l'hai, un figlio» replicai irritata.

«No, ma presto lo avrò. Anzi, darò a tuo padre molti figli.» Giocherellò con le redini, distratta.

«E io, scusa?» piagnucolai. Essendo la primogenita, pensavo di meritarmi qualcosa.

«Ti troveremo un bel mormaer» disse per compiacermi. Detestava quando iniziavo a lamentarmi.

«Come mio padre?»

«Meglio. Con più autorità» confermò decisa.

Ci riflettei su.

«E se muore o si trova un'amante, le terre rimarranno a me?»

Mia madre sospirò, agitando una mano a mezz'aria come per allontanare un insetto.

«È per questo che devo mettere al mondo un erede maschio, per assicurarti il tuo posto sulla terra. Se vuoi il potere, lo devi cercare negli uomini: in tuo marito e nei tuoi figli. Se comandi loro, comandi tutto. In caso contrario, non vali niente, e puoi pure morire giovane.»

Incrociai le braccia al petto e aggrottai le sopracciglia. Vedendomi imbronciata, fece per punirmi, ma poi decise altrimenti. Continuammo a cavalcare in silenzio, a disagio.

Non avevo alcun desiderio di assicurarmi un marito o un figlio maschio, preferivo imitare la nonna e sussurrare formule magiche su erbe e pietre, un'attività di gran lunga più divertente. Non potevo negare, però, che adesso mia madre esercitava un totale controllo su mio padre.

Di sicuro la nonna avrebbe saputo cosa fare.

Quando la barca attraccò sull'isola, ci stava aspettando a braccia aperte, ma mia madre la salutò senza aprire bocca ed entrò subito in casa. La nonna allora mi prese da parte e mi domandò se fosse successo qualcosa. Benché fosse trascorso un anno e avessi innumerevoli argomenti su cui aggiornarla, sapevo cosa le interessava sentire.

Le raccontai che mio padre l'aveva picchiata e che allora lei aveva cancellato ogni legame con le nostre tradizioni pagane, preferendo trascorrere tutto il tempo con lui e i suoi numerosi ospiti, e nei suoi occhi balenò qualcosa di simile alla rabbia di una lupa protettiva.

«Quando imparerà tuo padre che voltare le spalle ai nostri riti non gli restituirà la sua terra e il suo popolo?»

«E la mamma, invece? Anche lei sbaglia?»

Le venne uno sguardo triste. «Lei ormai è persa. Pensa di avere un'influenza eterna su di lui, ma si sa che gli uomini sono più mutevoli del mare.»

Indicò il cielo, che stava diventando buio al crepuscolo.

«Lo vedi come cambiano le nubi, che si rincorrono nell'ampia distesa del cielo?»

Annuii.

«Di fronte agli schemi sempre diversi della natura, tua madre pensa che il potere della terra sia inconsistente, ma ha dimenticato dove guardare.»

Poi si inginocchiò come per pregare, e nascose il viso nell'erba fresca, inspirando a fondo.

«Vieni» mi disse, facendomi segno di unirmi a lei.

«Lo senti il ronzio del potere della terra, Groa, che scorre più in profondità rispetto a quello degli uomini?»

Mi misi in ascolto e cercai di captare anch'io quel brusio, ma percepii solo la rugiada della sera sulle guance e il profumo dell'erba nelle narici.

«No» ammisi imbarazzata.

«A tempo debito ci riuscirai. Brighde vuole che...»

«Cosa state facendo voi due?»

La voce di mia madre squarciò il silenzio della sera.

Mia nonna si rialzò. Nonostante morissi dalla voglia di sapere cosa desiderasse Brighde per me, non mi andava di chiederle ulteriori dettagli davanti a lei.

«Stavo pregando il nuovo dio dei cristiani perché mi dia forza.»

Mia madre sbuffò sdegnata.

«Oh, è una perdita di tempo. Un dio così debole non saprebbe difendersi nemmeno da una manica di sacerdoti e soldati.»

La nonna scoppiò a ridere.

«A quanto vedo, almeno su una cosa siamo ancora d'accordo. Forza» continuò poi, prendendomi le mani gelide nelle sue calde, «andiamo a prepararci per la festa di Imbolc.»

2

Se in passato interi villaggi si radunavano per celebrare Imbolc, adesso restava solo una manciata di famiglie abbastanza coraggiose da ritrovarsi in angoli sperduti del regno, seppur con il rischio di ricevere un castigo. Uno di questi luoghi era l'isola di mia nonna.

Prima arrivarono le giovani donne con i loro figli per aiutarla a pulire casa e purificarla dopo il rigido inverno, facendo spazio per accogliere Brighde, la dea della profezia, delle guarigioni e dei nuovi inizi. Poi toccò agli uomini, di solito contadini, con le provviste per la festa. Per ultime vennero accompagnate sull'isola le anziane figlie dei druidi, a cui era riservato un posto d'onore ai tavoli del banchetto, dove avrebbero spettegolato mentre assistevano ai preparativi.

Quell'anno, correva voce che la nuova religione avesse rubato la festa di Imbolc e l'avesse modificata per adattarla ai propri scopi: le donne dovevano vestirsi di bianco, secondo un rituale di purificazione, si pregava il nuovo dio e la solennità si era impossessata dell'intera faccenda. Non capivo perché Re Malcolm non si inventasse dei riti suoi invece di inquinare i nostri, disonorandoci ulteriormente. Partecipare a una festa proibita avrebbe dovuto spaventarmi, invece provavo solo orgoglio per la nostra cocciuta sfida contro il volere del sovrano.

Il mio compito era aspettare gli ospiti a riva e dare loro il benvenuto. In quei sorrisi tirati avvertivo tutto il peso delle loro aspettative. La nonna gli avrebbe fornito tinture per la protezione e la prosperità, e spesso anche profezie per l'anno successivo.

Di ora in ora, l'atteggiamento glaciale di mia madre si addolcì, anche se continuava a mantenersi distante dalla nonna, come se starle vicino fosse troppo doloroso. Io, allora, mi aggrappai ancora di più a lei, per rassicurarla che invece il mio amore non si era raffreddato. Magari l'aveva pure notato, però non mi disse nulla.

Quando il sole tramontò dietro le colline, lei e le sue aiutanti costruirono un grosso fuoco sacro vicino al pelo dell'acqua. Chi era venuto per la festa e gli amuleti, ma aveva troppa paura di essere scoperto a prendere parte a quell'antichissima tradizione divinatoria, si allontanò alla chetichella verso la riva, finché non rimasero in pochi, perlopiù le figlie dei druidi come la nonna, e comunque molti meno rispetto all'anno prima. La guardai per capire se si fosse accorta di quel calo ma, a quanto sembrava, era concentrata solo sul compito che la aspettava.

Ci radunammo intorno al fuoco, e mi sorpresi nel vedere mia madre tra coloro che avrebbero bevuto la sacra artemisia. Notando il suo sguardo famelico, compresi che avrebbe approfittato della cerimonia per chiedere un figlio maschio a Brighde.

Mi sedetti accanto alla nonna mentre sbriciolava quella pianta rossa e marrone contro la ciotola e poi la mescolava nell'acqua bollita sul fuoco sacro finché la poltiglia non assunse il colore del fango. Intanto sussurrava una melodia ammaliante – un antico canto di rinascita, inizio e buona fortuna.

Pur non riuscendo a spiegare a parole cosa volesse da me, sentivo che la canzone mi chiamava e mi attirava a sé. Per tutta risposta, mi sembrò di udire mormorare anche il terreno sotto i miei piedi.

A poco a poco la nonna si zittì e guardò nella ciotola. Soddisfatta, ne versò il contenuto in una tazza, che poi venne passata tra i presenti. Ogni donna ne bevve un sorso, dopodiché lei ricominciò il procedimento daccapo: mescolare, mescere, condividere, cantare.

Dopo che l'artemisia fu fatta girare due volte, non appena Brighde si manifestava in loro, ognuna iniziava a cantare la propria canzone, la mente monopolizzata da quella visione. Intanto che gemevano tra gli spasmi della profezia, il vento ne trasportava le voci, che riecheggiavano contro l'acqua scura. Più le donne perdevano il controllo tra balli e salti, inarcando la schiena, e proiettavano strane ombre sulle pareti del cottage di mia nonna, mandando lampi di luce sulla riva sabbiosa, più rabbrividivo.

Era bello da vedere e al contempo spaventoso.

Io ero troppo piccola per bere quella pianta poderosa e, nonostante le mie veementi proteste, sotto sotto mi rallegravo di non dover ingerire quel liquido torbido e consegnare il mio corpo agli dèi. Per quanto mi sentissi turbata, però, non osavo muovermi, nemmeno respirare, per paura di lacerare la sottile barriera tra la vita terrena e l'aldilà, attraverso la quale Brighde comunicava con i suoi fedeli seguaci. La nonna se ne stava seduta in silenzio, fissando nel buio con sguardo vacuo, cercando la dea.

Benché a modo mio, partecipai comunque al rito. Immersi le mani nell'erba, fredda e croccante sotto le dita, e cercai quel potere di cui mi aveva parlato mia nonna. Ma non sentii altro che un mormorio nell'aria.

«Cosa stai tentando di dirmi?» chiesi, la voce ridotta a poco più che un sussurro.

Sapevo che non avrei ricevuto risposta, ma in quel momento un lieve venticello mi sfiorò il collo e sentii lo sguardo della nonna su di me. Alzai la testa. Adesso aveva le pupille dilatate e teneva i pugni serrati, eppure restò seduta immobile, un punto di forza in quel mare di rumore e ombre. Mi mossi a disagio sotto l'intensità della sua espressione.

«Non avere paura, Groa, figlia di Boedhe, figlio di Coinneach, legittimo Re di Alba» mi disse con voce profonda e forte, simile al monotono ronzio di uno sciame d'api.

«Supererai in grandezza ciascuno di noi. La tua fama si diffonderà per tutta Alba e giungerà fino in Inghilterra. Ogni terra che guarderai con i tuoi occhi e toccherai con i tuoi piedi ti appartiene, e tu appartieni a essa.»

Non appena udii provenire la conferma dalla terra, provai un tuffo al cuore e mi corse un brivido lungo la schiena.

È questo che ti sto dicendo, questo...

Era la prima volta che la nonna profetizzava qualcosa su di me. Sapevo di non poterle parlare durante il rituale, ma il richiamo della terra mi incalzava a risponderle.

«Diventerò regina?» azzardai. Oh, che rabbia! In confronto al suo timbro denso, mi uscì una vocina debole.

«Non solo. Diventerai immortale.»

Pensai al potere che aveva ricevuto dai druidi nostri antenati. Pensai a mia madre che teneva in pugno suo marito con la promessa di un erede maschio. Pensai a mio padre che si piegava al comando di Re Malcolm anche se quest'ultimo non aveva mai messo piede nel Fife. E io avrei superato in grandezza ciascuno di loro?

«Sposerò un re?» le chiesi poi.

Mia nonna scoppiò a ridere.

«Io ti sto prospettando gloria e immortalità, e tu mi parli di matrimonio?»

«Ma come faccio a diventare regina se non...» cominciai, però lei mi zittì.

«Basta domande, bambina mia, la profezia è ancora lunga.»

Indietreggiai intimorita, ma lei se ne accorse e mi prese le mani.

«Devi restare in vita, piccola Groa. Devi sopravvivere, tu più di tutti noi» aggiunse, la forte voce profetica di prima sostituita da un tono di profondo desiderio, gli occhi fissi su di me.

Mi strinse delicatamente le dita e tornò a osservare il fuoco, le fiamme che proiettavano ombre tremolanti sul suo volto. Mi guardai intorno per vedere chi altri avesse ascoltato quell'incredibile profezia, ma a quanto sembrava nessuna se ne era accorta, ancora tutte prese dalle proprie visioni. Mia madre ballava; volevo credere con tutto il cuore che si sentisse libera e felice, ma i suoi movimenti parevano forzati, come se stesse cercando di invocare Brighde con la sola forza della propria volontà invece di permettere alla grande dea di manifestarsi in lei.

Mi ronzavano in testa le parole della nonna.

Immortale.

Regina.

Sopravvivere.

Quando aprii gli occhi, la luce rosa aveva già ceduto il posto all'azzurro del mattino. Le anziane figlie dei druidi si stavano congedando, condividendo eccitate le rispettive visioni: una di loro sarebbe diventata di nuovo nonna al momento del raccolto, mentre un'altra si sarebbe ricongiunta con il figlio.

Qualcuno mi aveva appoggiato una pelle di pecora sulle spalle, dunque mi abbandonai a quel tepore. Da dove stavo distesa, raggomitolata accanto alle braci del fuoco, vedevo mia nonna e mia madre salutare gli altri ospiti. Le barchette si stavano allontanando dalla riva, finché non ne rimase solo una. Una delle nostre guardie era seduta a prua, ma io non capivo perché i nostri pochi bagagli fossero stati caricati a bordo.

Mi misi a sedere, e il freddo di quel mattino primaverile mi colpì in pieno volto. A mano a mano che i fumi del sonno si dileguavano, mi tornò in mente la profezia della nonna e avvertii un brivido lungo la schiena.

Ero così immersa nei miei pensieri che non mi accorsi che mi stava venendo incontro. Sembrava più vecchia che mai. Mi fece alzare e mi avvolse stretta nella pelle di pecora.

«È giunto il momento di salutarci, Groa» disse, chinandosi per darmi un bacio sulla guancia.

«Come, salutarci?» Di sicuro durante la notte mi si erano

tappate le orecchie, oltre a essermi rimbambita. «Siamo appena arrivate.»

«Tua madre ha ottenuto quello per cui è venuta» rispose lei con calma, poi mi prese la mano e mi condusse alla barca.

«No!» gridai, allontanandomi. «E l'arazzo?»

«Quest'anno non l'ho fatto.» Notai, però, che le tremava il labbro inferiore e aveva la mascella serrata, quindi capii al volo che stava mentendo. Cercava di nascondere le proprie emozioni. Ma io non avevo la sua stessa forza. Stanca e infreddolita, turbata all'idea di dover rinunciare a quei giorni preziosi, scoppiai a piangere.

«Gruoch!» mi rimproverò mia madre a gran voce dalla barca, ma la nonna le rifilò un'occhiataccia così gelida e tremenda che si spaventò, nonostante la distanza tra loro. Non l'aveva mai guardata a quel modo, ed ebbi la sensazione che il loro rapporto fosse cambiato, forse per sempre.

Poi la nonna mi si accovacciò davanti, e ci ritrovammo faccia a faccia.

«Ricordi cosa ti ho detto stanotte?» mi sussurrò.

Annuii, pulendomi il naso nella pelle di pecora.

«Devi restare in vita. Devi essere forte.»

«Mi manchi» riuscii solo a risponderle desolata, e quell'ammissione si accompagnò a una nuova ondata di lacrime.

La nonna si raddrizzò e mi prese in braccio, stringendomi forte. Si incamminò insieme a me verso la barca ma, quando mia madre allungò le braccia per accogliermi, temporeggiò un istante. Mi accarezzò i capelli, finché smisi di singhiozzare. Sentii che profumava di artemisia, e allora inspirai profondamente, quasi strozzandomi con il mio stesso moccio. Lei ridacchiò, e il peso che avevo sul cuore un pochino si alleggerì.

«Non dimenticarti le mie parole, piccolina» ripeté, e io annuii.

Si chinò per darmi un altro bacio sulla guancia.

«Sii come un fiore innocente, ma agisci come la serpe che striscia sotto di esso» mi mormorò all'orecchio.

Era un antico detto pitto e, nonostante l'avesse già usato

spesso in precedenza, in quel momento risuonò come un comando divino, quasi fosse quello il motivo per cui ero nata – per essere *quel* serpente sotto *quel* fiore.

Infine venni caricata sulla barca e ci allontanammo dall'isola. Benché tutt'intorno a noi gravasse densa la bruma mattutina, tenevo gli occhi puntati su mia nonna. Era in piedi sulla riva, da sola, avvolta nel mantello, il vento che le sollevava le punte dei lunghi capelli d'argento mentre intonava il canto dell'addio. La fissai, cercando di imprimermi a fuoco quell'immagine nella mente, le orecchie tese nel tentativo di captare ogni sua parola. La voce trasportata dal vento e l'ultimo verso sembravano fluttuare sull'acqua alle nostre spalle...

Nuair a chailltear agus nuair a bhuaightear na cathanna.

Conservai la sua immagine nella testa anche quando la nebbiolina la inghiottì e noi raggiungemmo la riva opposta.

Cavalcando verso casa insieme a mia madre, accolsi con gioia il calore del suo corpo. Mi diede un bacio sulla testa e mi accarezzò i capelli, proprio come faceva prima. Di sicuro, per suscitare di nuovo il suo affetto, Brighde le aveva regalato una meravigliosa promessa. Nonostante il suo slancio, decisi di non raccontarle della profezia. Non avrebbe capito, almeno non finché avesse avuto in mente solo visioni di figli ed eredi maschi.

Quell'estate, andai a nuotare da sola, anche se sotto l'occhio vigile di una guardia. Camminai tra le colline con la domestica di mia madre e feci escursioni in barca lungo l'estuario dell'Eden. Giorno dopo giorno, mi immedesimavo nel mio obiettivo divino, guardavo la terra come avrebbe voluto mia nonna, osservavo che cambiava e si riscaldava sotto il sole estivo, ammiravo il viola dell'erica che saturava le colline, sempre più scure a mano a mano che si avvicinava la stagione del raccolto. L'essenza divina della terra mi penetrava nella pelle mentre ne calpestavo l'erba con i piedi nudi. Mi girava la testa all'idea che il regno di Alba mi avesse scelto come sua legittima sovrana... sì, era quella la ragione per cui ero venuta al mondo.

Era come se le parole di mia nonna mi avessero legato indissolubilmente ad Alba, non in virtù di fantastiche leggende ma per diritto di nascita. Era la mia terra, in fondo, e me ne sarei presa cura, amandola come nessuno mai. Quell'estate, pensavo che non mi sarei potuta affezionare tanto a qualcos'altro.

Poi, però, nacque Adair.

3

Uno spicchio di luna nel cielo scuro annunciò l'inizio della nuova stagione. Il raccolto stava per terminare e si avvicinava il tempo dei festeggiamenti, ma io avevo ben altre preoccupazioni.

Mia madre era in camera sua che si lamentava.

Le sue grida mi svegliarono in piena notte, e corsi subito da lei. La trovai circondata dalle donne dei villaggi vicini. Una di loro mi riportò dolcemente in corridoio, tentando di rassicurarmi con vaghe parole di conforto che però contribuirono ben poco a placare i miei timori.

«Voglio sapere cosa succede!» esclamai, spaventata per gli sguardi di compassione con cui ero stata accolta.

«Il bambino è nato prematuro, tutto qui» mi spiegò piano quella donna.

«Bambino? Prematuro?»

«Grazie al cielo è un maschio. Dovrà recuperare le forze, e anche lei» rispose, poi chiuse la porta.

Me ne sarei dovuta tornare a letto, invece rimasi lì con i piedi piantati per terra.

Come avevo fatto a non capire che mia madre era incinta? In effetti nelle ultime settimane la sua figura snella si era arrotondata, ma avevo visto innumerevoli donne ingrassare nel periodo del raccolto, dunque non ci avevo dato peso. E nonostante quella notte, a casa della nonna, avesse pregato Brighde con fervore, non immaginavo che la dea avrebbe soddisfatto la sua richiesta, soprattutto dopo avermi profetizzato un simile destino. Sarei diventata Regina di Alba, dunque che bisogno aveva mia madre di un erede maschio?

Fu allora che compresi il perché delle crescenti dimostrazioni d'affetto di mio padre. Le aveva accarezzato i capelli con amore in presenza dei thane locali e portato frutta secca dalle terre che aveva visitato. Insomma, l'aveva servita e riverita come avrebbe fatto un druido con una divinità, e in effetti lei aveva sempre accettato tutto con piacere.

«Vedi, piccola mia, è così che si conquista un uomo e la terra su cui cammina» mi aveva spiegato lei.

Mentre mangiava la frutta secca e si adornava i capelli con i ninnoli ricevuti in regalo, sorrideva timidamente. Io davo per scontato che avesse sfruttato le sue armi di seduzione, invece era stata la sua pancia gravida a sortire quell'incantesimo.

Adesso, mentre me ne stavo a letto angosciata, mi chiesi se mio padre fosse ancora nella fortezza. Non l'avevo notato prima nella stanza, ma del resto non avevo visto molto a parte le lenzuola intrise di sangue. Piansi e supplicai a fior di labbra ogni divinità in ascolto perché proteggesse mia madre. Dormii a tratti, inquieta, poi all'alba mi alzai. Regnava un silenzio assoluto.

I cardini della porta erano bene oliati, dunque non tradirono la mia presenza quando sgattaiolai nel lungo corridoio. Sbirciai nell'oscurità, ma non vidi nessuno.

Avanzai in punta di piedi, spaventata da tanta calma, e mi diressi verso la stanza di mia madre. Quando feci capolino, fu un sollievo non scorgere tracce di sangue. La luce della torcia la illuminava appena; respirava profondamente, distesa sotto una coltre di calde pelli, i vestiti puliti. Accanto a lei dormiva mio padre con indosso una tunica di lino. In mezzo a loro giaceva la creatura più piccola che avessi mai visto. Aveva la pelle violacea come l'alba, ma respirava pacifico anche lui.

Appena avanzai, le assi del pavimento scricchiolarono. Mia madre sollevò le palpebre di colpo.

«Vieni, Gruoch.»

Le obbedii e mi infilai sotto le pelli, accoccolandomi contro il calore della sua schiena.

«È un maschio?» sussurrai.

Lei rise piano. «Sì, tuo fratello.»

«Perché è nato così piccolo?»

«Perché non vedeva l'ora di uscire per conoscerti.»

La sua risposta mi rallegrò, così mi accoccolai ancora più vicino a lei e tornai a dormire.

Lo chiamarono Adair: *fortuna*. Spesso, però, come in questo caso, i nomi propri hanno diversi significati. Adair, infatti, significava anche "lancia", quindi evidentemente mio padre aveva riversato in quella scelta tutte le sue ambizioni di crescere un grande guerriero e riconquistare Alba. Forse mi sarei dovuta arrabbiare di più perché adesso i miei genitori si preoccupavano solo del suo futuro, ma mio fratello era così piccolo e carino che non riuscivo a portargli rancore.

Era la copia sputata di mio padre, che per questo si sentiva ancora più felice. I riccioli biondi gli ricadevano sugli occhi celesti, e faceva larghi sorrisi. Aveva già le braccia corpulente come lui e, non appena imparò a camminare, andava in giro tenendo il petto in fuori. Nei modi, invece, era diversissimo, silenzioso e riflessivo, gli occhioni grandi come i miei che ammiravano ogni cosa.

Per quanto mio padre cercasse di obbligarlo, non gli piaceva giocare con la spada. Preferiva seguirmi ovunque, correndo con quei due stecchini che aveva al posto delle gambe, e io ero contenta di avere trovato un suddito fedele su cui esercitarmi con la profezia della nonna. Mentre giocavamo, oscillavo tra l'essere un condottiero benevolo e una vendicativa divinità, ma tanto lui mi venerava comunque con tutto l'amore di un fratello minore.

Mio padre era preoccupato che la nostra vicinanza l'avrebbe reso effeminato, dunque faceva del proprio meglio per spingerlo a frequentare gli altri bambini della fortezza.

«La prima parola che ha pronunciato è stata *cavallo*» raccontava a chiunque non appena Adair cominciò a parlare. «Diventerà un guerriero.»

«La prima parola che ha pronunciato è stata *capelli*» si vantava a bassa voce mia madre con le sue domestiche mentre le intrecciavano la chioma ramata, ancora lucente nonostante i due parti.

Io, invece, avrei giurato che avesse biascicato un termine privo di senso compiuto, un'accozzaglia di lettere a casaccio, tipico dei bambini così piccoli. Non osavo indispettire i miei genitori, però, che sembravano avere già deciso il destino di Adair senza consultarsi tra loro: uno lo vedeva come un potente condottiero che gli avrebbe portato gloria; l'altra, invece, come un figlio obbediente che avrebbe veleggiato in tutto il mondo per proclamare ai quattro venti la bellezza e la grandezza di sua madre.

La primavera successiva non andammo a trovare mia nonna, e nemmeno quella dopo. Adair, infatti, era troppo piccolo per affrontare quel viaggio lungo e rischioso. Mia madre mi aveva assicurato che ci saremmo andati non appena fosse stato abbastanza forte, ma sospettavo che mio padre avrebbe fatto qualsiasi cosa in suo potere per tenerlo lontano dall'influenza di mia nonna.

Per assicurare il ruolo di Adair come suo erede e forse, in segreto, per esibirlo come resurrezione della dinastia di Re Coinneach, mio padre invitò tutto il Fife a una grande festa, che si sarebbe tenuta la seconda stagione del raccolto dopo la sua nascita.

«Perché non abbiamo festeggiato subito?» gli domandai.

Si girò svelto verso di me. «Perché me lo chiedi?»

Allarmata, indietreggiai di un passo. «Così, ero curiosa...»

Sospirò, poi mi rispose con voce roca; inoltre incespicò sulle parole, nel tentativo di nascondere i suoi veri sentimenti.

«De-devo essere sicuro che mio figlio sappia pa-parlare con autorità e maneggiare la spada. Non voglio che mi metta in imbarazzo davanti al mio po-popolo.»

Adair era in grado di sorreggere solo un paletto di legno, e il peso di una delle sue armi lo avrebbe schiacciato. Si esprimeva correttamente, anche se dubitavo che la sua voce si potesse ritenere "autoritaria".

Andai da Barrach, il nostro cuoco, che era roseo e calvo quanto leale e gentile, perché mi spiegasse lo strano comportamento di mio padre. Da giovane, prima di perdere una gamba al servizio del suo esercito, era anche lui un grande guerriero, invece adesso comandava il suo piccolo manipolo di servitori, al momento impegnati a cucinare il montone e a seccare la frutta per la festa.

«Molti bambini non superano i primi inverni» mi disse mentre impastava il pane con le sue manone da soldato. «Sarebbe come invitare Manau prima che abbia dato la sua benedizione e concesso a una vita di superare l'infanzia.»

A quelle parole, l'aria si raggelò, e il nome del dio della morte calò come una maledizione.

«Mio padre, però, non crede più in certe cose» gli sussurrai, quasi il suo scetticismo fosse sufficiente per invocare Manau.

«Tuo padre è più superstizioso di tutti noi, solo che non ha il fegato di dirlo a Malcolm.»

Quel giorno non mollai Adair un secondo.

Mentre aspettavamo la festa in suo onore, l'estate sembrava durare in eterno. Ogni giorno seguivo la sentinella avanti e indietro lungo il muro di cinta della fortezza, aguzzando la vista verso l'orizzonte in attesa dell'arrivo dei nostri ospiti. Iniziarono a presentarsi soltanto al termine del primo raccolto, però, prima una famiglia dopo l'altra, poi in massa.

Ai nobili più importanti vennero assegnate stanze vicine alle nostre, il resto si accampò sulla spiaggia e nella vallata alle sue spalle. In molti si erano portati gli animali per macellarli durante il banchetto o per regalarli a Boedhe. I bambini erano tutti ansiosi di dirmi come si chiamavano i loro maialini e le loro caprette.

«Quella è Dagda, quell'altra Morrigan e quella laggiù è Cernunnos, perché ha le corna più grandi. Poi ci sono Colombano e Nynia e...»

«A chi si riferiscono questi due nomi?» chiesi. Riconobbi il dio di tutti gli dèi e la dea della guerra, e anche il dio cornuto della natura, un nome calzante per un ariete, in effetti. Colombano e Nynia, invece, mi risultavano nuovi. La nonna non mi aveva raccontato le loro gesta. «Sono divinità?»

«No!» I bambini scoppiarono a ridere. «Sono uomini, ma li preghiamo come se fossero dèi.»

«Benedicono il raccolto o fanno piovere?»

«No.»

«Ma allora, se non servono a niente, perché li pregate?» risposi confusa.

«Perché ci hanno portato il cristianesimo» ribatterono increduli. «Non lo sapevi?»

No, e rimasi di stucco per la mia ignoranza. Nonostante mio padre si fosse adeguato alla nuova religione di Re Malcolm, non mi aveva insegnato nulla. Furono i bambini del Fife a raccontarmi degli uomini che per primi, nella generazione precedente, avevano introdotto quelle strane tradizioni nelle nostre terre. Pregavano quegli uomini come facevamo noi con Brighde. In segreto, però, adoravano anche le loro divinità locali che, di stagione in stagione, continuavano a benedire o maledire raccolti e fiumi.

Per ricompensarli di quelle informazioni, feci tutto quanto in mio potere per compiacerli. Raccoglievo fiori con cui le bambine si sarebbero adornate i capelli, come avevo visto fare a mia madre. Insegnavo ai maschi piccoli trucchi che avevo imparato osservando le guardie di mio padre mentre si esercitavano – come sorprendere il nemico indietreggiando con astuzia o spaventarlo con canti bellici. Scendevo nelle cucine di soppiatto e tormentavo Barrach finché non mi dava altri dolciumi, che poi distribuivo tra i miei nuovi sudditi.

Vedere il loro piacere e la loro gratitudine era emozionante, e presidiavo la mia piccola corte come la regina pitta che ero destinata a diventare. Oh, che gioia!

Quando tutto il Fife si fu radunato nella fortezza, iniziarono i festeggiamenti. In origine mio padre aveva predisposto che durassero due settimane, com'era tradizione quando nasceva un re, ma le nostre terre, benché ricche, non erano in grado di sostenere tali spese. Nonostante i suoi difetti, era un bravo mormaer, che non avrebbe preteso dalla sua gente più di quanto non fosse in grado di dare. Alla fine, dunque, si accontentò di una settimana.

Il primo giorno, la baldoria proseguì fino a notte fonda. Benché non si officiassero cerimonie druidiche, regnava una strana sensazione magica. Mio padre declamò a fior di labbra che la discendenza di Coinneach si sarebbe ripresa il trono che le spettava di diritto, e promise il titolo di mormaer a tutti i presenti. L'alcol lo rendeva generoso, e agli invitati non sembrava dispiacere, anzi, lo incoraggiavano nella sua frivolezza.

La festa proseguì per altri tre giorni. Noi piccoli eravamo sempre più liberi di vagabondare nei paraggi a nostro piacimento. Sera dopo sera, i canti si facevano sempre più stonati e le danze sfrenate, mio padre sempre più sfrontato per l'arrivo del suo erede.

Mia madre gli sedeva accanto e si abbeverava al suo potere come se appartenesse anche a lei. Si vedeva già sul trono che avrebbe dovuto essere suo, all'interno di un palazzo scozzese, una regina come mai se ne erano viste ad Alba. Non come quella sciocca e brutta giovinetta britannica che c'era adesso, incapace di dare a Malcolm un erede maschio. Lei, invece, ne avrebbe generato uno dopo l'altro, così il suo regno sarebbe durato in eterno. I suoi figli sarebbero diventati re, e così pure i loro figli.

Erano entrambi felici e spensierati, e si crogiolavano nella propria maestosità.

Fin troppo, forse...

4

Fui io a vederli per prima.

Il cielo era chiaro e limpido, e si profilava all'orizzonte una giornata tersa ma fredda. All'alba noi bambini eravamo già svegli, e correvamo inquieti dentro e fuori gli accampamenti come sule, alla ricerca di carne e pane avanzati dal banchetto. Raccolto un ricco bottino, scappammo sulle colline che sovrastavano la fortezza.

Adair mi stava seduto in grembo e succhiava felice la buccia di una mela. Guardai la costa e ne seguii il profilo fino all'estuario dell'Eden, da cui poi spariva nell'entroterra. Là, tra i recessi della foresta e del fiordo, la luce del primo sole che si diffondeva per tutta la vallata sotto di noi catturò il viola e l'oro di scintillanti stendardi.

Una delegazione reale a cavallo!

Non ne avevo mai vista una, ma i miei genitori mi avevano istruito a sufficienza, dunque la riconobbi al volo.

Era Re Malcolm, che veniva a portarsi via Adair?

Balzai in piedi e mi fiondai giù per la collina. Gli altri bambini pensavano fosse un gioco e mi seguirono tra le grida. Facemmo tanto rumore che si svegliò anche chi era riuscito a continuare a dormire nonostante i versi dei gabbiani e la luce del mattino.

Vedendoci arrivare, mio padre venne ad accoglierci, un largo sorriso stampato sulla faccia.

«Figlioli, dove siete stati tutto questo tempo?» La sua voce risuonò per l'intero accampamento.

«Sta venendo il re per rapire Adair!» strillai senza fiato.

Intorno a noi cessò qualsiasi movimento, e mio padre sgranò gli occhi.

«Come, prego?» mi domandò con calma.

Gli raccontai cos'avevo visto dalla cima della collina.

«Non è come pensi, Gruoch.»

Lo seguii a ruota mentre attraversava l'accampamento a passo svelto, diretto verso la tenda principale. Altri uomini lo seguirono, mormorando a disagio, e cominciarono a sguainare le spade. Mio padre, invece, entrò tranquillo e si sedette a un'estremità del tavolo d'onore. Sulle prime il resto del gruppo esitò, ma poi ciascuno si sistemò ai propri posti.

«Forza, mangiate» disse loro, sforzandosi di sorridere.

Allora spiluccarono le pietanze che avevano nel piatto, anche se molti tenevano la mano sull'elsa e lo sguardo fisso verso l'entrata.

«Non avere paura, Gruoch» mi disse mio padre quando mi sedetti accanto a lui, però si aggiustò la torque che aveva al collo e ripulì il mantello da una macchia invisibile.

«Non è poi così strano che il re venga a fare visita al figlio di uno dei suoi mormaer» aggiunse mia madre, prendendo posto accanto a lui.

Oh, non stavo capendo nulla! Da come parlavano, sembrava che il re volesse dare la sua benedizione a Adair, anche se avevo sempre sentito dire che non si fidava di mio padre. Non riuscivo ad aspettare con calma come loro, quindi iniziai ad agitarmi sulla sedia finché da fuori giunse un gran baccano, che attirò l'attenzione di tutti.

Mio padre fece un cenno del capo a un giovane servitore, che corse fuori ad accogliere i nuovi venuti. Un istante dopo, si udì la voce di un uomo.

«No, non è il caso. Non sono così importante da meritarmi di essere accolto come se fossi una delle vostre divinità locali.»

Voleva essere una battuta, ma in quel riferimento alle nostre tradizioni a me sembrò di cogliere una punta di sdegno. Già dal tono decisi che non mi andava a genio.

Quando quell'uomo alto e snello entrò, trovai conferma alle mie sensazioni. Aveva il viso imberbe, da bambino, incorniciato da lunghi ricci neri. Mi risultava che Re Malcolm fosse già diventato nonno diverse volte, eppure pareva più o meno coetaneo di mio padre. Era attraente, di una bellezza quasi spaventosa, e le vesti, di un blu intenso che ricordava il mare calmo di notte, gli ricadevano ampie sul corpo. Invece della torque di un re o di un mormaer, aveva al petto una piccola croce d'oro legata a un sottile cordino di cuoio che risaltava sulla stoffa scura.

«Crinan» lo salutò mio padre, sorpreso quanto me.

Dunque no, non era Re Malcolm.

«Non avrei mai pensato che lasciassi la tua abbazia per venire a deliziare la nostra umile famiglia con la tua presenza» proseguì.

«Nemmeno io, a dire il vero.» Crinan sorrise con garbo. Aveva una voce calda, dolce e melliflua quanto il miele d'erica. Parlava con un accento a me sconosciuto, e mi sforzai di non sussultare.

«Quando il re ha saputo che Boedhe aveva avuto un figlio maschio, mi ha chiesto di passare a darvi la sua benedizione. Sarebbe venuto lui stesso, ma è molto occupato a governare il *suo* regno.»

Lo disse in un tono così rispettoso che mi accorsi che ci aveva insultato solo quando notai che mio padre si irrigidì.

«Siamo felici che gestire la piccola abbazia di Dunkeld non sia un impegno tanto gravoso, altrimenti non avremmo avuto la benedizione della tua compagnia» gli rispose.

Vidi con piacere che il sorriso di Crinan vacillò. Raddrizzai la schiena ancora di più, orgogliosa che mio padre sapesse ribattere alle velate frecciatine di quell'uomo borioso.

«Prego, accomodati» continuò. «Mangia qualcosa con noi. Avrai cavalcato tutta la notte per arrivare qui così presto.»

«Ci siamo accampati qui vicino, non è stato un viaggio faticoso.»

Pur non avendo rifiutato apertamente l'invito, nemmeno l'aveva accettato, costringendo così mio padre a insistere – un'ulteriore offesa. Nel frattempo, non mi sfuggì che si fossero trattenuti sulle terre di mio padre a sua insaputa. Avevano anche attraversato di nascosto le nostre colline e le nostre foreste. Mi venne la pelle d'oca.

L'arrivo della donna più affascinante che avessi mai visto mi distrasse dai miei pensieri. I lunghi capelli lisci le ricadevano sulla schiena come una lastra di oro fuso. Aveva gli occhi dello stesso colore dell'erica nella stagione del raccolto e la pelle chiara come la luna. Al collo portava una torque d'oro intrecciato talmente spessa che mi chiesi come potesse sopportarne il peso, e indossava una veste ancora più preziosa di quella di Crinan.

Benché fosse meno bella di mia madre, brillava di luce propria e trasudava potere da tutti i pori. Non riuscivo a staccarle gli occhi di dosso. Guardò mia madre per un fugace istante e poi si soffermò su mio padre, che si era alzato per accoglierla, così come anche gli altri uomini presenti. Eccola là, l'influenza femminile di cui parlava mia madre. Cercai di non vergognarmi per l'ovvia smorfia di gelosia che le vidi comparire in volto.

«Lady Crinan» la salutò mio padre con immenso rispetto.

Lei gli rispose con un impercettibile cenno del capo.

«Mi rincresce che mio padre non sia potuto venire di persona» disse poi, «ma spero che la mia presenza sia sufficiente.» Il suo tono di voce non tradiva il minimo dubbio in merito.

Era la Principessa Bethoc, Lady Crinan, la primogenita delle tre figlie di Re Malcolm. Mia madre parlava raramente di lei, e mai in termini lusinghieri. Osservandole l'una accanto all'altra, compresi perché evitava di entrare in argomento.

Nonostante i convenevoli, nell'aria si percepiva una forte

tensione, come se da un momento all'altro la tenda avrebbe preso fuoco. Mi facevano male le dita dalla voglia di impugnare una daga o un coltello; pur di partecipare al conflitto che sembrava imminente, mi sarebbe bastato anche un bastone. Invece strinsi la mano di Adair ancora più forte.

«Vi prego, mangiate qualcosa» ripeté mio padre dopo una breve pausa. «Le nostre provviste sono a vostra disposizione.»

«Ad Alba ogni cosa appartiene al re, com'è giusto che sia» intervenne Crinan ridacchiando, ma Bethoc si accigliò per quel commento grossolano. Ebbi la sensazione che, se avesse voluto insultare qualcuno, sarebbe stata più sottile.

Volevo che mio padre rispondesse, che combattesse. Volevo dichiarasse che le nostre provviste erano le migliori del regno. Non volevo si dimostrasse pusillanime come prima della nascita di Adair. Insomma, volevo che facesse qualcosa, qualsiasi cosa.

Invece rimase lì seduto, in silenzio, come un codardo, in attesa che Crinan gli rispondesse.

«Il bambino è stato battezzato?» gli domandò quest'ultimo.

«Stavamo aspettando che superasse almeno il secondo inverno.»

Io mi incupii, sicura che il rito previsto dalla nuova religione non fosse mai stato in programma. Incrociai lo sguardo di Crinan che, non appena si accorse della mia evidente perplessità, abbozzò un sorriso sgradevole.

«Temevate di invocare Mananou o chiunque sia che controlla la morte?» gli chiese poi.

Ridacchiai per la ridicola storpiatura del nome della nostra divinità. Vedendolo accigliarsi, però, la risata mi si smorzò in gola. Anche Bethoc si era girata verso di me, lo sguardo gelido e spaventoso che mi ricordò le creature degli abissi su cui mi aveva messo in guardia la nonna.

«Oh, voi pagani» sussurrò Crinan, senza levarmi gli occhi di dosso. «Vi terrorizzerebbe anche un fiore se per caso schiudesse i petali nel giorno sbagliato. Annegate nella superstizione come annegate nella birra. Se avessi battezzato tuo figlio, potresti contare sulla sua salvezza in questa vita e nella successiva, e non dovresti nasconderti dietro le tue primitive credenze.»

Mentre parlava, caduta la maschera della creanza, si abbandonò a un'aperta ostilità. Avvampai in volto e mi vennero le lacrime agli occhi. Guardai i miei genitori: davvero permettevano a quel tale di rivolgersi loro con quel tono, oltretutto davanti alla propria gente? Notai, però, che tenevano entrambi lo sguardo fisso davanti a sé.

In quel momento mi venne in mente solo un modo per liberarmi dell'orribile sensazione di oltraggio che sentivo alla bocca dello stomaco. Volevo vedere Crinan disintegrarsi, come già avevo visto fare a un altro uomo. Nella nostra antica lingua conoscevo soltanto la canzone di mia nonna, ma ero certa che lui non sarebbe riuscito a distinguere tra una ninnananna e una maledizione. Borbottando tra me come mia madre la volta in cui mio padre l'aveva picchiata, lo puntai.

«*Cathain a bhuailfimid le chéile arís*» sussurrai.

Quando Crinan inspirò a fondo e strinse la croce che teneva al collo, provai un brivido lungo la schiena. Sorrisi e continuai la mia litania.

«*Le toirneach tintreach nó báisteach.*»

Poi sarebbe toccato a Bethoc. Cercai di fissare anche lei, ma mi fece un largo sorriso che emanava più malizia che gioia. Soltanto allora mia madre capì cosa stavo facendo e mi tappò la bocca con una mano umida. Io squittii, ma quel suono si perse nella crudele risata della donna.

«Crinan, sei troppo duro con loro. Ma quali pagani, hanno solo insegnato qualche stupida canzoncina ai loro figli, tutto qui. Non hai niente da temere.»

Infine rivolse a mia madre un sorriso devastante, e Crinan guardò la moglie intimidito. Mia madre arrossì ancora di più, eppure né lei né mio padre aprirono bocca. Perché non gli rispondevano a tono? Avrei tanto voluto sfracellare il cervello di Crinan con un sasso. Avevo voglia di cacciare un urlo, così forte che sarebbe riecheggiato fino al mare, e invocare gli dèi perché difendessero il nostro onore. Mia madre, invece, continuava a tenermi tappata la bocca.

«Mi rincresce molto ma, per quanto ci piacerebbe partecipare ai festeggiamenti, non possiamo trattenerci» disse poi Crinan a mio padre, recuperata la facciata di falso rispetto. In realtà era sempre stato l'ultimo dei suoi pensieri.

Mia madre mollò la presa, ma io tenni lo sguardo fisso a terra, le guance in fiamme e gli occhi pericolosamente vicini al pianto – eccola là, la sconfitta definitiva. Ero sicura che, se avessi guardato di nuovo Bethoc, avrebbe compreso quanto mi vergognassi, e a quel punto sì che mi sarei messa a piangere.

«Mio marito ha ragione» convenne lei, la voce all'improvviso annoiata. «Dobbiamo proseguire il viaggio, ci aspetta un mio cugino in Northumbria. Sua figlia sposerà mio figlio Duncan per rafforzare il legame tra i nostri due regni.»

«Al fratello della giovane è stato promesso un contado» aggiunse Crinan, «e, poiché le vuole molto bene, gliene verrà assegnato uno qui vicino, così potrà andare a trovarla quando vuole.»

Mio padre si irrigidì di nuovo e mia madre sbiancò in volto.

«Atholl sarebbe perfetto» rispose mio padre, cercando di sminuire la faccenda, ma mia madre si era conficcata le unghie nelle braccia che teneva conserte sul petto.

Le diedi un colpetto per farla smettere, temendo che le uscisse il sangue, ma mi allontanò.

«Sì, perché no» disse Crinan, forte di chissà quale segreto. Bethoc lo stava scrutando di nuovo con innegabile sdegno. «Il viaggio da Scone al Fife non è per niente impegnativo, a maggior ragione per un fratello premuroso.»

«Non abbiamo ancora preso nessuna decisione» intervenne lei gelida. «Adesso dobbiamo proprio andare, abbiamo già approfittato fin troppo della vostra ospitalità.»

Dopo avere scambiato altri convenevoli e falsi auguri di prosperità e salute, gli ospiti se ne andarono.

Le celebrazioni terminarono quello stesso pomeriggio. Barrach distribuì tra i poveri il cibo che aveva preparato, e mise sotto sale la carne e il pesce per l'inverno. Mia madre rimase nelle sue stanze finché l'ultimo dei nostri invitati non se ne fu andato, invece mio padre li affrontò con coraggio, dispensando doni e benedizioni.

Io mi sarei voluta scusare con tutti per essere rimasta in silenzio mentre il loro onore veniva insozzato e le loro tradizioni infangate, ma mi limitai a rimanere accanto a mio padre e a dire addio ai miei nuovi amici, gridando parole di benedizione per il viaggio, anche se avrei voluto dargli molto di più. Ben presto anche l'ultima famiglia si mise in marcia e svanì come il fumo di una candela spenta.

In inverno venni bandita dalla sala delle udienze di mio padre perché, nonostante il lungo viaggio, c'era sempre un viavai di gente. Coloro che partecipavano a quei raduni clandestini si parlavano a fior di labbra, dunque, per quanto mi attardassi fuori dalla porta, restai all'oscuro delle loro macchinazioni.

Mi aspettavo che anche mia madre avrebbe preso parte ai loro piani segreti, invece i miei genitori ricominciarono a litigare come prima che nascesse Adair. Alla fine si rifiutò di uscire dalle sue stanze, e permetteva solo alle sue cameriere di entrare per portarle da mangiare e da bere. Tuttavia, a giudicare dai vassoi che tornavano in cucina, praticamente non toccava quasi nulla.

Di tanto in tanto scendeva alla spiaggia, raccoglieva sassolini e sussurrava qualcosa nell'antica lingua dei Pitti. Masticava frammenti d'alga depositati a riva e muoveva le mani sulla sabbia come avevo visto fare a mia nonna. Se, però, i movimenti della nonna erano forti e fluidi, quelli di mia madre erano infantili, disordinati e incerti, quasi cercasse di ricordare gesti che un tempo le erano familiari ma ormai non più.

La coltre di tristezza che le gravava sulle spalle era così pesante che ben presto evitai di avvicinarmi per paura che inghiottisse anche me. In tutto l'inverno andai a trovarla una volta sola, quando la curiosità ebbe il sopravvento.

Mentre entravo nella sua stanza, fui investita da un'intensa ondata di artemisia che mi bruciò le narici, avvertendomi di allontanarmi. L'ambiente era umido, come se il focolare non fosse ancora stato acceso nonostante il freddo. Sapevo che non vedeva mio padre da tempo, perché tutti i suoi vestiti migliori – quelli che indossava per sedurlo – giacevano in un angolo ad ammuffire.

Se ne stava seduta a letto, il viso appoggiato a una ciotola fumante. Era sempre stata magra, ma adesso aveva la pelle traslucida e il corpo scheletrico. La sottoveste leggera e sudicia le ricadeva abbondante sulle spalle, e i capelli un tempo lucenti le stavano appiccicati alla fronte e le incorniciavano flosci il viso. Me ne vergogno, ma confesso che mi mancò il coraggio per restare, dunque me ne andai subito.

Dopo quella volta, passai spesso davanti alla sua camera. Dalla porta aperta la vedevo china su una ciotola di artemisia, che ingeriva a sorsi lenti e cadenzati. Era terrificante quando strabuzzava gli occhi con la schiuma alla bocca, sembrava morta. Davo per scontato che stesse disperatamente cercando Brighde, nel tentativo di recuperare antichi ricordi e trovare le risposte che cercava. Dopo parecchie ore, riprendeva conoscenza, ma con più interrogativi di prima. Più la volontà di conquistare il favore della dea diventava un'ossessione, più l'iniziale indifferenza di mio padre si trasformava in disgusto.

Trascorsi l'inverno così, nell'angoscia.

Quando irruppe la primavera, mio padre riemerse dalle sue assemblee di guerra e cominciò a incoraggiare Adair a mostrarsi più sicuro di sé e assertivo con gli altri bambini. Incoraggiò anche me a imparare a difendermi: dove sferrare calci e dove mordere, e come calibrare la portata dei miei attacchi contro di lui.

Non stavo più nella pelle dalla voglia di mostrare alla nonna cos'avevo imparato, sicura che sarebbe stata orgogliosa di me, ma, appena gliene accennai, mio padre reagì con freddezza.

«Quest'anno non la vedrai.»

«Ma avevi detto che non appena Adair fosse stato più grande...»

«Gruoch, ormai non sei più una bambina!» gridò lui. «La situazione è cambiata, non siamo al sicuro in viaggio.»

Quella notte piansi per mia nonna; avevo il cuore a pezzi, bramavo le sue parole di conforto. Volevo raccontarle di Bethoc e Crinan, e sentirle dire che li considerava meno di zero, misere pedine al servizio della loro religione. Volevo che riaccendesse il potere della terra dentro di me, che restituisse la felicità a mia madre.

Alla fine, la voglia di essere vicino a mia nonna divenne più forte dell'avversione che avevo sviluppato per mia madre, quindi andai da lei, disperatamente bisognosa di conforto. Con mia grande sorpresa, trovai il camino acceso e i suoi vestiti ripiegati con ordine nel baule di legno. Era seduta di fronte al fuoco con indosso un abito di lana pulito. Quando entrai e mi sedetti accanto a lei, mi prese la mano, pur non degnandomi della minima attenzione.

«Brighde mi ha abbandonato» mi informò, fissando le fiamme malinconica, lo sguardo vitreo. Aveva l'aria così triste e sembrava così minuta che volevo rassicurarla, ma non osavo muovermi per paura di rovinare quel raro momento di pace tra noi.

«Tua nonna dirà che sono stata io ad abbandonarla, invece mi ha lasciato lei, e parecchio tempo fa. Non avevo altra scelta, sono stata costretta a mettere tuo padre al primo posto.»

Non sapevo cosa rispondere, dunque rimasi in silenzio, ma tentai di accarezzarle le dita delicate come facevo a volte con Adair quando aveva paura. Mi tornarono in mente le parole di mia nonna.

Gli uomini sono più inaffidabili del mare. Lei si è dimenticata dove guardare.

Oh, magari lo avesse spiegato a me dove bisognava guardare, almeno avrei potuto ricordarglielo.

Poi mia madre si alzò, incerta sulle gambe, e si avvicinò a un tavolo di legno con sopra una grossa brocca e una tazza dorata.

«Gruoch, tesoro mio, vieni qui» mi sussurrò biascicando.

Allargò le braccia, ma io non mi mossi. Allora alzò le spalle e versò un liquido scuro nella tazza.

«Ti ho negato la libertà fin troppo a lungo» mormorò poi. «Tua nonna aveva ragione, te l'avrei dovuta concedere tempo fa.»

Quante volte avevo desiderato con tutte le mie forze assaggiare anche solo un sorso di artemisia durante la festa di Imbolc, ma allora non mi era sembrato pericoloso. Adesso, invece, vedendo mia madre dondolarsi avanti e indietro e versare quel liquido fino a farlo traboccare, sì.

Volevo risponderle che non la volevo bere, che non volevo finire prigioniera come lei, ma non mi uscivano le parole di bocca, inoltre mi sembrava di avere le gambe incollate al pavimento. La osservai avvilita mentre tornava verso di me, reggendo la tazza con una mano tremante, facendo cadere a terra la bevanda. Non riuscivo a muovermi.

Quando serrai le labbra, lei sbuffò impaziente. Mi si inginocchiò di fronte e mi accarezzò la guancia, le sue mani come tizzoni ardenti sulla pelle gelida.

«La prima volta che tua nonna me l'ha offerta, ho avuto la tua stessa reazione, ma lei mi ha obbligato. Sì, me l'ha versata in gola con la forza, quindi è colpa della tua preziosa nonnina se mi sono ridotta così.» Indicò se stessa e rise per compassione.

Finalmente recuperai la sensibilità alle gambe e tentai di sgattaiolare via, ma lei mi afferrò e mi bloccò a terra. Nel frattempo cercai di liberarmi, benché invano, con gli occhi spalancati.

«Lo so che hai paura, ma presto starai meglio» sussurrò. «Vedrai cose che non pensavi possibili. Imparerai a comprendere gli uomini e a comandare imperi, come me.» Ridacchiava come una bambina.

Presi a divincolarmi con più forza. «Smettila! Lasciami andare!» gridai.

«Che razza di madre sarei se non ti tramandassi le nostre sacre tradizioni o non ti insegnassi le nostre antiche lingue?» mi rispose in tono sempre più duro e risentito.

Cacciai un urlo, ma lei mi tappò la bocca con una mano come aveva fatto mentre canticchiavo quella ninnananna al cospetto di Bethoc e Crinan.

«Taci, bambina mia, presto sarà tutto finito e mi ringrazierai.»

Mi portò la tazza alla bocca, che mi aprì con due dita. Ormai piangevo e singhiozzavo, e le prime gocce di quella bevanda che mi finirono in fondo alla gola mi soffocarono.

All'improvviso non sentii più il suo peso sopra di me.

Mi chiesi se fosse venuta in mio soccorso Brighde, invece vidi una guardia trascinarla via. Mio padre era in piedi sulla soglia, e incuteva timore come una divinità.

«Rinchiudetela!» ordinò con voce gelida.

Mia madre piangeva disperatamente, e quel suono mi chiuse lo stomaco. Morse il braccio della guardia, che gridò e mollò la presa, e allora fuggì lungo il corridoio di legno, seguita a ruota da mio padre.

«Torna qui!» le intimò, ma lei gli rise in faccia e aumentò il passo.

Li rincorsi anch'io, con la testa che mi rimbombava e la vista annebbiata.

Mia madre scappò dalla fortezza e si diresse in spiaggia, poi si fiondò in acqua, nonostante fosse ancora troppo fredda per nuotare. Si voltò, e mi vide correre dietro a mio padre.

«Vieni, tesoro mio!» mi urlò allora. «Prima giochiamo alle selkie, poi ti dipingerò la schiena e il petto di viola, un colore adatto a una regina... adatto a una dea.»

Si spinse più al largo e cominciò a cantare nella sua antica lingua. Mio padre si era tolto la tunica e stava nuotando verso di lei, ma mia madre era sempre stata più veloce e resistente.

Non appena sentii l'acqua gelida sugli alluci, balzai indietro; a differenza di mio padre, a me mancò il coraggio di entrare in acqua. Dalla riva cercai di gridarle di riavvicinarsi, ma avevo la gola chiusa, quasi stessi ancora sognando. Per quanto mi sforzassi, infatti, non usciva nessun suono. Impotente, la osservai diventare sempre più piccola, ormai ridotta a un puntino bianco nell'orizzonte oscuro.

Prese a cantare frenetica e continuò a nuotare, finché non la udimmo più. Rimasero lo sciaguattio delle onde e i miei singhiozzi tra le lacrime. Mi si annebbiò la vista, e alla fine mare e terra divennero una cosa sola.

Depositarono il corpo sulla spiaggia, la sua figura longilinea adesso gonfia di acqua di mare e la pelle livida come quella di un neonato morto. Feci per toccarla, per afferrarla, ma una delle sue domestiche me lo impedì.

Mio padre piangeva senza sosta. Pianse quando gli uomini del vicino insediamento la issarono sulla pira. Pianse quando accesero il fuoco. Pianse mentre bruciava nella notte. Gli rimasi accanto, in silenzio, allontanata dal mio dolore e distratta dal suo. Quando gli presi la mano, non la ritrasse. Non immaginavo che la amasse tanto.

Il mattino seguente mi svegliai in spiaggia alla presenza di una guardia. Il fuoco si era spento, i resti di mia madre bruciati ridotti a polvere e ossa. L'aria salmastra portò via il puzzo, poi cominciò a sollevare la cenere, che svolazzava e danzava sulla sabbia. All'inizio il pensiero che fosse mia madre che ballava mi rallegrò, ma poi il vento cambiò direzione e la spinse verso di me. Indietreggiai barcollando, terrorizzata che anche da morta volesse portarmi via.

Tornai di corsa verso la fortezza.

«Padre! Padre!» gridai.

Ricominciai a piangere, singhiozzando senza fiato.

Con mio grande sollievo, lo vidi apparire sulla soglia di casa, allora gli corsi incontro e mi aggrappai alle sue gambe in lacrime.

«Che c'è, bambina mia?»

«Mia madre vuole portarmi via con lei!»

«Ormai non può più toccarti» mi rispose, prendendomi delicatamente in braccio – non l'aveva mai fatto prima. Mi riportò alla pira, giù in spiaggia; quando mi mise a terra, mi nascosi dietro le sue gambe.

Allora si inginocchiò e afferrò una manciata di sabbia e cenere, che il vento soffiò via.

«Visto? Non c'è niente da temere» mi spiegò dolcemente.

Ne prese un'altra manciata e, tra la sabbia che gli scivolava dalle dita, qualcosa scintillò alla luce del sole: un piccolo cerchio dorato, il braccialetto di mia madre! Senza dire una parola, se lo infilò in tasca, anche se io avrei preferito che lo avesse buttato nel mare.

«Non voglio restare qui» gli sussurrai, per paura che mia madre avrebbe infestato quel luogo finché non mi fossi tuffata anch'io per zittire l'eco dei suoi lamenti.

«Nemmeno io» convenne lui, osservando l'oceano. «Dobbiamo andarcene dal Fife, ormai per noi è troppo pericoloso. Possiamo chiamare a difesa tutti gli uomini che vogliamo, ma tanto Re Malcolm ne manderà di più.»

«E dove andremo?» gli chiesi piano, all'improvviso non più molto convinta di voler lasciare casa mia, le stanze dov'ero cresciuta, i ricordi di Adair che mi seguiva gattonando. Non volevo mai più sentire l'odore dell'artemisia, ma mi faceva ancora male il cuore al pensiero di abbandonare la camera in cui mia nonna un tempo bruciava le sue erbe, le pareti ancora impregnate di quell'aroma.

«Abbiamo degli alleati su al Nord. Se restiamo qui a marcire, il nostro esercito non aumenterà, ma se andremo a Burghead sì.»

«A... Burghead?» ripetei. Non ne avevo mai sentito parlare.

«Nella contea di Moray. Findlaich, il mormaer, è un mio amico.»

Mi accigliai. Se mi fossi allontanata tanto dal trono di Scone, come avrebbe fatto ad avverarsi la profezia della nonna?

«Il Nord ti piacerà, vedrai» mi rassicurò. «Lì godrai di molta più libertà.»

«Questo Findlaich ha per caso una figlia?» gli chiesi, sperando di trovare un'amica – e pure un'eventuale suddita.

«No, però ha un figlio» mi rispose. «Qualcosa mi dice che andrete d'accordo. Si chiama MacBeth.»

5

Partimmo il mattino seguente.

Mentre le nostre terre svanivano in lontananza, mi aspettavo di piangere, invece mi immaginai lo spirito di mia madre che, spietato, ci inseguiva lungo la costa, e provai solo sollievo all'idea di lasciarmela alle spalle. Anche mio padre era sollevato. Non aveva mai sentito il Fife casa sua, e nemmeno io.

Eravamo in pochi, nove in tutto, in modo da attirare meno attenzione possibile: Adair, mio padre, io, cinque guardie – le migliori e le più fedeli – e Barrach, che aveva scambiato il suo matterello per una spada. Io avrei voluto cavalcare da sola, ma mio padre insisté perché montassi in sella con uno dei suoi uomini, che all'idea faceva i salti di gioia quanto me.

La prima parte del viaggio ci portò vicini alla nonna e ai confini più remoti del Fife. Sapevo che era meglio evitare di chiedere se potevamo passare a salutarla ma, quando mi resi conto che nessuno l'aveva informata della morte di sua figlia, mi vennero le lacrime agli occhi. Da chi l'avrebbe saputo, da Brighde?

Il terzo giorno, raggiunti i confini del Fife ore prima che imbrunisse, ci accampammo. Mi facevano male le gambe a furia di stare in sella, ed ero pericolosamente vicina a perdere la pazienza con il mio protettore. Anche le guardie sembravano nervose, e pure mio padre, che portava spesso la mano sull'elsa della spada.

Mi domandai se Re Malcolm stesse mandando il suo esercito a St. Andrews per rimpiazzarlo con il Principe della Northumbria. Al pensiero che quella gente percorresse i corridoi di casa mia, mi si rizzarono i peli sul collo. Ah, se solo la nonna mi avesse insegnato una maledizione da lanciare in ciascuna stanza per condannare a un'indicibile sofferenza chiunque vi avesse osato soggiornare!

La nottata era serena e la luna splendeva su di noi. Mi sdraiai vicino al fuoco accanto a Adair e finsi di dormire, ma in realtà tenevo le orecchie tese per captare qualche stralcio di conversazione tra Barrach e mio padre. Il calore del fuoco sul viso, però, mi offuscò la mente, impedendomi di distinguere le loro parole.

Mentre prendevo sonno, l'ultima cosa che vidi fu il luccichio di migliaia e migliaia di stelle, e mi immaginai la nonna che ci dormiva sotto. Mi sentii vicina a lei, e ancora di più quando appoggiai il viso contro la terra. Mi sembrava di udirne il mormorio tra l'erba, come se le ordinasse di trasferirmi il suo messaggio.

«Tra tutti noi, sopravvivrò» sussurrai.

Confortata da quelle parole, mi addormentai.

Mi svegliai di soprassalto al buio. Il fuoco si era spento da tempo, e il cielo rannuvolato. Cercai Adair, ma all'improvviso sentii qualcuno che mi sollevava di peso da terra. Tentai di divincolarmi e stavo per mettermi a gridare, quando la voce di mio padre squarciò l'oscurità.

«Per tutti gli dèi, bambina mia, taci! Altrimenti l'intero regno di Alba si accorgerà della nostra presenza.»

Mi vergognavo di essere stata così codarda, ma il mio malumore si dissipò in fretta non appena ci rimettemmo in marcia.

Cavalcammo per un secolo, o giù di lì. Quando ci fu abbastanza luce da distinguere il profilo di mio padre davanti a noi, notai che il paesaggio era cambiato. Durante la notte, montagne che svettavano alte fino in cielo avevano preso il posto delle dolci colline digradanti delle Lowlands. Non riuscivo a distogliere lo sguardo da tanta maestosità. Benché mi facesse male il collo, continuavo ad ammirare quelle cime, timorosa perfino di respirare per paura di distruggere il mistico silenzio che ci avvolgeva.

Il tempo tra due tempi, come lo chiamava mia nonna. Non ancora mattina, ma non più notte, quando i portali verso l'aldilà si aprivano, invitando a varcarli chiunque osasse avventurarsi nell'ignoto. Era in quel momento, a un passo dal toccare il divino, che si potevano vedere altri mondi e ascoltare le profezie più inequivocabili.

Mentre osservavo quelle montagne nebbiose, sentii un brivido lungo la spina dorsale. Qualcosa dentro di me si risvegliò, profondo e antico come il richiamo che avevo sentito la notte in cui mia nonna aveva profetizzato che sarei diventata regina. Adesso li sentivo, il mio popolo e la terra, che chiamavano a sé la loro principessa pitta da tempo perduta. Avanzai a testa un po' più alta del solito.

Il percorso era accidentato. Durante la notte avevamo cavalcato a perdifiato, mentre adesso stavamo avanzando con calma lungo una lieve salita. Che fossimo costretti a rallentare il passo, però, non esacerbò l'angoscia di mio padre, come invece pensavo. Anzi, notai che più ci spingevamo verso nord, più lui e i suoi uomini si rilassavano. In men che non si dica, addirittura presero a parlare ad alta voce, vantandosi di imprese compiute in giovane età e canzonandosi a vicenda.

Si zittirono solo un pomeriggio, quando si aprirono i cieli e la pioggia ci inzuppò, ma comunque nessuno ebbe da ridire.

Io, invece, non avevo la loro stessa forza d'animo.

«Perché non aumentiamo il passo?» chiesi a Barrach, che cavalcava al mio fianco.

«Dobbiamo evitare di destare sospetti» mi rispose. «Se incontriamo qualcuno, dobbiamo sembrare un gruppo di cacciatori.»

«Quando ci fermiamo?»

«Temo fra un bel po'. Perché, sei stanca?» mi stuzzicò con voce garrula.

Qualche passo più avanti, ricominciai con la stessa solfa.

«Quanto manca per...»

«Basta, bambina mia!» gridò mio padre in testa al gruppo. «Se ci ammazzi con le tue domande, non arriveremo mai.»

Gli altri ridacchiarono e io incrociai le braccia sul petto, fissandolo furibonda. Lui si limitò a sorridere e tornò a guardare davanti a sé. Negli ultimi giorni mi era sembrato più affettuoso. Che fosse per la gioia di rivedere un vecchio amico o per la promessa di liberarsi dell'opprimente controllo di Malcolm, non lo sapevo, però mi faceva piacere.

Ormai non mi rendevo nemmeno più conto da quanti giorni andavamo su e giù per quelle cime gigantesche. L'erica che ricopriva le montagne assorbiva il rumore degli zoccoli, come se la nostra comitiva godesse della protezione di forze magiche. In tutto quel tempo, non incontrammo anima viva in giro. Chissà se eravamo anche passati inosservati... a dirla tutta, io mi sentivo osservata ovunque mi girassi.

La mattina del decimo giorno, almeno stando ai conti di mio padre, cominciammo la discesa. Lasciate le montagne, trovammo ad accoglierci un bel sole splendente. Mi sembrò di scorgere il mare, che scintillava bianco in lontananza. Anche se quella vista mi colmò di gioia, il mio corpo si irrigidì, perché serbavo ancora il ricordo delle grida di mia madre che riecheggiavano per il vasto oceano. Allontanai quell'immagine e rammentai a me stessa che non avrebbe potuto raggiungermi fin lì.

Verso mezzogiorno, apparvero dei puntini neri all'orizzonte, simili a formiche che strisciavano lungo il bordo della terra. Mi sfregai gli occhi, convinta che fosse perché avevo fissato il sole troppo a lungo. In realtà divennero sempre più grandi, finché non riuscii a distinguere il profilo di uomini corpulenti, o forse erano cavalli ancora più mastodontici.

Calò il silenzio.

«Calma, non sappiamo ancora se sono amici o nemici» disse mio padre.

Continuammo ad avanzare e, vedendo che quegli uomini ci venivano incontro, trattenni il respiro. Avevano i capelli e la barba intrecciati, il viso abbronzato e rugoso per l'aria salmastra. Benché fossimo più di loro, erano grossi quanto barche, molto diversi dai bassi e minuti pescatori e contadini del Fife o dai nobili tronfi del seguito di Crinan.

«Con chi ho il piacere di parlare?» chiese uno di loro con un forte accento, tanto che a malapena riuscivo a capirlo.

«Sono Boedhe Mac Coinneach, e questi sono i miei uomini. Vengo dal Fife, di cui *ero* il Mormaer, e sto andando a fare visita al mio amico Findlaich.»

L'altro aggrottò le sopracciglia ma sorvolò sull'utilizzo del tempo passato.

«Ah, vostro amico, dite?» chiese poi a mio padre. «Anche se vi ha abbandonato per sposare la figlia di Re Malcolm?»

Trattenni il fiato. Avevamo percorso tanta strada solo per essere respinti dall'ultimo alleato che ci restava?

«Ognuno di noi compie le proprie scelte. Se proprio vogliamo, anch'io l'ho abbandonato per andare al Sud e prendere possesso delle mie terre» rispose mio padre con voce calma e inflessibile, quasi fosse sotto esame.

Quel tale fece un largo sorriso.

«Ben detto, Boedhe Mac Coinneach! Vi abbiamo tenuti d'occhio mentre attraversavate le montagne. Non avevamo più vostre notizie da tempo, ignoravamo se venivate in pace o come nemici.»

Allora era vero che ci stavano spiando! Anche se, dovevo ammetterlo, rimasi un filo delusa nello scoprire che non si trattava di occhi divini ma umani.

«Io sono Ulf di Caithness. Findlaich è anche amico mio, e mi offro di scortarvi fino a destinazione.»

Caithness, la terra dei vichinghi, guerrieri semidei...

«Findlaich non vede l'ora di incontrarti» continuò Ulf. Ardeva di curiosità, e immaginavo volesse sapere perché avevamo intrapreso quel lungo viaggio, rischiando il castigo di Re Malcolm. I vichinghi adoravano guerreggiare, e fiutavano le discordie a un regno di distanza.

«Prendete i nostri cavalli, sono riposati. I vostri, invece, sembrano così esausti che crollerebbero a terra anche se gli soffiasse addosso mia nonna.» Poi buttò indietro la testa e scoppiò a ridere per la battuta, un suono allarmante, ma per certi versi gradevole.

«Grazie! Anch'io non vedo l'ora di vedere come sta il mio vecchio amico» replicò mio padre.

«Non è più il guerriero di un tempo, però...» lo mise in guardia Ulf.

«Nemmeno io, se è per quello» rispose con garbo mio padre.

«Voi scozzesi siete diventati troppo compiacenti, forse è giunto il momento di ricordarvi la gloria della battaglia.»

Poteva suonare come una minaccia, ma il suo sorriso e i suoi occhi luminosi trasmettevano solo l'eccitazione per la chiamata alle armi.

Smontammo e radunammo le provviste avanzate. Io rimasi a osservare, affascinata dalla gentilezza e dalla premura con cui i vichinghi toglievano le coperte dal dorso e i finimenti di cuoio dal muso dei cavalli. Poi massaggiarono loro le zampe e il collo per alleviare la tensione, rimossero ciottoli e fango dagli zoccoli e li nutrirono con avena e radici. Ben presto i cavalli iniziarono a restituire loro affettuose testate.

Uno dei vichinghi si accorse che li stavo fissando e digrignò i denti, ululando come un lupo. Io feci altrettanto, e allora scoppiò a ridere di gusto come Ulf.

«Secondo me nelle vene di questa piccoletta scorre sangue vichingo!» esclamò.

Mio padre mi appoggiò una mano sulla spalla orgoglioso, e io mi sentii raggiante.

Ulf e un compagno, che in seguito scoprii chiamarsi Odgar, ci accompagnarono per il resto del viaggio. Osservandolo più da vicino, notai che era ancora più grosso dell'altro. Non parlava, non sorrideva e non rideva, però. Era sferico come un mappamondo, e sembrava in grado di sbriciolare un masso semplicemente sedendocisi sopra.

Superata un'ultima collina, ci apparve un ampio insediamento. Trattenni il respiro sonoramente. Ulf si girò verso di me, sorridendo compiaciuto.

«Burghead ha il suo perché, vero?»

«È bellissima!» esclamai senza fiato.

La collina verde davanti a noi digradava e poi risaliva in un terrapieno che si gettava nel mare, una lunga penisola soprelevata, insomma. Su entrambi i lati di quell'imponente fiordo, l'acqua era così scintillante che quasi ti accecava. Alle sue spalle, le montagne luccicavano come un miraggio lontano.

Sullo sfondo, dal punto più alto svettava superba un'immensa fortezza. Non si nascondeva tra la costa rocciosa come la nostra, ma proclamava la propria autorità affinché tutti la vedessero. Sembrava due volte... anzi, no, tre volte più grande di quella del Fife, e le sue mura, più alte e numerose delle nostre, formavano cerchi intorno all'edificio centrale. A mano a mano che ci avvicinavamo, giravo la testa di qua e di là per non perdermi nessun dettaglio. Barrach scoppiò a ridere.

«Tranquilla, bambina mia, tra non molto la vedrai da vicino. Se continui ad allungare il collo a quel modo, ti si staccherà.»

La saracinesca si alzò come per magia. Superato il cancello, ci ritrovammo nell'insediamento. Dai cottage con il tetto di paglia si levavano volute di fumo, evidentemente le donne stavano preparando la cena per le loro famiglie. Tutt'intorno riecheggiava il costante suono metallico dei martelli contro le incudini. Nell'aria si respirava il profumo del pane appena sfornato e della carne stufata, e il mio stomaco prese a brontolare furiosamente. Avanzammo fino al secondo cancello e da lì entrammo nella fortezza.

La collina erbosa era punteggiata da parecchi edifici fatti di fango e mattoni come i nostri, con grandi cornici di legno, ma erano molto più maestosi e numerosi. C'erano una stalla immensa e un magazzino ancora più grande, e dentro la forgia un uomo ricoperto di fuliggine stava martellando spade. Distinsi anche un presidio interamente occupato e alloggi per i tanti servitori che correvano in giro. Di fronte al cancello sorgeva il salone dei ricevimenti.

Quando scendemmo da cavallo, una voce acuta rimbombò per tutto il perimetro.

«Boedhe!»

Ci corse incontro un omone con due lunghe trecce bionde alla vichinga. Indossava una tunica grigia e un mantello verde scuro, e portava al collo una grossa torque d'oro. Aveva profonde rughe sul viso, e difatti, non fosse stato per gli abbaglianti occhi celesti che ne tradivano la giovane età, avrei pensato fosse in là con gli anni. Era Findlaich, uno dei tanti principi vichinghi, nonché Mormaer di Moray.

«Amico mio!» Allargò le braccia, e per poco mio padre non ci si tuffò dentro. Si abbracciarono stretti e a lungo, al pari di due amanti. Quando si staccarono, avevano entrambi le guance rigate di lacrime. Mi sentii anch'io sul punto di piangere, anche se ignoravo il perché. Adair si limitò a stringermi la mano e a sorridere.

Non appena si accorse di me e di mio fratello, Findlaich fece un largo sorriso.

«E questi chi sono? Una fata delle Highland e suo figlio, che hai catturato tra le montagne?»

«Mio figlio Adair e mia figlia Gruoch... anche se sua nonna la chiama Groa.»

In bocca a mio padre, il mio nome pagano suonava straniero, ma Findlaich annuì in segno di approvazione.

«Groa la veggente» disse. Il modo in cui pronunciò il mio nome mi piacque molto, proprio come faceva la nonna. «Immagino l'abbiate chiamata così per i suoi occhioni.»

Stavo per chiedergli cos'altro sapesse su Groa, quando notai un ragazzo che usciva dalle stalle. Non poteva avere molti più anni di me, ma teneva una spada alla cintola e, da come stringeva l'impugnatura, intuii che doveva essere bravissimo a usarla. Forse lo stavano addestrando per prestare servizio nella milizia del mormaer.

«Mio figlio, MacBeth.» Findlaich gli sorrise orgoglioso. Io sollevai un sopracciglio. Non assomigliava per niente a suo padre, infatti aveva i capelli neri e gli occhi verde sottobosco, ed era impossibile immaginarsi Findlaich muoversi con la stessa grazia, perfino da giovane.

Quando MacBeth si piazzò accanto a suo padre e inclinò la testa per salutarci, ridacchiai per la sua formalità, nemmeno fosse un coetaneo di mio padre. Si voltò a guardarmi, leggermente accigliato. Stavo per giustificarmi, quando Findlaich ci invitò a proseguire.

«Donalda vi ha fatto preparare qualcosa da mangiare» ci informò. «Forza, andiamo!»

E ci accompagnò dentro il salone.

6

Quando entrammo, sentii nelle narici un profumo di carne alla brace e pane appena sfornato che mi cancellò qualsiasi altro pensiero dalla mente. Dovetti resistere alla tentazione di correre verso il grande tavolo centrale imbandito, un banchetto per tutto l'insediamento.

«Chi altri verrà?» chiesi a Findlaich, che scoppiò a ridere.

«Nessuno. La paura più grande di Donalda è che i nostri ospiti possano tornare a casa affamati.»

«Non esiste insulto peggiore che dare un magro companatico a un'onorevole compagnia» lo rimproverò una voce gentile.

Mi girai e d'istinto indietreggiai di un passo, afferrando Adair per una mano, pronta ad allontanarmi. Mi ritrovai davanti la copia esatta di Bethoc, che mi fissava con i suoi occhi color erica. Be', in realtà quella donna aveva soffici capelli castani e lo sguardo gentile.

«Lady Findlaich» la salutò mio padre, inchinandosi al suo cospetto.

«Oh, ci mancherebbe altro! Chiamami Donalda» gli disse lei, sorridendo con dolcezza, poi ci accompagnò al tavolo.

Sapevo che era maleducazione, ma non riuscivo a staccarle

gli occhi di dosso: camminava e inclinava la testa come Bethoc, per non parlare del potere che emanava.

«Gruoch, piantala di fissarla!» mi rimproverò mio padre, cogliendomi sul fatto.

«Sì, scusami» borbottai, e rivolsi la mia attenzione al cibo, che all'improvviso aveva perso tutto il suo sapore. Non riuscivo a levarmi dalla testa Bethoc, l'orribile sensazione di impotenza che lasciava dietro di sé e il peggioramento delle condizioni di mia madre. Mi vennero le lacrime agli occhi.

«Bambina mia, che ti succede?» mi chiese mio padre, leggermente in imbarazzo.

«È che...» tentennai. «Assomiglia tanto a Bethoc.»

Nella sala calò il silenzio, come una tacita maledizione, e io mi sentii avvampare le guance.

«Ah, conosci mia sorella?» mi domandò Donalda, e dal suo tono di voce capii che sapeva già come fosse stato il nostro incontro.

Annuii.

Venne ad accovacciarsi accanto a me e mi asciugò le lacrime con la mano fredda.

«Mia sorella ha dovuto affrontare molte difficoltà nella sua vita, e si diverte a sminuire gli altri per tenere a bada la propria angoscia.» Parlò con voce dolce e affettuosa, anche se proprio non mi andava giù l'idea di perdonare Bethoc per quello che aveva fatto a noi e a mia madre.

«Io, invece, sono stata più fortunata» continuò, guardando Findlaich. Si scambiarono un'occhiata che non avevo mai visto tra i miei genitori. «E ti assicuro che farò del mio meglio perché ti senta la benvenuta qui.»

Mio malgrado, le sorrisi.

«Mangiamo?» disse poi, e Findlaich e Boedhe approvarono di gusto.

In effetti Donalda mantenne la promessa. Nelle settimane successive, fece tutto quanto in suo potere per assicurarsi che io e la mia famiglia fossimo accolti al meglio. Portò me e Adair a visitare i dintorni, giocò con noi vicino al mare e si preoccupò che mangiassimo a sufficienza.

Spesso mi appoggiava la mano sulla spalla o mi sistemava qualche ciocca di capelli dietro le orecchie. Se mi svegliavo per un brutto sogno, veniva al mio capezzale e mi accarezzava la schiena finché non mi addormentavo di nuovo. Si assicurava sempre che indossassimo vestiti puliti e che mi sciacquassi i capelli per eliminare il sale, così che sarebbero rimasti morbidi e lucenti anziché seccarsi. Nonostante le proteste mie, di Adair e MacBeth per la frequenza con cui voleva che ci facessimo il bagno, in segreto mi piaceva profumare di lavanda e sentire la pelle setosa dopo essere stata frizionata con l'olio di lino.

Erano tutti accorgimenti che mia madre aveva sempre riservato a se stessa, mai a me. Desideravo abbandonarmi completamente all'affetto di Donalda, ma mi sentivo combattuta tra il senso di colpa per il mio amore sempre più profondo verso la nostra ospite e la rabbia perché mia madre non mi aveva mai voluto bene quanto lei.

Benché mi fossi ambientata piuttosto bene a Burghead, mi portavo questo peso sulle spalle. Se anche Donalda se ne era accorta, non entrò mai in argomento. Non mi metteva pressioni al riguardo e, anzi, mi offriva conforto ogni volta che lo cercavo, intuendo quando avevo bisogno di compagnia o di stare da sola. L'amavo ancora di più per questo.

Pur non provando il mio stesso senso di colpa, anche Adair si affezionò subito a lei e a Burghead. Cercavo di fargli ricordare casa nostra, la costa del Fife e il nostro piccolo insediamento. Quando gli ordinavo di non dimenticarsene, lui annuiva obbediente, ma sapevo che la grande avventura del nostro viaggio e la novità di quel luogo avrebbero offuscato qualsiasi ricordo conservasse dei suoi primi due anni di vita.

Mio padre mi aveva promesso una libertà senza eguali, ma Donalda si rifiutava di lasciarci uscire dall'insediamento senza protezione. Era l'unica fonte di fastidio nella mia vita.

Un pomeriggio, una settimana dopo il nostro arrivo, andai in cucina e la trovai a preparare tortini di avena e pesce affumicato per una donna che aveva appena partorito.

«Le guardie sono troppo occupate per accompagnarmi» mi lamentai.

«E allora devi aspettare finché non saranno disponibili» rispose.

Io sbuffai irritata, ma sapevo quanto fosse inutile discutere con lei, l'unico punto su cui si mostrava irremovibile.

«La porto io» le propose MacBeth sulla soglia.

Non l'avevo visto entrare, dunque sussultai. Pensai che avrebbe riso di me, e mi preparai per rispondergli a tono, invece si limitò a guardare sua madre.

Donalda lo esaminò attentamente.

«State vicini alla costa e non spingetevi oltre Cinn Lois» gli intimò.

MacBeth annuì e uscì dalla cucina, aspettandosi che lo seguissi. Io obbedii, benché di malavoglia. Avevo avuto poche occasioni di conoscerlo, ma di sicuro una cosa balzava subito all'occhio: non si sarebbe mai opposto a sua madre. Mi sarebbe stato impossibile convincerlo ad abbandonare il sentiero principale o ad avventurarci un passo più in là rispetto a quanto gli aveva ordinato lei.

Scendemmo alla spiaggia e da lì ci incamminammo lungo la costa. Decisi che sarebbe stato meglio averlo come alleato che come nemico, perciò cominciai a raccontargli la storia delle nove vergini di Dundee e dell'immenso serpente che le fece a pezzi.

Secondo la leggenda, un giovanotto di un villaggio vicino uccideva il serpente con una mazza, ma nella mia versione era la sorella minore a vendicare le altre a mani nude. Raggiunto il momento culminante della narrazione, stavo per simulare la morte di quella bestiaccia usando un pezzo di legno, quando mi accorsi che non mi stava nemmeno ascoltando.

«La conoscevi già?» gli chiesi delusa.

«No.»

«Ti sto annoiando, allora?»

«No.»

Teneva la mano sull'elsa della spada e guardava a destra e a sinistra per perlustrare il territorio. Ah, quindi ero la sua occasione per giocare a fare il soldato. All'improvviso persi interesse nella nostra passeggiata.

«Voglio tornare indietro» borbottai.

«D'accordo» mi disse, e svoltammo verso Moray.

Presi la sua indifferenza ai miei tentativi di fare colpo su di lui come un affronto personale, ma la verità era che non gliene importava nulla delle mie storie sulle Lowlands. Se anche avessi sottratto di nascosto un dolcetto dalla cucina per blandirlo, se lo sarebbe potuto tranquillamente andare a prendere da solo. Svolgeva il suo nuovo ruolo di protettore con ardente impegno, ma soltanto per senso del dovere, non certo perché volesse stare con me.

Dopo parecchie settimane di totale freddezza, esauriti tutti i miei gloriosi aneddoti sulle nostre tradizioni e la nuova religione, esasperata gli raccontai la profezia di mia nonna.

«Brighde in persona le ha rivelato che un giorno sarei diventata regina. Tu che ne pensi?»

Alzò la testa dal pugnale che stava affilando e che portava sempre con sé, e mi studiò da vicino.

«Sarà mio cugino Duncan a diventare re, ma è già stato promesso alla Principessa della Northumbria» mi rispose.

«E allora dovrò ucciderla» conclusi. Vedendo che inarcava un sopracciglio per la sorpresa – una dolce, deliziosa sorpresa – continuai, avvinta dalla narrazione che io stessa mi stavo costruendo.

«Sì, eliminerò qualsiasi uomo, donna o bambino che ostacolerà i miei piani.»

Mi osservò in silenzio, riflessivo come sempre. «Non ne dubito» disse, poi tornò ad affilare la lama.

La sua reazione compiacente mi lasciò sbalordita. Pensavo che sarebbe scoppiato a ridere o che addirittura mi avrebbe preso in giro, invece rimase lì seduto, concentrato su quello che stava facendo.

Forse era il suo modo di deridermi, però.

«Guarda che lo faccio davvero» replicai indispettita. «Li taglierò in due e poi, a conferma del mio potere, mostrerò i loro resti per tutto il regno.» Mi ero ispirata a una storia che mi aveva raccontato Barrach su come puniva i suoi oppositori un certo re.

Quando sollevò la testa di nuovo, notai un'ombra di fastidio sul suo viso.

«Lo so, ti ho detto che ti credo.»

«Ah, davvero?»

«Ma scusa, sei arrabbiata con me perché ti ho dato ragione?»

«Mi pare ovvio che non consideri seriamente la mia minaccia.» Ma, stando al suo ragionamento, cominciavo a vacillare.

«Rimproveri chiunque tenti di allontanare Adair da te. Se per caso guarda un'altra persona o – gli dèi non vogliano! – si siede sulle ginocchia di qualcun altro, desideroso che gli racconti una storia, allontani quella povera creatura per una settimana. Visto che ti hanno profetizzato che diventerai regina, immagino sarai altrettanto possessiva riguardo alla tua corona.»

Nonostante fossi convinta di essergli indifferente, rimasi senza parole per l'attenzione con cui mi aveva osservato.

«In effetti hai ragione, del resto è il motivo per cui sono venuta al mondo... l'unico» gli spiegai.

Oh, quanto avrei voluto che quel momento non finisse mai! Dal mio arrivo, non avevamo mai parlato tanto.

MacBeth annuì, la sua opinione confermata.

«Sarò una sovrana migliore di Re Malcolm» aggiunsi.

«Be', non è che ci voglia molto...»

«E anche di mio padre» continuai impavida, ma mi guardai subito intorno per assicurarmi che non fosse in ascolto.

MacBeth mi studiò ancora, e mi sentii a nudo.

«Cosa te lo fa pensare?» mi domandò abbassando la voce.

Non ci misi molto a trovare le parole giuste per rispondergli.

«Perché amo la mia gente» gli dissi piano. «E perché, se fosse stato in mio potere, avrei fatto qualcosa per evitare loro certe umiliazioni.»

Aveva saputo della visita di Bethoc e Crinan da mio padre, anche se la sua versione non contemplava la parte in cui si era comportato da codardo al cospetto dell'abate, permettendogli di insultare le nostre tradizioni. In quell'occasione avevo colto ciò che, invece, era sfuggito ai presenti, e cioè che gli mancava il coraggio necessario per prendere una posizione definitiva e anche l'empatia indispensabile per essere un buon sovrano.

«Stai parlando di loro o di te?» mi chiese.

Notando il suo tono gentile, mi allarmai. Avvampai in volto e mi si annebbiò la vista.

«E tu che ne sai, scusa?» Sputai a terra e me ne andai.

Rimasi nella mia stanza per tutto il giorno, rifiutandomi addirittura di uscire per la cena, le parole di MacBeth che mi risuonavano nelle orecchie. Non avrei mai più permesso a nessuno di farmi sentire come Bethoc e Crinan. Lei, soprattutto, l'avrebbe pagata cara per quello che aveva fatto a mia madre.

La mattina seguente trovai MacBeth che combatteva con suo padre vicino alle stalle. Quando mi vide, non si interruppe, ma mi sorrise. Non volevo la sua compassione, però, dunque gli feci una linguaccia. Lui alzò gli occhi al cielo e tornò a concentrarsi sul suo addestramento.

Nonostante quello che avevamo condiviso il giorno prima, si era rivelato una compagnia molto silenziosa. Che delusione. Perlopiù, si teneva per sé ciò che pensava, e ogni volta dovevo cavargli le informazioni di bocca, peggio di cercare una fonte d'acqua tra le rocce. Chissà perché gli avevano messo quel nome, MacBeth, figlio della vita. Non c'era proprio nulla di vitale in lui, almeno finché non iniziava a combattere con la spada.

Quando la sguainava, infatti, era impossibile levargli gli occhi di dosso. Tracciava ampi archi sopra la testa e intorno al corpo, agile come un danzatore. Desideravo disperatamente combattere contro di lui e unirmi a quell'ipnotizzante movimento di acciaio. Ogni volta che trovavo il coraggio di maneggiare una piccola lama in sua presenza, però, arrivava mio padre e mi minacciava di rispedirmi nel Fife da sola se mi avesse visto di nuovo con un'arma in mano. Soltanto Adair si sarebbe potuto allenare con lui.

Vagavo per Burghead furibonda perché Adair, benché di rango inferiore al mio, poteva fare ciò che gli aggradava mentre a me, la primogenita del Principe Boedhe, veniva negato di realizzare il mio più grande desiderio. Mio fratello cercava di consolarmi, ma alla fine fu MacBeth che venne in mio soccorso.

Dopo avere passato una settimana con l'umore sotto i piedi, mi propose di andare a Elgin. Quando ci ritrovammo nascosti nel folto della foresta, lontani da Burghead, rallentò e tirò fuori un fagotto di stoffa. Feci del mio meglio per non mostrarmi incuriosita.

«Non vuoi sapere cos'è?» mi chiese poi, tenendolo in mano.

Alzai le spalle, e lui sorrise.

«È per te.»

«Di che si tratta?» chiesi, incrociando le braccia.

Non rispose. Restammo così finché non lo presi, sospirando sconfitta.

«Fa' attenzione» mi mise in guardia.

«Perché, si muove?»

Fece una smorfia. Non era tipo da scherzi, ma all'improvviso temetti fosse un topo. Decisi di non dargli la soddisfazione di vedermi strillare, e mi preparai a fingermi imperturbabile.

Mentre aprivo la tela, non appena vidi quella piccola lama che scintillava al sole, forgiata da mani esperte, affilata quanto un rasoio, tutta la mia impassibilità si sciolse in un'incontenibile meraviglia. L'impugnatura liscia era perfetta per la mia mano.

«Ti insegnerò a prendertene cura e a mantenere il pugnale tagliente» mi disse, ma io ero senza parole. Sconcertato dalla mia reazione, proseguì.

«Attenta perché non è una spada, dunque ti servirà a ben poco in un combattimento vero e proprio. Ti insegnerò a portarlo sempre con te senza ferirti, e se vuoi ti mostro come assestare un colpo quasi mortale ai tuoi rivali.»

«Grazie, è bellissimo» risposi con voce roca.

Lui sorrise, e mi sembrò che stesse arrossendo. Pensai di dargli un bacio per ringraziarlo, invece mi morsi il labbro e ricambiai il sorriso.

«Perché...?» iniziai.

«Se diventerai regina, devi imparare a difenderti» tagliò corto. «Anche se tuo padre la pensa diversamente.»

Scoprire che i bambini di Burghead erano sensibili alla mia influenza quanto quelli del Fife fu una grande soddisfazione per me. Chiedevano a gran voce che raccontassi loro qualche storia sulle Lowlands, dato che, tra chi viveva al Sud, quasi nessuno si era mai avventurato nell'estremo Nord. Io li compiacevo, e ripetevo i racconti che mia nonna intesseva nei suoi arazzi. Rubavo dolci e glieli regalavo, poi li intrattenevo durante il pranzo, quando finivano le lezioni e potevano giocare finché i loro genitori non avessero terminato di mangiare. A mano a mano che le sere d'estate si rinfrescavano, illanguidendo nell'autunno, aiutavo Donalda a distribuire pelli di pecora e mantelli nuovi alle famiglie più bisognose.

Gli abitanti di Burghead veneravano lei e Findlaich, e non perché li temessero o volessero conquistarsi i loro favori. Provavano un affetto sincero. Una volta gliene parlai.

«Da dove ti viene tutto questo potere?»

Lei scoppiò a ridere. «Oh, che domanda! Secondo te?»

«Di sicuro non da Findlaich, perché ne ha molto meno di te, si vede. Tu sei la figlia di un re, dunque eri influente anche prima di sposarlo.»

«Sì, vero.»

«E nemmeno dalla terra. Non sei una druida, e non invochi la forza delle divinità locali.»

«No, infatti, ma non perché non le conosca; più che altro dubito della loro esistenza.»

Dopo che Donalda aveva abbracciato la nuova religione, a Burghead le antiche tradizioni convivevano con quelle nuove, in un culto mai esistito prima, quasi affascinante quanto il paganesimo.

«Ti viene dal popolo?» le chiesi.

«Forse.»

«Oh, dài, dimmelo!» sospirai esasperata.

Rise di nuovo.

«La verità è che non credo di avere tutto questo potere che dici.»

Restai a bocca aperta. Ne avevo conosciute tante di persone deboli che si affannavano in ogni modo possibile e immaginabile per convincere chiunque del contrario, i miei genitori, per esempio. Donalda, invece, era la donna più autorevole che avessi mai incontrato, forse tranne Bethoc, anche se il suo potere ti sminuiva invece di infonderti forza.

«Ma non è vero!» esclamai. «La gente ti adora, lo vedo con i miei occhi. Le donne si acconciano i capelli come te e ti copiano in tutto e per tutto.»

«Quello si chiama carisma, Gruoch, non potere.»

«E non è la stessa cosa?»

«No.» Posò il cucito e mi guardò. Rimasi colpita dalla sua serietà.

«A differenza del potere, il carisma va e viene. Se venissi spodestata domani stesso, la mia influenza svanirebbe più veloce della luna, mentre quella montagna laggiù esiste da secoli, e resisterà per molti altri a venire.»

«Tu, però, non credi nelle divinità della terra, l'hai detto tu stessa.» Tutto quel filosofeggiare cominciava a spazientirmi.

«Non sto dicendo che la montagna, o qualche sua personificazione, sia un essere divino. Il suo potere risiede in chi l'ha creata e l'ha messa dov'è.»

«Cioè il nuovo dio?» le domandai scettica.

«Esatto.»

«Dunque il tuo potere risiede nel nuovo dio» conclusi, dando un senso a quanto stava dicendo.

«Se ne avessi, sì, mi verrebbe da lui, ma io sono una donna. Senza Findlaich, non sarei niente in questo mondo.»

Era esattamente quello che avrebbe detto mia madre, ma nella voce di Donalda non si coglieva risentimento, piuttosto accettava soddisfatta quel semplice dato di fatto. Anzi, forse era l'avere accolto il proprio ruolo nel mondo che la rendeva così forte.

Decisi che anch'io avrei accettato il mio ruolo di regina, e mi aggrappai alla veridicità del mio destino. Raddoppiai il mio impegno con i bambini di Burghead, che mi ricompensarono tributandomi la loro assoluta fedeltà. Di giorno in giorno trovavo conferma al motivo della mia esistenza, e sentivo che la profezia di mia nonna si sarebbe compiuta a breve.

Se la devozione di chiunque altro aumentava, MacBeth continuava a disinteressarsi delle mie storie su dèi, gesta eroiche e amanti. Eravamo a Burghead da sei mesi ormai, e una sera, mentre ce ne stavamo accoccolati accanto al grande falò, la pancia piena dopo il banchetto preparato da Barrach, gli chiesi come mai non gliene importasse nulla delle nostre tradizioni.

Si limitò ad alzare le spalle.

«Preferisci sentir parlare del nuovo dio?» gli domandai, pronta a inventarmi qualche aneddoto sull'argomento.

Scosse la testa.

«Ci dovrà pur essere qualcosa che stuzzica il tuo interesse...»

Si accigliò pensieroso. A volte, restava a riflettere così a lungo che mi faceva venire i nervi, ma poi morivo ancora di più dalla voglia di sapere cosa gli passasse per la testa.

«Dubh l'impetuoso» disse.

«Chi?» Quel nome mi suonava nuovo. Lui si accigliò di nuovo.

«Conosci tutte le divinità possibili e immaginabili, e non hai mai sentito parlare di Re Dubh?»

«La vita degli uomini non mi interessa» risposi con aria supponente.

«Pensavo che Boedhe ti avesse raccontato le imprese del tuo bisnonno, uno dei più potenti guerrieri mai esistiti.»

«No» replicai, anche se ormai diventava sempre più difficile fingermi disinteressata.

«Dubh è stato il quarto Re di Alba. Correva voce che il suo potere fosse così immenso che, quando è stato ucciso e il suo corpo gettato da un ponte, il cielo si è tinto di rosso e il sole ha cessato di sorgere finché non l'hanno ritrovato.»

«Davvero?» risposi, abbandonata ormai ogni pretesa di indifferenza.

«Sì» intervenne Barrach dal tavolo a cui era seduto, dietro di noi. Mio padre e Findlaich stavano russando, invece lui ci stava osservando, il volto scintillante di idromele all'erica. «Mio padre era presente» continuò.

Per il resto della serata, ci raccontò una storia dopo l'altra sui miei antenati guerrieri, che avevano prima conquistato e poi perso il trono di Alba. Sapevo che avrei sposato un re ma, mentre osservavo MacBeth ascoltarlo rapito, riflettei sui vantaggi di avere un guerriero come lui al mio fianco.

7

Nel Fife non ci tornammo mai più, e Re Malcolm non mandò nessuno a riportarci indietro. L'inverno lo trascorrevamo a Burghead e poi, non appena il sole cominciava a sciogliere il terreno gelato quanto bastava per la semina, ci mettevamo in viaggio. Visitavamo le terre di Findlaich e aiutavamo la sua gente ad arare i campi. Lui e Boedhe andavano a caccia con i capi villaggio e li aiutavano a costruire nuove case, mentre Donalda portava doni ai neonati sopravvissuti alla loro prima stagione rigida.

A Moray si celebravano ancora tutte le antiche festività che, lontano dallo sguardo vigile di Re Malcolm e dalle sue spie, si trasformavano in eventi chiassosi e vivaci. Mio padre mi avrebbe anche permesso di partecipare, ma l'aroma di quelle antiche erbe mi suscitava emozioni troppo dolorose e complesse. A quegli immensi raduni e ai balli intorno ai falò scintillanti, preferivo le sacre cerimonie silenziose di mia nonna e le figure spettrali delle anziane figlie dei druidi.

In quei frangenti, mi rifugiavo da Donalda. Pur non rimproverando Findlaich o altri, si manteneva fedele alle proprie convinzioni, e difatti, ogniqualvolta quelle feste diventavano atti di venerazione e divinazione, si allontanava. Io allora la seguivo in silenzio, e mi addormentavo mentre parlava con la sua cameriera, insieme alla quale intesseva nuovi arazzi da regalare alle mogli dei thane locali.

Non appena il freddo tornava a farsi sentire, ci rimettevamo in marcia verso Burghead e trascorrevamo l'inverno laggiù, tra danze e festeggiamenti. Io dedicavo il mio tempo ad aiutare Donalda a confezionare nuovi mantelli di lana, pelle e pelliccia, e a addestrare i cavalli.

Mio padre mi insegnò a cavalcare da sola; lo adoravo, più di qualsiasi altra cosa. Mi piaceva ascoltare il respiro cadenzato dei cavalli e il rumore degli zoccoli che calpestavano il terreno mentre il mondo ci scorreva accanto. Non avevo mai sperimentato una sensazione più vicina alla libertà di quella, e morivo dalla voglia di avere un cavallo tutto mio. Ogni volta che glielo chiedevo, però, mio padre mi diceva di no.

Continuava anche a negarmi il permesso di esercitarmi a combattere. Convinto che ne sapessi abbastanza per difendermi da sola, non riteneva mi servisse un'ulteriore preparazione, dunque mi obbligò a imparare e mettere in pratica diversi metodi d'attacco limitandomi a osservare MacBeth e Adair. Nonostante l'evidente ingiustizia, io e mio fratello restammo uniti. Ma dopo cinque inverni, alla fine il mio amore per lui venne messo alla prova.

Una mattina, pochi giorni prima del mio tredicesimo compleanno, legata a un palo fuori dalla mia stanza trovai una bella giumenta con il manto castano. Non doveva avere più di due anni, e osservava i suoi simili e le balle di fieno accanto alle stalle con i suoi occhioni marroni scintillanti.

«Bella, vero?» gridò Adair non appena uscì dalla cucina, dove chiaramente aveva convinto Barrach a preparargli del pane spalmato di burro e miele, le prove del misfatto ancora sul mento e sul naso appiccicosi.

«Sì! Dove l'ha trovata Findlaich?» gli chiesi, accarezzandole lo splendido collo lungo.

«A Elgin, ma è stato nostro padre, non lui» mi rispose, passandole una mano sul muso.
«Ma non gli serve un altro cavallo...»
«Difatti è per me» precisò lui senza malizia, ancor prima che nascesse in me un barlume di speranza.
Mi montò dentro una gran rabbia. Mio fratello se ne accorse al volo, e indietreggiò. Anche la cavalla avvertì il mio fastidio, e prese a scalpicciare angosciata. Cercai di respirare profondamente, ma ribollivo dal nervoso.
«Puoi montarla quando vuoi» mi propose Adair, ma io gli rifilai un'occhiataccia. Chi si credeva di essere per ritenersi superiore a me? Me ne andai.
«Ehi, dove vai?» mi gridò.
«Fuori» ribattei a gran voce, voltandomi. «E se osi dirlo a qualcuno, ti taglio la lingua.»
Sgattaiolai dalla fortezza senza che nessuno mi vedesse e attraversai l'insediamento. Uscii dal cancello principale, sempre aperto per i viaggiatori, e superai il ponte di legno sul fossato. Il boschetto di fronte, con gli alberi carichi di neve, mi avrebbe fornito un nascondiglio perfetto. Certa di essere al sicuro, mi misi a correre, sperando che una buona dose di rinvigorente esercizio fisico avrebbe placato la mia collera.
Raggiunsi l'estremità opposta e risalii la collina più vicina, rallentando solo quando sentii le gambe indolenzite. Lo strato di ghiaccio che ricopriva il terreno si sommava alla spessa coltre di neve e, nonostante gli stivali di pelle imbottiti di pelo di coniglio e il pesante mantello, ben presto mi venne freddo. Oh, poco importava. Bastava continuare a camminare, e mi sarei riscaldata.
Più avanzavo, però, più la mia furia aumentava. Erano passati cinque anni dal nostro arrivo, e sette da quando Brighde mi aveva scelto per un destino grandioso, eppure ancora mi sfuggiva in che modo si sarebbe compiuta la profezia di mia nonna. Se solo fosse stata più chiara e mi avesse detto cosa dovevo fare o quando tutto ciò sarebbe successo... Almeno non mi sarei preoccupata vedendo che non cambiava mai nulla.

Supererai in grandezza ciascuno di noi. Diventerai immortale.

«Sì, ma quando?» urlai nel vuoto. Nessuna risposta.

Quei pensieri continuarono a ronzarmi in testa finché non raggiunsi la cima della collina. Notai tra la neve che qualcuno era già passato di lì. Mi guardai intorno in cerca di segnali di vita ma, a giudicare dalle impronte, l'uomo che avrebbe dovuto mantenere acceso il falò di segnalazione era tornato da dov'era venuto.

Da lassù si vedeva tutta Moray. Mi bloccavano la visuale solo le montagne alle mie spalle, quelle che avevamo attraversato quando eravamo fuggiti dal Fife. Era tutto bianco e scintillante, tranne il mare color ardesia, che si agitava schiumoso nella grigia luce mattutina. Presi un bel respiro e crollai sulla neve, il peso sul petto che finalmente cominciava ad allentarsi.

All'improvviso, sentii uno scricchiolio di passi dietro di me.

Rimasi di sasso. Mi sovvenne l'avvertimento che mi aveva dato mia nonna tempo addietro.

Devi restare in vita.

O forse aveva detto "resterai in vita"? Mi ero sempre considerata invincibile ma, davanti all'eventualità di un pericolo reale, ricordai le sue parole come se me le stesse sussurrando all'orecchio in quel preciso istante.

Mi serviva un'arma, ma la neve aveva ricoperto qualsiasi cosa potesse tornarmi utile; di sicuro i pochi legni che spuntavano erano conficcati nel terreno congelato, e comunque non sarebbero stati sufficienti a respingere un eventuale assalitore. Mi maledissi per aver lasciato il pugnale alla fortezza. Da quando MacBeth me l'aveva regalato, non me ne ero mai separata, addirittura lo tenevo sotto le pelli di pecora quando dormivo. Dal nervoso, però, mi ero dimenticata di prenderlo.

L'unico mio vantaggio sarebbe stato sfruttare l'effetto sorpresa.

Mi voltai di scatto e inveii contro la figura incappucciata che incombeva su di me, la quale indietreggiò barcollando. Senza aspettare di vedere quanto avrebbe impiegato quel manigoldo a riaversi, mi fiondai giù per la collina. Avevo le gambe infreddolite e gli stivali troppo grandi, quindi inciampai, perdendo tutto il vantaggio. Con mio immenso stupore, quel tale scoppiò a ridere.

Mi misi a sedere e lo vidi togliersi il cappuccio.

«Padre!»

Rideva così forte che gli scendevano le lacrime. Chissà cosa ci trovava di così divertente...

«Credevo fossi un nemico venuto a rapirmi» gli spiegai.

A quelle parole, iniziò a ridere ancora più forte. Io, però, non mi divertivo affatto, e addirittura pensai di prenderlo a pugni, almeno l'avrebbe piantata.

«Oh, figlia mia, cosa...» provò a dire senza fiato, ma non riuscì nemmeno a terminare che si piegò in due dalle lacrime.

«Adair ti ha detto...» cominciai, all'improvviso di pessimo umore un'altra volta.

«Quando mi sono svegliato, ti ho visto correre via. No, con lui non ho parlato. Avevo fame, però, dunque ho fatto colazione e poi sono venuto a cercarti.»

Il mio risentimento nei suoi confronti cresceva di secondo in secondo.

«Come hai fatto ad arrivare fin qui così in fretta? A guardarti, non sembri nemmeno in grado di attraversare la sala dei ricevimenti, figuriamoci arrampicarti su per questa ripida collina.» Cercai di essere il più pungente possibile, ma mio padre si limitò a sorridere. Oh, il suo buonumore mi dava sui nervi!

All'estremità opposta della collina apparve MacBeth in sella al suo cavallo, trascinando quello di mio padre. Non sembrava affatto contento di essere stato coinvolto nel mio salvataggio.

«Traditore» borbottai a denti stretti.

Lui fece una smorfia.

Strinsi i pugni e pestai i piedi per terra. Sapevo che mi stavo comportando come una bambina, ma quell'ennesima ingiustizia nei miei confronti era troppo.

«Se avessi avuto un cavallo, non mi avreste mai trovata!»

«Calmati, figlia mia!»

«Perché ne hai regalato uno a Adair e a me no, eh?»

«Perché lui è il mio erede.»

«Erede di cosa? Non abbiamo più niente!»

Non appena ebbi pronunciato quelle parole, mi morsi la lingua, ma mio padre mi raggiunse e mi issò in spalla, poi mi depositò in sella al suo cavallo senza troppi convenevoli, infine si rivolse a MacBeth.

In quel momento, tanta era la voglia che avevo di cancellargli quel sorrisetto compiaciuto dalla faccia, che persi il lume della ragione. Raddrizzai la schiena, afferrai le redini e sferrai un calcione nel fianco del cavallo, che si fiondò a tutta velocità giù per la collina.

Mio padre mi disse qualcosa e poi iniziò a gridare, però le sue parole vennero inghiottite dal forte vento.

Quella dura cavalcata mi lasciò senz'aria nei polmoni. Udii un rumore di zoccoli alle mie spalle; era mio padre, che mi aveva raggiunto in sella al cavallo di MacBeth. Io, però, ero decisa ad arrivare prima di lui al cancello, non fosse altro per mettere a segno una piccola vittoria, su cui avrei rimuginato quando fossi stata messa in punizione.

Incalzai lo stallone perché procedesse. Mio padre era un ottimo cavaliere, ma la mia bestia andava più veloce.

Con un ultimo slancio, entrai di corsa nel perimetro della fortezza. Vedendomi inchiodare di colpo per evitare di finire contro una casa, le guardie gridarono allarmate. Adair uscì subito dalle stalle dove si stava esercitando con la spada, mentre Donalda e Findlaich arrivarono dal salone dove stavano mangiando. Sudata ed esausta, ma eccitata per quella cavalcata a perdifiato, mi voltai a guardare mio padre che arrivò sbandando.

«Per tutti gli dèi, bambina mia, che accidenti ti è preso? Sembravi posseduta!» mi urlò, poi smontò dal cavallo di MacBeth con un balzo, raggiunse il suo di corsa, afferrò le redini con una mano e con l'altra per poco non mi trascinò a terra. Mi portò di forza verso casa nostra.

Quando passai accanto a Adair, gli rivolsi un sorriso rassicurante, e allora gli si illuminò il volto dal sollievo. Solo la sua incrollabile fedeltà verso di me in quanto sua sorella maggiore gli risparmiò il mio risentimento.

«Sono sicuro che non vo...» iniziò, accorrendo in mia difesa.

«Silenzio, figlio mio» rispose piccato mio padre, poi mi scaraventò dentro casa e sbatté la porta.

«Che sia messa sotto chiave!» gridò, ma non riuscii a vedere chi sarebbe stato il mio carceriere. «Non voglio che Gruoch esca per tutto il giorno. Dovesse scappare, ti riterrò personalmente responsabile.»

A mano a mano che le ore passavano, la mia vittoria assunse un sapore amaro. Anche quando mi liberarono per cena, aggredii verbalmente chiunque mi venisse vicino, tanto che alla fine, a causa della mia testardaggine, mi rispedirono in camera. Non prima che MacBeth mi passasse un pezzetto di mela disidratata, però. Non l'avevo ancora perdonato per il suo tradimento, ma aveva le dita sorprendentemente calde e, quando mi toccò, avvertii un brivido dietro il collo. Tornai nella mia stanza con il mio dolcetto segreto, il pensiero fisso su di lui e le sue mani calde.

Mentre succhiavo la mela, sperando che durasse il più a lungo possibile, sentii dei rumori sommessi accanto al cancello principale. Mi avvicinai alla porta ma, quando la aprii, non trovai nessuna guardia. Il cancello interno era spalancato, e stava arrivando un piccolo manipolo di soldati a cavallo. Protetta dall'oscurità, aspettai che si fossero allontanati e poi andai a prendere il mio pugnale da sotto le pelli sul letto e il mantello appeso alla porta, infine uscii carponi. Era tutto tranquillo, a parte i lievi nitriti dei pochi cavalli rimasti nelle stalle. I servitori vagavano tutt'intorno, ma si respirava un'aria densa di segretezza.

Mentre mi avvicinavo ai cancelli, Odgar mi si piazzò davanti e incrociò le braccia sul petto voluminoso.

«Voglio dare un'occhiata» gli spiegai.

Lui si fece da parte, però non mi levò gli occhi di dosso mentre sbirciavo al buio. La compagnia a cavallo stava attraversando il ponte per unirsi a Findlaich e a mio padre, anch'essi in sella. MacBeth era con loro, e anche Adair, con la sua nuova giumenta. Sentii di nuovo la rabbia stringermi il petto.

«Che succede?» gli domandai, ma Odgar non rispose. Lo guardai accigliata, ma niente. Allora allungai il collo e aguzzai la vista. Nell'oscurità cominciai a distinguere delle sagome, e un brivido di eccitazione mi corse lungo la schiena.

Dovevo avvicinarmi però, se anche fossi riuscita a sgattaiolare via dal villaggio, non avrei saputo dove nascondermi, dunque sospirai, fingendomi annoiata.

«Dov'è Donalda?» gli chiesi poi. «Voglio che mi intrecci dei fili di lavanda tra i capelli e mi canti una canzone per addormentarmi.»

Di malavoglia, Odgar mi indicò la casa della sua cameriera più fidata. Si trovavano spesso a cucire da lei. Ero sicura che Donalda preferisse la semplicità di quel luogo a casa sua, che Findlaich aveva decorato con ninnoli ricevuti dai sudditi, così tanti che sembrava una nave merci.

Corsi verso dove mi aveva detto Odgar, sperando che non mi controllasse tutto il tempo. Da lì intendevo proseguire, però un mormorio di voci flebili mi spinse a fermarmi.

«Perché dovrebbero risentirsi se loro zio si è sistemato direttamente con il re?» stava chiedendo la cameriera a Donalda.

«Perché era loro dovere pagare i debiti del padre» rispose lei.

«Sì, ma non sarebbero mai riusciti a racimolare tutto quel denaro. Avrebbero perso comunque le loro terre: a favore di Findlaich, se avesse saldato lui il debito, oppure di un mormaer scelto da Re Malcolm. Non era meglio che restassero in famiglia?» insisté la donna.

«Be', sì.»

«Ma allora perché ci stanno attaccando?» continuò con

voce tesa. All'idea di un imminente conflitto, sentii prudermi le mani.

«Non lo sappiamo ancora» disse Donalda, scegliendo con cura le parole. «Ricordati che hanno perso molto di più delle loro terre.»

«Oh, sì, una storia terribile. Ma non credo possano incolpare Findlaich per questo.»

«Se mio marito poteva permettersi di pagare quel debito, perché non l'ha fatto mentre suo fratello era in vita?» Per la prima volta sentii una punta di disapprovazione nella voce di Donalda mentre parlava di Findlaich.

«Ma non ci avrebbe guadagnato niente!»

«Invece sì: adesso suo fratello sarebbe ancora vivo. Non ti sembra un motivo sufficiente?»

«Non poteva sapere che sarebbe andata così, però...»

Donalda non rispose, si udiva solo il sommesso ticchettio del telaio.

«Secondo te siamo in pericolo?» le chiese infine la donna, a voce così bassa che dovetti tendere le orecchie.

«Non saprei» replicò lei a fior di labbra. «Mio nipote Gillecomghain ha sempre avuto un debole per lui e quando erano bambini era buono con MacBeth. Mael Colum, invece, il primogenito, è un animale come suo padre. Adesso non ha più niente da perdere, e chissà fin dove sarebbe disposto ad arrivare per riscattare l'onore del padre... Mi ricorda Ailith» continuò, abbassando ulteriormente la voce, quasi si fosse accorta della mia presenza.

Sentendo il nome di mia madre, mi irrigidii. Dal giorno in cui eravamo arrivati, non aveva mai fatto riferimento a lei, e le ero grata per questo.

«Secondo Findlaich, Gillecomghain sarebbe stato un buon partito per Gruoch. Entrambi si portano un grosso peso dentro, dunque avrebbero potuto consolarsi a vicenda, e noi avremmo evitato questo terribile conflitto.»

Che Donalda avvertisse il peso della presenza di mia madre intorno a me non mi faceva piacere.

«Hai già parlato con Boedhe delle tue speranze su Gruoch?» le domandò la cameriera. Cercai di trattenere il respiro il più possibile per sentire meglio.

«Findlaich ritiene sia troppo presto. Ha paura che le verrà il flusso mestruale tardi, ma del resto è stato così per entrambe le mie sorelle. Non c'è nulla di cui preoccuparsi. Quando sarà il momento, prenderemo una decisione. Prima vuole assicurarsi l'appoggio del re dei vichinghi.»

«Se Findlaich e Boedhe decidessero di mettersi in marcia, informerai tuo padre?»

Capii che Donalda stava riflettendo prima di rispondere.

«Non lo so, ma non credo che siamo già arrivati a tanto.»

«Manca poco, però» insisté l'altra.

«Sì.»

Mi girava la testa per quello che avevo scoperto. Non appena si misero a chiacchierare di argomenti più frivoli, tornai alla mia missione, preoccupata di avere sprecato troppo tempo ed essermi persa il conflitto. Rubai una corda dalle stalle e sgattaiolai in silenzio verso la garitta più lontana rispetto a dove si svolgeva l'azione. I miei sospetti su cosa avrei trovato laggiù si rivelarono esatti: la giovane guardia aveva abbandonato il suo posto per unirsi a Odgar e vedere meglio cosa stava succedendo.

Fissai la corda e mi calai dal lato opposto del muro, poi la sciolsi, onde evitare che lanciassero l'allarme scoprendo com'ero fuggita. La nascosi, tanto poi mi sarebbe servita di nuovo per tornare dentro – scalare il muro da fuori sarebbe stato più difficile, ma io e MacBeth l'avevamo già fatto una volta.

Protetta dal buio, corsi lungo il perimetro dell'immensa fortificazione finché non mi ritrovai davanti all'insediamento. Da quella posizione riuscivo a vedere il gruppo di uomini riuniti. Attraversare il ponte era fuori questione, mi avrebbero scoperta subito. Il fossato asciutto era ripido ma non troppo, dunque decisi di passare da lì, restando accucciata appena sotto il ciglio.

Il terreno era freddo e il cammino insidioso, ma ben presto

udii le voci di Findlaich e di mio padre, e anche altre che però non riconobbi. Sembravano vicini, perciò avanzai ancora di qualche passo, pur mantenendo una certa distanza; quando mi sentii abbastanza sicura, sollevai appena la testa per sbirciare.

Gli uomini di Findlaich erano raddoppiati, poiché si erano aggiunti alcuni abitanti dell'insediamento. Di fronte a lui, vidi una fila di strani cavalieri – truci nell'aspetto, con la testa rasata – che parlavano tra loro in una lingua a me sconosciuta. Findlaich li interruppe, con il piglio del feroce principe guerriero che di sicuro era stato da giovane.

«Come sapete, ho saldato il debito di vostro padre, dunque adesso quella terra mi spetta di diritto.»

«Era responsabilità nostra ripagare Re Malcolm, e adesso siamo pronti a farlo e a riprenderci la nostra metà di Moray» rispose un uomo in mezzo alla fila con voce calma e impassibile. Non poteva essere Mael Colum, la bestia di cui aveva parlato Donalda. Chissà, magari si trattava di Gillecomghain.

«Quel che è fatto è fatto, e ora le terre appartengono a me. Potete restare nella casa di vostro padre, ma dovrete pagarmi un tributo come qualunque altro suddito» replicò Findlaich, un filo impaziente.

In quel momento mio padre si voltò e guardò nella mia direzione. Io trattenni il fiato e abbassai la testa. Non osavo respirare. Sentii delle voci, ma non capivo cosa stesse succedendo. Non appena il cuore riprese a battermi con regolarità, mi concessi di dare un'altra occhiata, benché con estrema cautela. Mio padre si era girato di nuovo verso il resto del gruppo. No, non mi aveva visto.

«La decisione è presa» stava dicendo Findlaich. «Combatterò contro di voi. Anche se, al posto vostro, non rischierei la vita in cambio di metà Moray.»

«E allora ce la riprenderemo tutta!»

Un altro uomo era smontato da cavallo. La sua espressione accigliata faceva il paio con l'aggressività della sua voce. Di sicuro si trattava di Mael Colum.

Findlaich non rispose. Avrei dato qualsiasi cosa per vederlo in faccia. In quel momento non riuscivo a riconciliare l'uomo gentile e generoso che ci aveva accolti in casa sua con uno che sarebbe stato disposto a sottrarre le terre ai suoi stessi nipoti, ancora in lutto per la morte del padre. Sapevo cosa significasse perdere ciò che ti spettava di diritto, per questo provavo compassione per quei due fratelli.

«Mael Colum...» lo pregò l'altro in tono molto più gentile, poi alzò una mano verso di lui in segno di avvertimento, preoccupato in volto.

«Taci, Gillecomghain, o ti spedisco insieme alle donne» grugnì infuriato.

«D'accordo, allora, per tutta Moray» convenne Findlaich. Al suo fianco, mio padre si irrigidì.

«Prometti di non aizzare i tuoi uomini contro di me, quando avrò vinto?» gli chiese Mael Colum.

«Se, e dico se, riuscirai a sconfiggermi, ti sarai conquistato il diritto di regnare su Moray.» Colsi una punta di derisione nella voce di Findlaich.

Evidentemente non sfuggì nemmeno a Mael Colum, perché socchiuse gli occhi ancora di più. Ero convinta che si sarebbe messo a ululare.

«Fino alla morte» aggiunse poi.

«Fino alla morte» confermò Findlaich.

Il freddo che mi scorreva nelle vene si dissipò all'istante, subito sostituito dall'eccitazione per l'attesa. Di lì a poco si sarebbe combattuto un duello all'ultimo sangue per aggiudicarsi il regno di Moray! Dovevo trovare un punto di osservazione migliore.

Stavo per avanzare accovacciata, quando avvertii una presenza dietro di me. Prima che potessi gridare, però, qualcuno mi tappò con forza la bocca e mi trascinò fuori dal fossato.

8

Stupida! Grandissima stupida! Perché non avevo detto a nessuno dove stavo andando? Se l'avessi fatto, però, me l'avrebbero permesso?

Ero così presa dagli eventi che non avevo notato quell'oscura figura avanzare strisciando lungo il lato del fossato. Capii che era un omone immenso quando mi sollevò di peso senza il minimo sforzo. Cercai di mordere la mano che mi teneva premuta sulla bocca, ma invano. Mi copriva anche il naso e, per un attimo, temetti terrorizzata che volesse uccidermi. Cominciai a divincolarmi, ma lui mi strinse ancora più forte. Di sicuro doveva avere capito che mi stava soffocando, perché abbassò la mano per lasciarmi respirare.

«Se ti muovi, muori. Se non ti muovi, vivi» mi sussurrò all'orecchio.

Avrebbe potuto ammazzarmi con la stessa facilità con cui si schiaccia una formica, dunque decisi che era meglio obbedire. Quando annuii, lentamente mi tolse il palmo dalla bocca, poi mi posò a terra e mi legò alla bell'e meglio i polsi dietro la schiena.

«Su, cammina.»

Mentre avanzava a passo pesante, valutai le possibilità a

mia disposizione. Intanto che scendevamo giù per la collina, allontanandoci da Findlaich, cercai una via di fuga. Scrutai più di una volta gli uomini pronti a sfidarsi a duello, sperando che MacBeth guardasse nella mia direzione, ma era concentrato sull'imminente conflitto, come tutti del resto. Se anche si fosse voltato, comunque, al buio non mi avrebbe visto.

Girammo loro intorno descrivendo un ampio arco, finché non ci ritrovammo dietro la linea di Mael Colum, nascosta al limitare di un fitto bosco. Eravamo molto più indietro rispetto a dove stavo prima, ma anche da lì riuscivo a distinguere il profilo suo e di Findlaich illuminato dalle torce.

Mentre preparava il cavallo, il mio rapitore mi fece sedere. A quanto sembrava, era l'unico che non partecipava alla contesa. Con ogni probabilità, Mael Colum lo aveva mandato in avanscoperta per ispezionare la fortezza, o forse addirittura per tendere una trappola a quanti avessero provato ad allontanarsi per radunare altri uomini. Al pensiero di averlo distolto dal suo incarico, mi rallegrai.

Mi batteva il cuore all'impazzata, impegnata da un lato a trovare un modo per scappare e dall'altro a scoprire come procedesse la disputa. Se avesse vinto Findlaich, ero sicura che ne sarei uscita sana e salva. Doveva essere un pensiero folle, eppure mi aggrappai a quella speranza. Possibile che gli uomini di Mael Colum avrebbero rischiato di scatenare la sua ira, inseguendolo per le montagne del Nord, con la minaccia di ritrovarsi alle calcagna l'esercito di Burghead al gran completo? Se, invece, avesse perso, sarebbe stato inutile tornare alla fortezza. Potevo tentare di blandire il mio rapitore, però.

«Da dove vieni?» gli chiesi, spalancando gli occhi il più possibile per mostrarmi incuriosita, una strategia che avevo usato spesso con Barrach e che mi aveva sempre garantito tutti i dolci che volevo. Lui mi guardò inespressivo, poi tornò a occuparsi del suo cavallo.

Ci riprovai.

«Chissà quante volte hai combattuto al fianco di Mael Colum. Non hai qualche glorioso aneddoto da raccontarmi?»

Ero sicura che avrebbe abboccato. Tutti i guerrieri adoravano vantarsi di avere vinto prestigiosi combattimenti, e anche chi non aveva storie d'onore da condividere se le inventava, trasformando piccole conquiste in racconti epici. Forse non aveva capito. Si strappò un lembo della tunica e venne verso di me. Mi pentii all'istante di aver provato a interagire con lui.

«No, no!» esclamai. «Me ne starò zitta, non dirò più una parola!»

Nel tentativo di comunicargli al meglio il mio messaggio, chiusi la bocca e corrucciai le labbra, allora quel tale si fermò e mi fece un impercettibile cenno del capo.

Se Findlaich avesse perso, l'unica mia possibilità sarebbe stata scappare e inoltrarmi nella foresta, poi aspettare il momento opportuno per correre a Elgin e avvisarli.

Serrai gli occhi e li riaprii, cercando di non lasciarmi abbattere dalla mia difficile posizione.

Secoli dopo, o almeno tanto mi sembrò fosse durato il combattimento, tra le colline riecheggiò un grido d'angoscia. Vidi qualcuno cadere in ginocchio, ma non riuscii a distinguere chi fosse. Il mio rapitore alzò la testa dal cavallo ed entrambi allungammo il collo nel disperato tentativo di ottenere qualche informazione. Sentivo il battito del cuore rimbombarmi nelle orecchie, non riuscivo a distinguere una voce dall'altra.

«Il vincitore!» urlò qualcuno.

«Chi è?» strillai io.

Il mio rapitore non si prese nemmeno la briga di zittirmi. Immaginai fosse tutto finito e che adesso i due nemici si sarebbero affrontati, invece il ferito fu aiutato a rimettersi in piedi e portato verso di noi. Si trattava di Mael Colum, che però non era morto. Findlaich stava montando a cavallo, pronto a tornare alla fortezza insieme ai suoi uomini. Sentii il panico bruciarmi in gola come bile.

«Liberami» mi rivolsi al mio rapitore, cercando di mantenere un tono di voce più fermo possibile, ma in confronto a quello di Findlaich o di mio padre, sembrava piuttosto lo squittio di un topo, che nervi!

Vidi che era combattuto. Gli uomini di Mael Colum si stavano dirigendo lentamente verso di noi sorreggendolo, perché a malapena era in grado di camminare.

«Liberami!» ripetei, stavolta più forte.

Quel tale mi si avvicinò e mi sollevò da terra, poi mi puntò un pugnale alla gola. Cercai di respirare con calma e lo fissai. Cominciai a recitare a fior di labbra la ninnananna di mia nonna come avevo fatto con Crinan anni prima. Lui inarcò un sopracciglio divertito e poi mi mollò un ceffone, facendomi perdere i sensi.

Non appena ripresi conoscenza, sentii il calore del fuoco sul viso. Avevo la mascella indolenzita e, quando cercai di alzare le mani per massaggiarmela, mi accorsi di averle ancora annodate dietro la schiena. Ero stata legata a un alberello e imbavagliata. Adesso ci trovavamo nel folto della foresta. Vedevo la torcia di Burghead ridotta a un minuscolo falò arancio nell'oscurità. Per fortuna non eravamo andati troppo lontano, però mi doleva la testa e mi fischiavano leggermente le orecchie.

Gli uomini di Mael Colum avevano allestito un accampamento di fortuna. Qualcuno dormiva, altri si occupavano dei cavalli. Un profumo di carne bruciata mi solleticò le narici, ma non vidi animali arrostiti. Mael Colum stava seduto di fronte alle fiamme mentre un mercenario gli cauterizzava la ferita. Trattenni un gemito.

Per un guerriero, restare menomati in battaglia costituiva il più grande disonore, la prova incancellabile che non era riuscito a proteggere se stesso. Nella nostra società, un uomo così non avrebbe mai potuto occupare un ruolo di comando, né condurre un esercito o possedere terre. Nemmeno i re erano immuni da tale legge secolare.

L'uomo in piedi accanto a lui doveva essere Gillecomghain.

«Se gli avessimo teso un'imboscata come avevo ordinato io, adesso saremmo seduti sul trono di Moray» disse piccato Mael Colum.

«Ci avrebbero fatto a pezzi» insisté l'altro. «Altrimenti perché saresti dovuto ricorrere ai mercenari? I tuoi uomini sapevano che qualsiasi tentativo di attacco sarebbe fallito, ecco perché non sono venuti.»

«Femminucce!» sibilò Mael Colum. «Portatemi dell'altra birra!» ordinò poi, a nessuno in particolare.

A poco a poco stavo riprendendo conoscenza, e adesso riuscivo a distinguere meglio i due fratelli. Erano molto più giovani di quanto pensassi. Mael Colum non superava la ventina, e Gillecomghain sembrava avere un paio d'anni in più di MacBeth. I lunghi capelli folti scintillavano alla luce del fuoco come un ordito dorato. Era alto e snello, ma non gracile. Sembrava l'eroe di una di quelle tragedie che declamavano i druidi.

Anche Mael Colum ricordava un essere fantastico, proprio l'animale che aveva descritto Donalda. Era più basso rispetto alla media dei vichinghi ma, grazie alle sue spalle larghe, da seduto appariva altrettanto grosso. Nonostante la gelida aria invernale, aveva i capelli rosso fuoco appiccicati alla fronte sudata.

Fu lui a notarmi per primo.

«Ah, la nostra piccola spia si è svegliata.»

Non potendo parlare, socchiusi gli occhi e grugnii.

Lui scoppiò a ridere, un suono per nulla gradevole.

«Una sgualdrinella vichinga, troppo forte!» esclamò. «Sentiamo cos'ha da dire. Magari ci spiegherà com'è riuscita a superare le mura senza farsi vedere.»

Mi maledissi. Era impossibile che sapessero come avevo fatto a scappare, ma gli avevo fornito un valido motivo per credere che nella fortezza di Findlaich ci fosse un punto debole.

Il mio rapitore mi sciolse il bavaglio. Cercai di morderlo di nuovo, e stavolta ci riuscii, perché sentii sulla lingua il sapore del sale e del sangue. Lui gridò, ritraendosi di scatto. Mael

Colum esplose di nuovo in una fragorosa risata; se non lo avesse fermato, quel tale mi avrebbe colpito di nuovo.

«No, Borg, mi serve sveglia ancora per qualche minuto.»

Recuperai la voce. «Sono Gruoch, figlia di Boedhe, amico di Findlaich» dissi. «Discendo da una stirpe di guerrieri pitti e...»

«Be', come tutti noi, giusto?» commentò Mael Colum.

«Lasciami andare, farabutto!» esclamai arrabbiata. «Oppure proverai sulla tua pelle l'ira funesta di mio padre.»

«Oh, che linguaggio per una principessa pitta! Tua madre non ti ha insegnato le buone maniere?» Nonostante l'aria divertita, notai che era un po' meno sereno rispetto a prima.

«Mia madre si è uccisa.» Quelle parole mi uscirono di bocca contro la mia volontà. Chissà perché le avevo dette... Nei cinque anni trascorsi dalla sua morte, non ne avevo mai parlato con nessuno – né con mio padre, né con Donalda, né con MacBeth.

Forse pensavo di suscitare in Mael Colum uno slancio di compassione. Anche lui aveva perso i genitori, dunque magari si sarebbe mostrato solidale con me. Mi sbagliavo, invece, perché il suo sguardo divenne di ghiaccio.

«Forse l'ha fatto perché non sopportava più di avere una figlia come te» rispose.

«Ehi, non esagerare» intervenne Gillecomghain.

Benché si fosse rivolto al fratello, mi guardò, e sul suo viso colsi l'espressione compassionevole che avevo sperato di vedere in Mael Colum.

«Fratello, dobbiamo riportarla indietro, e subito anche» aggiunse, distogliendo gli occhi.

«È un dono di Dio, perché hai tanta fretta di restituirlo?»

«Il re non approverebbe.»

«Oh, che vada all'inferno!» urlò Mael Colum, lasciando i suoi uomini di sasso. «Quale re, quello che ci ha mandato qui a recuperare la nostra metà di Moray e che ci aveva promesso di sostenerci anche se poi non ci ha inviato rinforzi? È per colpa sua se abbiamo perso il nostro onore; è per colpa sua se...»

«No, lui non c'entra» continuò Gillecomghain con lo stesso tono impassibile di prima. «Piuttosto nostro padre...»

Nonostante le ferite, l'altro balzò in piedi e con la mano sana estrasse un pugnale dalla cintola, così in fretta che vidi la lama solo quando la appoggiò sulla gola del fratello.

«Se dalla tua bocca uscirà un'altra parola che disonora la memoria di nostro padre, farò a pezzi quella ragazzina davanti ai tuoi occhi. Morirà per causa tua, e io mi divertirò un mondo» gli disse, con una tale calma che mi vennero i brividi.

Per un istante mi ero convinta di avere trovato un alleato in Gillecomghain, ma ben presto compresi che non sarebbe stato in grado di difendere nemmeno se stesso dalla furia del fratello, figuriamoci qualcun altro.

Lo schiocco di un legnetto ruppe il silenzio, e mi sembrò di scorgere una sagoma che avanzava nella foresta. Colsi la palla al balzo e gridai con tutto il fiato che avevo nei polmoni. Metà accampamento sussultò, e l'altra metà entrò in azione afferrando le spade, ma era troppo tardi. Gli uomini di Findlaich ormai ci avevano circondato.

A quanto pareva, erano il doppio rispetto a prima; al pensiero che Findlaich avesse mandato tutto il suo esercito a salvarmi, provai un immenso piacere. C'era anche MacBeth, che passò in rassegna il gruppo finché non mi vide. Solo allora rilassò le spalle.

Mio padre si avvicinò, l'aria più minacciosa che mai. Sollevata e a disagio in egual misura, evitai di incrociare il suo sguardo. Non avrei sopportato la sua disapprovazione. Alla fine fui liberata, e MacBeth mi aiutò a rimettermi in piedi. Lo ringraziai a fior di labbra, però lui mi rispose con un grugnito.

«Findlaich ti ha concesso di vivere, ma io non sarò altrettanto generoso» disse mio padre a Mael Colum. «Tra noi non ci sono legami di sangue, e non provo pietà per la tua condizione. Un vero uomo avrebbe accettato la sconfitta.»

Sguainò la spada. I mercenari si misero in posizione, pronti a reagire, ma i nemici erano tre volte più di loro.

Gillecomghain avanzò, frapponendosi tra suo fratello e mio padre, che era pronto a sfogare tutta la sua rabbia.

«Lord Boedhe, non sapevamo che fosse vostra figlia, dovete credermi. Ce l'ha detto lei stessa solo poco fa. Pensavamo fosse una spia vichinga, per questo l'abbiamo catturata a scopo precauzionale.»

«Corrisponde al vero?» mi chiese mio padre.

Volevo mentire, dire che Borg mi aveva rapito dalla fortezza e poi guardare mio padre che infilzava Mael Colum con la sua spada come se fosse un pezzo di carne. Gillecomghain, però, mi fissò con aria supplichevole, e mi fece pena.

«Sì» risposi.

Rincuorato in volto, diede le spalle a mio padre, che non fece nulla.

«Andatevene subito di qui» si limitò a dire.

«Findlaich ci ha concesso di restare fino a domani» replicò lui.

«Ormai la sua pazienza è al limite. Questi uomini vi scorteranno fino all'estremità di Loch Ness. Se veniamo a sapere che vi siete trattenuti ad Alba invece di veleggiare verso l'Irlanda, dove arriverete tra un paio di giorni, vi manderemo il nostro esercito al completo e uccideremo chi è rimasto tra voi.»

Mael Colum fece per rispondere, ma Gillecomghain lo zittì.

«Sì, Vostra Grazia» rispose, poi si inchinò. Mio padre era immensamente soddisfatto, e gli uomini di Findlaich cominciarono ad allontanarsi.

«Sei un brav'uomo, Gillecomghain.» Mi stupii nel sentire la voce di mio padre. «Mael Colum è la tua zavorra, portartelo appresso non ti aiuterà di certo a conquistare onore e vittoria.»

«Onore?» intervenne sdegnoso Mael Colum, sorridendo malefico al fratello. «Vuoi che racconti loro cosa ne è stato del tuo onore?»

Il volto di Gillecomghain non tradì alcuna emozione, ma notai che gli si sbiancarono le nocche da quanto stringeva i pugni.

«È per me un piacere assecondare mio fratello, Vostra Grazia» disse poi con tranquillità. Da quanto avevo visto, sospettavo che la sua lealtà fosse più costretta che spontanea, ma mio padre si accontentò di quella risposta.

Infine, guardò me.

«Volevo solo...» iniziai.

«Con te faremo i conti dopo.»

Dopodiché si allontanò nella notte.

Montai sul cavallo di MacBeth, che rimase in silenzio per tutto il tempo, il suo corpo rigido contro il mio. Avrei tanto voluto guardarlo in faccia ma, mentre lui teneva le redini, avevo le braccia strette al petto e non potevo voltarmi. Se anche fossi riuscita a girare la testa, era comunque troppo buio per distinguere l'espressione sul suo viso.

«Sei arrabbiato?» gli chiesi.

«Perché non ti sei portata il pugnale?» mi rispose. Il suo respiro mi solleticò l'orecchio, però non avevo nessuna voglia di ridere.

«Ce l'avevo, ma mi hanno teso un'imboscata.»

«Devi imparare a fare più attenzione a quanto ti circonda.»

Non ero dell'umore adatto per ricevere un rimprovero.

«Senti, o mi dici chi ha vinto o te ne puoi pure stare zitto» ribattei.

Ero sicura che si sarebbe rassegnato a tacere, invece non riuscì a trattenere l'eccitazione per quel primo assaggio di battaglia. Lungo la via del ritorno, infatti, me ne fece un resoconto completo a fior di labbra.

«Mael Colum stava combattendo bene ma, non appena mio padre ha capito che quell'arricchito costituiva una seria minaccia, è stato come se il dio della guerra gli avesse dato la sua benedizione. Sembrava avesse la metà dei suoi anni! Secondo Boedhe ha combattuto come da giovane, quando era il migliore tra tutti i guerrieri, e difatti Mael Colum non ha avuto scampo. Quando mio padre gli ha tagliato la mano, è caduto in ginocchio e si è scoperto il petto, pronto a ricevere l'ultimo colpo mortale.

«Preferiva morire, anche per tutto l'oro di questa terra, glielo si leggeva negli occhi, invece mio padre l'ha risparmiato» concluse.

«Be', però gli ha mozzato una mano!»

«Avrebbe dovuto ucciderlo.»

«Perché l'ha salvato?»

Lui alzò le spalle. «È stato un gesto irresponsabile, te lo garantisco. Mael Colum non si dimenticherà facilmente di questa notte, e nemmeno troverà soddisfazione in Irlanda.»

«Credo goda dell'appoggio di Re Malcolm» commentai, poi gli confidai cos'avevo ascoltato.

«Diglielo domani ma, se fossi in te, correrei subito da mia madre. Non parlare con Boedhe. Quando si è accorto che eri sparita, sembrava un leone in gabbia, ma preparati comunque a ricevere una bella punizione.»

Seguii il suo consiglio. Donalda mi rimproverò, ma non fu nulla in confronto all'ira di mio padre. Sapevo di avere infranto un patto segreto cacciandomi in una situazione di pericolo che avrebbe potuto metterlo in una posizione di debolezza. Distesa accanto a Donalda che mi teneva stretta a sé per proteggermi, però, non pensai alla rabbia di mio padre né al dispiacere di Gillecomghain o al petto di MacBeth contro la mia schiena mentre tornavamo a casa.

Pensai solo alle parole di mia nonna.

Devi restare in vita.

9

Dopo il rapimento, MacBeth prese le mie difese davanti a mio padre, che di malavoglia gli permise di insegnarmi i princìpi base del combattimento così che potessi difendermi in caso di un eventuale altro sequestro. Era trascorso un mese da quella notte, e avevo quasi sempre avuto MacBeth al mio fianco. Per quanto da un lato mi irritasse, dall'altro sentivo ancora la mano di quel tale sulla bocca e la lama del suo coltello alla gola. Non volevo più provare quelle sensazioni, e la presenza di MacBeth mi dava conforto.

Nonostante l'approvazione di mio padre, preferivamo esercitarci quando erano andati tutti a dormire oppure alle prime luci dell'alba. Una mattina ci nascondemmo nelle stalle perché ci garantivano un riparo dalla gelida pioggerellina che si accompagnava alla bruma.

MacBeth stava prendendo i bastoni da addestramento appesi alla parete.

«Dài, fammi provare con una spada vera.»

«No.»

«Ma l'ultima volta le abbiamo usate e non è successo niente!»

«Oggi no» replicò lui, come sempre sordo alle mie blandizie. Di recente, però, l'avevo sorpreso spesso a guardarmi mentre camminavo per l'insediamento. Forse cominciavo a fare breccia nel suo cuore.

«Almeno i pugnali...»

In effetti aveva notato anche lui con gioia che fossi particolarmente portata per quel tipo di arma.

«No» ripeté, poi mi lanciò ai piedi il bastone più piccolo.

Mi sembrò più scontroso del solito, dunque capii che non avrei ottenuto ulteriori spiegazioni. Raccolsi il bastone; in quanto a solidità, sarebbe stato più adatto per un bambino, ma era abbastanza lungo e pesante per attaccare e difendersi.

Assunsi la posizione che mi aveva insegnato e piegai leggermente le ginocchia, tentando di sembrare feroce, poi brandii la mia arma.

«Che stai facendo?» mi chiese.

«Mi preparo a combattere» borbottai, sperando che il mio aspetto fosse altrettanto minaccioso.

«Ti sei già dimenticata tutto? Hai le gambe troppo aperte, così potrei abbatterti con un soffio» commentò severo.

A scopo dimostrativo, mi diede uno spintone sulla spalla, e in effetti barcollai all'indietro. Non mi presi la briga di puntualizzare che quello non era un soffio, piuttosto avvicinai i piedi. Mi spinse ancora, e stavolta riuscii a mantenermi in equilibrio.

«Ecco, meglio.»

Brandii di nuovo il bastone, e lui mi si piazzò di fronte.

«E adesso... all'attacco!»

Non mi scagliai subito contro di lui, però. Ci avevo già provato un sacco di volte, ma era troppo veloce per me. Inoltre negli ultimi mesi era cresciuto a dismisura.

«Allora?» mi chiese indispettito.

«Perché dovrei sprecare energie inutilmente? Prima voglio trovare il tuo punto debole.»

Sorrise. Erano parole sue, e gli piaceva sentirmi ripetere le sue perle di saggezza. Quanto bastava perché si distraesse, cioè. A quel punto lo attaccai, senza preoccuparmi di caricare il braccio per aumentare la portata del colpo. Per evitarmi, lui si scansò da una parte, ma io l'avevo previsto, dunque mi piegai in modo da finire con tutto il peso del corpo contro il suo. Riuscì appena in tempo ad alzare il bastone, che cozzò contro il mio con un sonoro schiocco. Sorrisi soddisfatta.

Sfruttando l'energia accumulata per darmi la spinta, lo attaccai su un fianco, come se stessi danzando intorno a un fuoco; compiaciuta per i miei progressi, però, avevo perso l'attimo, e stavolta mi bloccò con più facilità di prima. A quel punto presi a colpirlo come una furia, ma mi disarmò in un batter d'occhio.

Grugnii arrabbiata e mi fiondai contro di lui, scaraventandolo a terra. Cademmo l'una sopra l'altro con un tonfo. Nell'impatto il mio bastone si ruppe, scheggiandosi con un sonoro schianto, e mi ritrovai in mano un moncone, più simile a un coltellino che a una spada. Allo stesso tempo, però, girai il braccio e glielo puntai al collo. MacBeth arrossì ma non mi allontanò, e io non mi mossi.

Quell'istante durò il tempo di un sospiro, anche se a me mancava il fiato.

«Ho vinto» dichiarai infine, la testa che mi girava.

«In una battaglia vera, questa mossa non funzionerebbe mai» rispose lui, piccato e incupito. Quello strano momento tra noi svanì di colpo, e io rotolai via. «Ti infilzerei ancora prima che riuscissi ad allontanarti di un piede da me. Adesso saresti bell'e che morta.»

«Allora esercitiamoci con una spada vera.»

«Dillo un'altra volta, e la chiudiamo qui.»

Poi afferrò un altro bastone e me lo tirò. Lo presi al volo e ci rimettemmo in posizione. Io, però, esitai.

«Che c'è?»

«Il vestito mi ostacola i movimenti» bofonchiai infastidita.

Per l'umidità e il sudore, infatti, la gonna mi si appiccicava alle gambe, impedendomi di muovermi liberamente.

«Be', non so come aiutarti» mi rispose divertito.

Ignorandolo, mi sfilai la cintura, mi levai la pesante tunica di lana dalla testa e la buttai da parte, restando solo con la sottoveste grigia. Poi misi il retro della sottoveste sul davanti, e lo ripiegai nella cintura. Sapevo di essere ridicola, ma almeno così potevo scattare come volevo.

MacBeth abbozzò un sorriso, poi riprendemmo l'addestramento.

«Adesso si fa a modo mio, d'accordo?»

Annuii e cominciammo a combattere. Non appena mi gridò le mosse da effettuare - avanza, gira, para a destra, para a sinistra, punta alla testa, salta per evitare il colpo basso - la sua rabbia svanì del tutto. Io gli rispondevo a tono, fendente dopo fendente. Era più coreografico e meno frenetico di quanto avrei voluto, però adesso mi sentivo un vero e proprio soldato.

Ci prendemmo una pausa, entrambi sfiniti.

«Senti, ma hai le scarpe chiodate per caso?» mi domandò ansimando.

«No.»

«Sembrerebbe il contrario... So che puoi essere più veloce.»

Feci una smorfia. Chiaramente la mia prestazione era stata così buona da lasciarlo senza fiato, ma lui poteva ritenersi soddisfatto solo quando si raggiungeva la perfezione assoluta.

Ci rimettemmo in posizione. Guidati dal peso dei bastoni, eravamo sempre in movimento, che fosse in difesa o in attacco. Era come danzare, ma meglio. Lo adoravo.

Ora che mi muovevo più rapida, MacBeth faticava a respingermi. Eravamo entrambi esausti, dunque non saremmo durati a lungo. Decisi di provare a giocargli un altro scherzetto. Sollevai il bastone e lo puntai contro la sua testa lanciando una specie di grido di battaglia, lungo, acuto e penetrante. Volevo distrarlo dal mio vero obiettivo, cioè farlo inciampare al mio passaggio. Con un'abile e astuta mossa, però, lui riuscì a scansarsi, mentre l'intensità del movimento del mio braccio mi fece cadere in avanti. Non appena scorsi Donalda in fondo alle stalle, inorridita nel vedermi conciata a quel modo, oltretutto mezza nuda, mi rimangiai subito l'urlo che stavo per cacciare. Rimasi a terra, ansimando.

«Ci stiamo esercitando» le spiegai.

«Se prendi freddo e poi ti ammali e muori, non ti servirà a niente nemmeno tutto l'addestramento del mondo» disse, fissando le mie gambe nude.

Stavo per ribattere che, da quando mi allenavo con MacBeth, mi sentivo più in forze ma lei mi anticipò.

«Per il bagno non c'è più tempo, ma dobbiamo renderti almeno presentabile. Abbiamo ospiti.»

Poi se ne andò, aspettandosi che la seguissi. Feci per muovermi, ma MacBeth mi afferrò per una mano e mi trattenne a sé.

Senza nemmeno lasciarmi il tempo di sussultare, mi baciò sulla bocca. Rimasi di sasso, ma lui non si allontanò. Era un bacio dolce e tenero, assai più rapido di quanto avessi voluto. Quando si staccò, vidi il mio stupore riflesso nei suoi occhi.

«Andiamo a Elgin» mi propose. Strano, tanta impulsività non era da lui.

«L'hai sentita Donalda, no? Abbiamo ospiti» ribattei. Non sarebbe venuto meno agli obblighi di un padrone di casa.

«Benissimo» mi rispose in malo modo, di nuovo rabbuiato in volto.

Avrei voluto chiedergli cos'accidenti gli fosse preso per baciarmi così, ma si allontanò dalle stalle.

Poco dopo, quando Donalda mi ritenne accettabile almeno secondo i suoi criteri – il viso incorniciato in due lunghe trecce e la sottoveste sudata sostituita da una pulita – ci radunammo davanti al cancello esterno più grande, aperto in attesa dei nuovi arrivati. Per meritarsi un simile benvenuto, di sicuro si trattava di ospiti importanti. Di solito li aspettavamo nel salone principale, ma tutto il seguito di Findlaich, domestici e guardie compresi, era riunito lì fuori in un immenso comitato di benvenuto. Barrach stava in piedi vicino a mio padre, così come Odgar e Ulf.

Non appena i nostri visitatori vennero individuati, qualcuno accese il falò di segnalazione più vicino. Dopo parecchi minuti, però, dato che non compariva nessuno, all'eccitazione iniziale si sostituì la noia. Cercai di attirare l'attenzione di MacBeth che era in piedi accanto a Findlaich, desiderosa di sapere come si sentisse o cosa stesse pensando, ma lui teneva lo sguardo fisso davanti a sé. Allora presi a dare calci per terra e a fare smorfie a Adair, ma mi bastò un'occhiata di mio padre per smetterla.

Finalmente, in lontananza, vidi levarsi dalle colline un pennacchio di fumo, o almeno così sembrava. In realtà ben presto capimmo che era il fiato di un gran numero di cavalli, visibile nell'aria gelida. Non cavalcavano impazienti, ma nemmeno con lentezza. Avanzavano al trotto, ecco. Mi parve una scelta intelligente: se si fossero mostrati troppo ansiosi di arrivare, infatti, avrebbero tradito debolezza, ma del resto anche ritardare eccessivamente l'arrivo dal Mormaer di Moray sarebbe stato interpretato come una mancanza di rispetto. Solo quando furono ai piedi della collina più vicina a noi, riuscii a distinguerli uno per uno.

Alla testa del gruppo cavalcava un uomo dall'aria austera, e accanto a lui una donna, l'espressione ancora più ostile. Non appena li riconobbi – erano Bethoc e Crinan! – trattenni il fiato e indietreggiai, andando a sbattere contro Donalda. L'umiliazione di tanti anni prima mi bruciava nella gola come bile. Come sempre lei si accorse del mio turbamento, e mi appoggiò una mano sulla spalla per calmarmi.

Senza fiato, tenni la testa alta. No, non mi sarei lasciata intimidire da quei due.

Mentre tentavo di distogliere lo sguardo da quei mostri del mio passato, notai il giovanotto che avanzava accanto a Crinan. Montava in sella nervoso come il padre e aveva lo stesso portamento altezzoso di Bethoc, dunque immaginai che si trattasse del grande Duncan. Il suo nome non veniva menzionato spesso a casa di Findlaich. Non lo conoscevo molto, e quel poco che sapevo l'avevo sentito da MacBeth. Avendo tre figlie femmine, Re Malcolm parteggiava per lui, il figlio della sua primogenita, come erede al trono.

Non sempre la corona passava di padre in figlio, infatti. A volte toccava a fratelli, zii e addirittura ad amici fidati e consiglieri, benché a quel tempo fosse un'eventualità rara. Il Re di Alba designava il proprio successore sul letto di morte, e i mormaer del regno venivano chiamati a confermare tale scelta o proporre un proprio candidato alternativo. Alla morte del re, i due contendenti comparivano davanti a loro e ai consiglieri di corte, poi ciascuno reclamava la corona per sé, esponendo le proprie motivazioni. Una volta deciso a chi assegnarla, la vita riprendeva il proprio corso.

Tuttavia, stavolta correva voce che Malcolm avrebbe potuto appellarsi al cosiddetto diritto divino dei re, come previsto dalla nuova religione, e cedere la corona a Duncan senza prima confrontarsi con i suoi consiglieri o con gli altri mormaer. Dopo il duello con Mael Colum, Findlaich aveva scoperto che a poco a poco Re Malcolm si stava segretamente sbarazzando di chiunque potesse minacciare il trono del nipote.

Quando MacBeth mi aveva spiegato la situazione, l'animosità che covavo verso Malcolm fin da bambina era tornata a farsi sentire.

Benché non avesse mai accennato al fatto che aspirava a diventare re, sapevo che la preferenza manifestata da suo nonno per Duncan gli rodeva; in fondo erano cugini, dunque avevano lo stesso diritto al trono. Tra me e me avrei voluto che MacBeth fosse più ambizioso.

Anche da lontano, si capiva subito che, se avessero dovuto combattere per il trono, il figlio di Crinan avrebbe avuto la peggio. Perfino Adair a otto anni sembrava più robusto di quell'esserino seduto in sella alla sua giumenta marrone. Decisi che avrei odiato anche lui quanto i suoi genitori e suo nonno.

Guardai MacBeth per vedere se era a disagio come me per il loro arrivo, invece sembrava calmo e composto. Forse ne era al corrente da tempo. In tal caso, avrei voluto che mi informasse, che mi avvisasse. Sapeva quanto disprezzassi la sua famiglia.

Findlaich, invece, non era affatto calmo né composto. Visibilmente annoiato, infatti, stava tamburellando con le dita sulle gambe al ritmo di una melodia che solo lui udiva. Continuò a canticchiare finché il seguito di Crinan non attraversò il ponte, entrando nell'insediamento.

«Lord e Lady Crinan, benvenuti. Confidiamo che non abbiate dovuto affrontare spiacevoli disavventure durante il viaggio.»

Tanta formalità non gli si addiceva. I discorsi non erano il suo forte e difatti, lasciando intendere che Crinan non sarebbe stato in grado di affrontare eventuali intoppi, implicitamente l'aveva offeso.

Se anche si era risentito, però, non lo diede a vedere.

«Nostro Signore Padre Onnipotente ha risposto alle nostre preghiere e ci ha protetto nel corpo oltre che nello spirito.»

Crinan aveva la stessa voce melliflua di un tempo, poi lo vidi agitare le dita davanti a sé in modo strano, come per impartire una sorta di benedizione. Parlava lentamente, strascicando le parole nel tipico accento del Sud, forse addirittura più del normale per assicurarsi che lo capissimo. Io inspirai a fondo, ma cercando di mascherare il movimento delle spalle.

«Difende sempre i suoi figli che hanno fiducia in Lui» concluse, poi puntò lo sguardo verso Boedhe.

Dopo avere trascorso anni a Moray, ormai mio padre aveva recuperato le forze, e adesso era tornato a essere il principe di un tempo. Meno male! In piedi l'uno accanto all'altro, lui e Findlaich sembravano due querce possenti, difficili da abbattere. Se ne accorse anche Crinan, quindi ero certa che adesso non avrebbe rivelato così apertamente il suo disprezzo come allora. Ciononostante, non dubitavo dei suoi sentimenti.

«Vi trovo bene, Lady Findlaich.» All'apparenza le parole di Bethoc suonavano gentili, ma il tono della voce tradiva una profonda freddezza.

«Benvenuta, Bethoc.» Donalda avanzò per dare un bacio

sulla guancia alla sorella, noncurante del suo tentativo di mantenere una certa formalità. «Non ci vediamo da troppo tempo.»

«Il re ti manda il suo affettuoso saluto.»

«Come sta nostro padre?»

«Bene.»

Quella volta, messa a confronto con mia madre, il potere di Bethoc mi aveva colpito perché pareva quasi soprannaturale, al di fuori della portata dei più. Adesso, invece, vedendo le due sorelle vicine, la sua autorità sembrava per certi versi sminuita, offuscata dalla naturale superiorità di Donalda.

Ebbi la sensazione che anche lei se ne fosse accorta, e infatti sollevò il mento un po' più del normale, come per ristabilire l'equilibrio tra loro, anche se così il suo naso sembrava ancora più affilato. Adoravo l'effetto che aveva Donalda su di lei. Avrei voluto vedere Bethoc umiliata per come aveva trattato mia madre, ma per il momento mi bastò constatare che fosse chiaramente inferiore alla sorella minore.

Dopo un attimo di imbarazzato silenzio, Donalda continuò a darle il benvenuto, sebbene l'entusiasmo di prima si fosse un po' raffreddato. «Devi essere stanca per il viaggio. Vieni a rinfrescarti, così potremo parlare.»

Bethoc inclinò il capo in segno di ringraziamento e allora Donalda la accompagnò in una delle sale riservate agli ospiti. I cavalli vennero portati nelle stalle, poi Crinan, Findlaich e mio padre si diressero nel salone principale del castello insieme alle guardie e ai servitori. Io, MacBeth e Adair, invece, restammo con Duncan.

«Cugino...» iniziò quest'ultimo. Aveva la voce melliflua come quella del padre, e non faceva che sorridere. Se, però, il sorriso di Crinan pareva forzato, lui si mostrava davvero felice di vederci. Be', me lo aspettavo diverso.

«Cugino...» ripeté MacBeth come un pappagallo.

Poi Duncan si rivolse a me.

«Tu devi essere Gruoch» mi disse, sempre con quel sorriso eccessivo stampato in faccia. L'effetto era abbastanza comico.

Io annuii, allarmata perché sapeva già chi ero. Tuttavia, il mio desiderio di odiarlo vacillò davanti a tanta benevolenza e vulnerabilità.

«Sono Duncan, figlio della Principessa Bethoc, figlia di Malcolm, Re di Alba.»

«Sì, lo so!» risposi piccata sentendo con quanta maestosità si presentava.

«E tu sei Gruoch, figlia di Boedhe, figlio di Coinneach l'usurpatore e...»

«Sì, sa anche quello» lo interruppe MacBeth. Mi dovetti trattenere dal ridergli in faccia.

Duncan aveva l'aria un po' infastidita, evidentemente non era abituato a essere interrotto. Si rivolse di nuovo a me, cercando di recuperare il buonumore.

«Spero che potremo riunire le nostre famiglie e riportare Alba alla gloria di un tempo, senza sciocche battaglie a minare l'autorità del nostro regno, affinché possa rifiorire sotto una corona stabile.»

MacBeth si accigliò. Lui non avrebbe mai definito sciocca una battaglia, lo sapevo. Io, invece, ero rapita dal fervore con cui Duncan parlava di Alba. Chissà se la Principessa della Northumbria condivideva la sua stessa passione per il successo del nostro regno.

«Non so di cosa stai parlando» azzardai, «ma tutto ciò che contribuisce a rendere più forte il nostro regno, mi trova d'accordo.»

Duncan mi rivolse un largo sorriso e, per quanto cercassi di evitarlo, mi ritrovai a ricambiarlo. Il suo buonumore era contagioso, e il mio cuore infingardo cominciava a intenerirsi per il figlio di Bethoc. Accorgendosi della mia infatuazione, per fortuna Adair intervenne.

«Ti va di vedere le stalle? Abbiamo i cavalli migliori di tutta Alba.»

«Con molto piacere» rispose Duncan, quindi si avviarono, chiacchierando allegramente delle nostre bestie. A quel punto mi rivolsi a MacBeth, l'aria di chi era sul punto di commettere un omicidio.

«Non ti piace?»
«È ridicolo» borbottò MacBeth.
«Sì, ma forse quando capiremo meglio perché è venuto qui...»
«Lo so già» tagliò corto lui, «ma non l'avrà vinta.»
Poi si allontanò, in direzione opposta rispetto a Duncan e Adair. Io rimasi lì un istante a osservarli entrambi, incerta su chi volessi seguire. Duncan sembrava abbastanza piacevole, ma immaginai che, a lungo andare, la sua incrollabile giovialità sarebbe risultata irritante. Sentivo ancora il bacio di MacBeth sulle labbra.
Alla fine decise Donalda per me.
«Gruoch, vieni, è l'ora del bagno.»

Nonostante la vicinanza al fuoco e le braci utilizzate per riscaldarla, quando entrai nella vasca l'acqua era tiepida, e con il passare del tempo si raffreddò ulteriormente, finché dovetti sforzarmi per non battere i denti. Comunque non avrei mai dato a Bethoc la soddisfazione di cogliere in me una qualsiasi debolezza.
Avvicinai le ginocchia al petto e le strinsi per non tremare. Lei se ne stava in piedi accanto alla porta aperta, all'oscuro del mio tumulto interiore, e osservava suo figlio vicino alle stalle. MacBeth aveva raggiunto Duncan, e adesso si stavano affrontando a colpi di spada, facendo sfoggio entrambi della propria abilità fisica. Nonostante l'evidente superiorità, anche dalla mia posizione notai che MacBeth era particolarmente implacabile e non mostrava la minima pietà. Il clangore del metallo contro il metallo risuonava tra l'erba. Quando Duncan cadde a terra, Bethoc sussultò.
«Non puoi mandare qualcuno dei tuoi servitori ad aiutarlo?»
La sua voce secca mi distrasse dal combattimento. Raddrizzai la schiena, recuperando la mia allenata indifferenza. Donalda finse di non averla sentita, e continuò a fregarmi delicatamente la schiena con un sapone a base di salvia e rosmarino che conservava per le occasioni speciali, quando voleva sedur-

re Findlaich o accoglievamo un mormaer da una contea confinante.

Finalmente pulita, uscii dalla vasca; Donalda mi asciugò con teli di lino e mi avvolse nelle pelli finché non mi si arrossarono le guance dal caldo. Benché la sua presenza mi desse conforto, con Bethoc nei paraggi me ne stavo seduta rigida, incapace di abbassare la guardia.

Donalda prese il suo pettine di osso e mi districò i capelli bagnati, poi me li intrecciò in un'elaborata acconciatura. Era una sensazione rilassante, e ben presto mi appisolai. Dopotutto, tra il mio primo bacio e l'arrivo dell'erede al trono, era stata una giornata densa di avvenimenti.

Nonostante mi si chiudessero gli occhi, notai il vestito che Donalda mi aveva preparato. Che meraviglia! Era dello stesso colore del mare, con un ricamo verde sul corpetto e stretto intorno alla vita con dei lacci. Non l'avevo mai visto, magari l'aveva commissionato apposta per l'occasione.

Confesso che non andavo matta per gli abiti, ma questo sembrava più importante degli altri. Addirittura regale. Bethoc venne a esaminarlo da vicino. Sollevò una mano pallida e passò le lunghe dita sottili sulla morbida stoffa.

«Vorresti diventare regina?»

Parlò così piano che per un momento pensai di essermelo immaginato. Mi balzarono alla mente le parole di mia nonna, e il battito del cuore accelerò. Mentre mi stava ancora acconciando i capelli, Donalda si bloccò un istante ma non disse nulla. Bethoc allora inarcò un sopracciglio.

«Cos'è, muta?»

Io mi irrigidii, ma Donalda mi tirò leggermente i capelli in segno di avvertimento.

«In effetti ci ho fatto un pensierino» risposi.

«Se tuo padre non fosse decaduto, anche Ailith sarebbe potuta diventare regina. Solo Dio sa se le avrebbe fatto bene, però. Ti senti migliore di lei?»

La collera mi annebbiò i sensi, e mi tornò in mente l'immagine di mia madre morta, gli occhi spalancati, il suo corpo gonfio e livido sulla spiaggia, le onde che le lambivano i piedi. Non aveva nessun diritto di pronunciare il suo nome! Mi prudevano le dita dalla voglia di mollarle un ceffone e sputarle addosso. Mi ronzarono in testa le parole di mia nonna, però, e mi aggrappai al ricordo di lei: il suo viso saggio e rugoso, i capelli d'argento che le ricadevano sull'arazzo in grembo, il suo abbraccio affettuoso... A poco a poco, la rabbia si placò.

«Sì, mi piacerebbe diventare regina» risposi alla sua prima domanda.

«E sposarti?»

«Preferirei diventare regina e basta» dissi senza pensarci. Sapevo che era un'assurdità, ma era stato il mio primo pensiero.

Bethoc mi derise. Donalda mi girò verso di sé per aggiustarmi le trecce, e notai che stava sorridendo; anzi, si tratteneva dal ridere. Invece di provare fastidio, mi sentii sollevata perché almeno avevo contribuito ad alleviarle la tensione.

Era il genere di sorriso che riservava a me e a MacBeth quando tornavamo luridi da una delle nostre avventure. Una volta avevamo litigato così violentemente che ci eravamo spinti a vicenda nel fango. Ne avevamo così tanto addosso che addirittura faticavamo a camminare. Vedendoci, Donalda si era portata una mano alla bocca inorridita, o almeno così mi sembrava, ma poi era scoppiata a ridere a crepapelle, scossa da fremiti.

«Ah, non ti vuoi sposare? Hai forse visto qualcosa che ti spinge a considerarla un'eventualità sgradevole?» mi chiese Bethoc.

«No» mi affrettai a rispondere, «ma se poi io e mio marito non andiamo d'accordo?» Pensai all'ira di mio padre e alle infinite negoziazioni di mia madre perché le concedesse più potere. No, non volevo fare la loro stessa fine.

«A volte l'affetto arriva in un secondo momento» intervenne affabile Donalda. Il pensiero corse subito a MacBeth. Scossi la testa, cercando di liberarmi dal ricordo delle sue braccia e delle sue labbra. In quel momento, il futuro aveva in serbo per me progetti ben più grandiosi, che richiedevano tutta la mia attenzione.

«Se è per questo, si tira avanti anche senza» ribatté piccata Bethoc.

«Per essere libere, bisogna sposare un brav'uomo. Lo vedi quanto sono felice con Findlaich, no?»

«La corona, però, ti dà potere, e questa è la ricompensa migliore.» Bethoc aveva inasprito il tono di voce.

Sposerai un re. Non aveva detto così la nonna? Oh, avrei tanto voluto ricordarmi le sue parole esatte, ma con Bethoc che mi fissava, incalzandomi a rispondere alle sue domande, non riuscivo a concentrarmi.

Sapevo per certo che Duncan era stato promesso alla Principessa della Northumbria. Era forse cambiato qualcosa? Volevo chiederle cosa intendesse di preciso, ma in quel modo avrei rivelato troppo i miei sentimenti. E se fosse iniziato tutto con una promessa di matrimonio tra me e l'erede al trono? Naturalmente non era scontato che i Mormaer di Alba lo avrebbero accettato, ma magari con me al suo fianco si sarebbe assicurato il loro favore e insieme avremmo potuto dare inizio all'età dell'oro di cui lui stesso mi aveva parlato poco prima.

Mi si illuminarono gli occhi.

«Sì» le risposi, «immagino che una tale libertà ripaghi di qualsiasi prezzo.»

Bethoc e Donalda si voltarono entrambe a guardarmi, sorprese. Nella stanza si respirava un'atmosfera nuova.

«Potere e libertà non sono la stessa cosa. Sarà il potere a renderti felice, anche se il tuo matrimonio non lo è» commentò Bethoc.

«Motivo per cui mia sorella è più raggiante di mille corone messe insieme» disse Donalda sorridendo, anche se colsi subito il suo commento al vetriolo. Non la credevo capace di un simile astio, ma del resto ignoravo cosa si provasse ad avere una sorella.

«Voglio soltanto che capisca bene cosa implica sposarsi» replicò seccata Bethoc. «Temo sia stata viziata con fantasie sull'amore e la condivisione.»

«Nostro padre ha combinato il matrimonio di entrambe» rispose Donalda. «Il tuo per siglare l'alleanza con l'Inghilterra, il mio con i vichinghi.»

«Un'alleanza di cui non se ne faceva niente, tra l'altro. Ti bastava intrecciare le mani e battere le ciglia che ti avrebbe permesso di sposare anche un tronco d'albero.» Imitò l'atteggiamento di una ragazzina capricciosa. Non gradii quel confronto.

«Nostro padre ha favorito me quanto te. Se non ricordo male, l'erede al trono sarà Duncan, non MacBeth.»

Non avevo mai sentito Donalda parlare con tanto livore. Magari ad altri sarebbe sfuggito, invece a me no. Vidi che a Bethoc scintillavano gli occhi, vittoriosa, e compresi che l'aveva notato anche Donalda. Nonostante il suo innato potere, fu per me una sorpresa scoprire che desiderava vedere il proprio figlio occupare una posizione privilegiata, tanto quanto mia madre.

«Vero» ammise Bethoc.

Mi sentii trascurata, e non mi piaceva per nulla.

«Magari non mi sposerò mai.» Ringraziando gli dèi, lo dissi con voce decisa, anche se mi pentii immediatamente di avere rivelato le mie ambizioni davanti a Bethoc.

«Non hai scelta» mi rispose, poi si voltò di nuovo verso la porta. «E nemmeno Duncan.»

Mi morsi il labbro. Significava che sarei stata promessa a... lui?

«Non è stato ancora deciso niente, Bethoc» disse piano Donalda.

Oh, che confusione! Non potevano essere più chiare, parlare apertamente e smetterla di farmi tutte quelle bizzarre domande e di esprimersi per enigmi?

Donalda mi girò di nuovo verso di sé. Abbassò la voce, benché fossi certa che Bethoc riuscisse a sentirla.

«Gruoch, tu sei ambita tra le donne di Alba. Nelle tue vene scorre il sangue di antichi sovrani. Sei molto apprezzata» mi spiegò con dolcezza.

«Lo è anche l'alleanza tra mio padre e Findlaich» mi lagnai, infastidita perché non si era prima confrontata con me, almeno avrei avuto il tempo di riflettere su cosa rispondere e su come comportarmi con Bethoc.

Lei mi ignorò e, per impedirmi di continuare a parlare, mi ficcò in testa il vestito azzurro mare. La stoffa sembrava morbida e deliziosa. Mi strinse i lacci intorno alla vita e mi attirò a sé.

«Tua madre sarebbe molto orgogliosa di te» mi sussurrò all'orecchio.

Quando si allontanò, vidi il volto di mia nonna come in una visione, i lunghi capelli bianchi e gli occhi scuri intrisi di profezia. Chissà se davvero avevo imboccato il sentiero che mi aveva prospettato...

Donalda mi spedì fuori al freddo. L'immagine di mia nonna mi rimase in testa, ma non capivo se fosse una promessa o un avvertimento. Ci avviammo verso il salone dei ricevimenti, le due sorelle che bisbigliavano alle mie spalle.

«Ha per caso manifestato qualche comportamento strano?»

«No.»

«Se sorgono dubbi sulla sua adeguatezza, l'affare potrebbe anche salt...»

Sentii Bethoc sussultare e mi voltai. Donalda la teneva stretta per un polso, le nocche bianche dallo sforzo. Osservai la scena sconvolta. Non avevo mai notato in lei il minimo accenno di violenza.

«L'ho cresciuta come se fosse figlia mia» le disse a denti stretti. «Se insulti lei, insulti anche me.»

«Intendevo dire che, viste le tradizioni pagane che Ailith se...» iniziò Bethoc a fior di labbra, ma venne interrotta dall'improvvisa ferocia della sorella.

«Adesso è mia figlia! Ailith non c'entra più niente con lei.»

Mollò la presa solo quando Bethoc annuì. Sul suo polso si vedevano i segni a forma di mezzaluna lasciati dalle unghie della sorella. Finalmente si accorsero di me, ma io proseguii verso il salone, per una volta felice di obbedire a un ordine.

10

Presi posto accanto a mio padre e rimasi a osservare mentre le guardie, i servitori e gli abitanti di Burghead si ammassavano nel salone. Il seguito di Crinan rimase in disparte, a quanto sembrava infastidito all'idea di ritrovarsi gomito a gomito con dei nordici. Lui, invece, era tutto sorrisi e simpatia; tanto buonumore da parte sua mi turbò.

Dall'estremità opposta, Duncan mi fece un cenno di saluto, che ricambiai. Bethoc se ne accorse, e corrucciò le labbra. Nel tentativo di imitare Donalda, raddrizzai le spalle, sollevai il mento e intrecciai le mani con garbo davanti a me. Invece di quell'essere ridicolo che mi sentivo, speravo di assomigliare a lei, potente per natura, senza sforzi. Bethoc sorrise in segno di approvazione e, nonostante compiacerla fosse l'ultimo dei miei pensieri, il fatto che la stessi ingannando mi diede un grande piacere.

Appena la sala fu gremita, Findlaich chiese silenzio.

«Io, Findlaich, Mormaer del regno di Moray...»

Alla parola *regno*, il titolo che possedeva Moray prima dell'unificazione di Alba, Crinan sussultò.

«... invito Crinan, abate di Dunkeld e messaggero di Malcolm, a esporre il proprio caso e il motivo della sua presenza nelle nostre terre del Nord.»

Crinan avanzò e fece un inchino, con una grazia e diplomazia di cui non pensavo fosse capace. In quel momento compresi perché godesse del favore assoluto del sovrano.

«È il re in persona che mi manda a proporre un'alleanza tra i suoi discendenti e quelli di Coinneach» iniziò. Sentendo che tra i presenti si levava un mormorio di sorpresa, sul viso gli si disegnò un sorriso soddisfatto.

«Nello specifico, il matrimonio tra mio figlio Duncan, erede al trono di Alba, e Gruoch, nipote del defunto Re Coinneach, che verrà celebrato non appena la figlia di Boedhe avrà il primo flusso mestruale.»

Avvampai dalla vergogna, ma nessuno sembrò accorgersene.

«Che te ne pare, Boedhe?» chiese poi a mio padre, all'apparenza sincero. Rimasi ipnotizzata da quel cambio di atteggiamento, e dovetti sforzarmi per credere che si trattasse dello stesso abate supponente che era venuto nel Fife tanti anni prima. Con mio sommo sgomento, mi resi conto che lo ammiravo per quella perfetta interpretazione del proprio ruolo.

Mio padre scambiò un'occhiata d'intesa con Findlaich.

«Ammetto che non mi aspettavo un simile sviluppo» rispose poi con voce ferma e composta. «Mi risultava che Malcolm desiderasse stringere un'alleanza con il regno della Northumbria...»

Sì! Volevo che obbligasse Crinan a supplicarlo.

«È la verità. In effetti Re Malcolm ha valutato la fattibilità di tale alleanza» replicò lui rispettoso, «ma di fatto oggigiorno un nobile della Northumbria riveste la stessa importanza del Mormaer del Fife, dunque è più che sufficiente. Re Malcolm desidera sanare antichi risentimenti e riunire Alba sotto le due grandi discendenze degli eredi al trono. Se il nostro regno diventa più forte, non ne beneficeremo tutti?» chiese, ricevendo un generale mormorio di consenso.

Crinan aveva menzionato il Fife solo di sfuggita. Magari mio padre era concentrato sulla proposta appena ricevuta, invece a me non era sfuggito il riferimento all'eventualità che uno straniero governasse la nostra terra. Quando fossi diventata regina, se avessi saputo che aveva trattato la nostra gente in malo modo, l'avrei punito severamente.

Poi parlò Findlaich, con voce densa e profonda.

«Di sicuro desideriamo tutti che Alba diventi più forte, ma anch'io avevo pensato di unire tra loro la mia dinastia e quella di Boedhe e Coinneach. Gruoch è già stata promessa a MacBeth.»

Arrossii, sinceramente stupita, e guardai verso di lui per vedere se si sentiva esposto quanto me, ma lui non fece una piega ed evitò di incrociare il mio sguardo. A dire il vero, nemmeno i presenti si mostrarono particolarmente impressionati.

Ma allora lo sapevano già tutti! Perfino Crinan stava annuendo, evidentemente se lo aspettava.

Riuscii a contenere l'orribile umiliazione che provavo per essere l'ultima a saperlo – costretta a scoprirlo davanti a tutta quella gente e senza la possibilità di nascondere i miei sentimenti – soltanto vedendo Duncan a bocca aperta e con gli occhi spalancati. Ah, dunque non ero l'unica a essere stata tenuta all'oscuro di certe macchinazioni...

«Se avete già preso una decisione, significa che il nostro viaggio sarà stato vano» rispose Crinan, facendo un ampio inchino.

«Che cosa offrite per lei?» gli chiese mio padre.

Parlava di me come se fossi un cavallo, e non mi piacque per niente il modo in cui gli sorrise Crinan, come se si aspettasse anche questo.

«Tua figlia sposerà il futuro Re di Alba e i tuoi nipoti recupereranno il trono. Non ti pare abbastanza?» gli domandò, eppure sentivo che era pronto a offrire di più. E anche mio padre.

«Duncan è l'erede al trono, ma può essere che i mormaer non approvino la sua elezione e propongano un loro candidato» rispose mio padre, millantando una serenità che sapevo non provava affatto. «Se così fosse, da questa unione non ci guadagnerei niente. MacBeth, d'altro canto, è sicuro di ricevere Moray, la contea più estesa di tutta Alba.»

«Non condivido il tuo scetticismo riguardo al fatto che i mormaer possano non accettare mio figlio» ribatté Crinan, e la sua proverbiale diplomazia cominciò a scricchiolare. Aspettò che tornasse il silenzio in sala.

Mi scoprii a trattenere il respiro.

«Comunque Re Malcolm è disposto a restituirti le terre che un tempo i tuoi antenati hanno combattuto per conquistare, cioè la regione di Atholl e le Isole Occidentali.»

«Se non vado errato, mi aveva fatto la stessa promessa riguardo al Fife...» precisò mio padre, e tra la folla si diffuse un mormorio di approvazione.

«Inoltre» continuò Crinan paziente, «giurerà davanti a tutti i suoi mormaer che la tua posizione sarà garantita, e anche quella di tuo figlio.»

Vedendo che pure i presenti trattennero il fiato, sorrise soddisfatto.

Dopo Moray, Atholl era il contado più grande di Alba, che confinava con il royal burgh di Stirling. Mio padre avrebbe ottenuto un immenso potere ad Alba, più di quanto avrebbe potuto sperare il figlio di un re sconfitto, ma si sarebbe anche ritrovato sotto l'occhio vigile di Malcolm, di nuovo privato dell'appoggio di Findlaich.

Colsi nel suo sguardo una luce particolare, a metà tra la bramosia e lo scetticismo. Anche Findlaich se ne accorse, e difatti lanciò un'occhiata di fuoco a Crinan, senza però aprire bocca. Nessuno parlava, in effetti.

«Mi sembra... sì, mi se-sembra un'offerta generosa» rispose infine mio padre, balbettando leggermente.

Crinan sorrise vittorioso.

«Prima, però, dovrò discuterne con Findlaich» continuò, ritrovando sicurezza. «Come ha detto giustamente, Gruoch è già stata promessa a MacBeth, e intendo onorare il nostro accordo, a meno che non sia lui ad annullarlo.»

«Ci mancherebbe» convenne Crinan. «Torneremo a Dunkeld fra due giorni. Se il Mormaer di Moray annulla l'accordo, tua figlia verrà con noi. Riceverai le terre promesse il giorno del matrimonio.»

Mio padre annuì, e tra i presenti si levò un sospiro.

Dall'espressione del suo volto, si capiva che Crinan sapeva già come sarebbe andata a finire la discussione tra mio padre e Findlaich. Anch'io immaginavo che, alla luce di tanta generosità, quest'ultimo non l'avrebbe mai obbligato a rispettare il loro precedente accordo. Pur convinta che il mio destino non si sarebbe compiuto a Burghead, il pensiero di abbandonare questo luogo che ormai era diventato casa mia mi turbava. Oh, se solo avessi potuto portarli via tutti con me!

«Bene, allora vi lascio» concluse Crinan sorridendo. «Avete molto di cui discutere. Potreste trovare qualcuno che ci faccia da guida e ci accompagni alla scoperta di Burghead, in modo da conoscere la maestria dei suoi artigiani?»

«Ma certo» grugnì Findlaich, e con un cenno del capo indicò a una guardia di scortare Crinan, Bethoc e Duncan fuori dal salone. «MacBeth, va' con loro.»

Vedendo che esitava, mi si mozzò il respiro. Avrebbe sfidato il volere del padre solo per insultare Duncan?

Alla fine, però, si limitò ad annuire e seguì Crinan. A quel punto si voltarono tutti verso mio padre e Findlaich, ansiosi di ascoltare la loro conversazione, ma quest'ultimo li congedò con un cenno della mano. Restammo solo io, Donalda e Adair.

A quel punto Findlaich si rivolse a sua moglie. «Allora, tesoro mio, che ne pensi?» Aveva la voce stanca.

Perché non avevano fatto uscire anche me? Non mi aspettavo di assistere alle loro decisioni. Chissà, forse se ne erano dimenticati. Cercai di attirare la loro attenzione appoggiandomi alla parete.

«Qui c'è lo zampino di Bethoc» rispose cauta Donalda. «Sì, dev'essere un'idea sua. Nostro padre si fida del suo giudizio, e lei pensa di poter comprare chiunque promettendogli terre e potere.»

«È così?» chiese Findlaich a mio padre.

Vidi nell'espressione dei suoi occhi quanto fosse combattuto, in bilico tra la lealtà verso l'amico e il desiderio di tornare a essere uno dei grandi Principi di Alba. Benché comprendessi il suo conflitto interiore, io sapevo dov'era diretto il mio destino.

«In effetti la proposta presenta vantaggi per entrambi» rispose.

«Sì» convenne Findlaich. «Re Malcolm è anziano, e tra non molto designerà ufficialmente il suo erede al trono. Speravo nel tuo appoggio alla candidatura di MacBeth a...»

«E lo avrai» lo interruppe mio padre.

«Aspetta, non essere precipitoso.» Findlaich prese ad andare avanti e indietro per il salone. «Dobbiamo usare la testa e procedere con cautela. Può essere che, come sostieni tu, questa faccenda porti qualche vantaggio anche a noi.»

Quando Adair starnutì, il mio sospetto che si fossero dimenticati di noi trovò conferma, perché si voltarono a guardarci.

«Via di qui!» ci ordinò mio padre, e io non osai ribattere né temporeggiare. Afferrai mio fratello per una mano e lo trascinai fuori.

Il sole era tramontato, ma il cielo primaverile tratteneva a sé gli ultimi sprazzi di luce. Inspirai a pieni polmoni l'aria fredda. All'interno del salone gravava una pesante umidità, dunque ero grata per quella serata frizzantina. Il perimetro della fortezza sembrava deserto, e all'interno delle mura non si sentiva volare una mosca.

Dalla garitta proveniva un rumore costante di colpi, simile a un tamburo, che attirò la mia attenzione. Era MacBeth, che stava colpendo con tutta la forza possibile un palo conficcato nel terreno come bersaglio. Quando ruppe il bastone, ne afferrò un altro e continuò. Compresi che, rifiutandosi di accompagnare gli ospiti in visita, aveva sfidato suo padre, benché non a parole.

Non riuscivo a staccargli gli occhi di dosso, ipnotizzata dal profilo del suo corpo, sbalordita nel ricordare che mi aveva baciato solo poche ore prima. Donalda sperava che un giorno ci saremmo sposati. Anche lui nutriva tali ambizioni, oppure voleva soltanto sottrarmi a Duncan per deridere il cugino?

Il mio destino è stare insieme a Duncan. Sarò la sua regina.

Lo ripetei per convincermi, dati i miei dubbi, più incline a preferire il giovane di fronte a me, che fendeva l'aria con le sue forti braccia.

Lui, però, non diventerà mai re.

Come se avesse udito i miei pensieri, MacBeth alzò la testa e interruppe l'allenamento. Mi lanciò una fugace occhiata e poi riprese. A mano a mano che mi avvicinavo, il cuore cominciò a battermi all'impazzata come non mi era mai successo in sua presenza. Avvertendo il mio turbamento, benché non ne conoscesse il motivo, Adair mi prese la mano. Aspettammo che MacBeth finisse, ma lui era troppo concentrato e non la smetteva più.

«Allora, che ne pensi?» gli chiesi infine.

«Non hanno ancora deciso niente» grugnì lui, ma senza alzare la testa.

Io sospirai infastidita e mi voltai, pronta a raggiungere il gruppo dei visitatori.

Non appena sentii le sue parole, però, mi bloccai e mi girai a guardarlo. Mi si avvicinò, un'espressione aperta, sincera, genuina in volto. La forza delle sue emozioni mi travolse.

«Non ti costringerò a fare niente che tu non voglia. Ti lascerò pregare qualsiasi divinità. Se vorrai, addirittura potrai correre in giro nuda come una pagana.»

Al pensiero che mi vedesse senza vestiti, arrossii.

«Cosa vuoi che faccia?» Scelsi le mie parole con cura, non volevo intuisse che mi scoppiava il cuore nel petto.

«Parla con tuo padre.»

«Non mi darà retta.»

«Se lo supplicherai, sì... cioè, se ti butti a terra piangendo.» Parlò di getto, con un tono di snervante disperazione.

«Mai» risposi, offesa al pensiero di dovermi umiliare a quel modo.

«Non sarai felice a Dunkeld» continuò lui, lo sguardo supplichevole. «Bethoc è crudele e Crinan astuto. Ti terranno al guinzaglio come un cane.»

Anziché turbarmi, l'idea che, dopo tanti anni trascorsi insieme, mi ritenesse così debole mi fece infuriare.

«E allora mi trasformerò in un lupo, e li azzannerò finché non mi lasceranno andare» ribattei.

«Non funzionerà.»

«Sai cos'ha profetizzato mia nonna, e Duncan è la risposta alla sua visione.» Volevo farlo ragionare.

«Duncan si impossesserà già di tutta Alba, non è giusto che abbia anche te» disse, e mi commossi nel sentire quel misto di rabbia e desiderio nella sua voce. Ci fissammo, nessuno dei due disposto a cedere.

«Puoi promettermi che, insieme a te, diventerò regina?» gli chiesi, ansiosa di ricevere una risposta che non avrebbe potuto darmi.

Serrò la mascella. «No.»

«E allora non posso sposarti» conclusi risoluta.

Se prima era dolce e supplichevole, adesso il suo sguardo si indurì.

«Perché? Cos'hai tu di così importante che mi rende indegno del tuo amore?»

«Oh, no! Non sei affatto indegno!»

«Quindi vuoi seguire ciecamente la profezia di tua nonna perché ti fa sentire speciale, diversa da noi?»

«Guarda che io *sono* speciale» precisai, le lacrime calde che mi annebbiavano la vista. «Sono la nipote di uno dei Re di Alba.»

«Anch'io sono il nipote di uno dei Re di Alba, tra l'altro *vivente*, ma non passo il mio tempo a insistere sul mio grandioso obiettivo.»

«Perché non dovrei nutrire ambizioni, scusa? Solo perché tu, a differenza di me, non ne hai?»

«Tu non sai niente di cosa voglio io!»

«Sono nata per restituire il trono di Alba alla dinastia di Coinneach, per sposare Duncan e governare al suo fianco. Non è colpa mia se tu, invece, sei nato per essere mio suddito.»

Restammo lì nell'aria pungente, senza fiato. Oh, quanto avrei voluto rimangiarmi quello che avevo appena detto, riportare indietro il tempo al momento in cui mi aveva baciato! Invece scorreva, e senza pietà. Un istante dopo, MacBeth raccolse il bastone e riprese ad allenarsi. Adair, muto come un pesce, sempre fedele a me, mi strinse la mano.

«Andiamo a vedere se Barrach ha della frutta secca da darci?» mi propose.

Ci incamminammo verso il cancello. Il rumore del bastone di MacBeth contro il palo di legno ci seguì. Chissà se ci stava guardando... No, non era lui il mio futuro. Mentre uscivamo dal perimetro della fortezza, diretti a Burghead, tenni lo sguardo dritto davanti a me, sforzandomi di non voltarmi.

Alla fine, ci vollero meno di due giorni per giungere a un accordo. La sera stessa dell'arrivo di Crinan, Findlaich annunciò di avere sciolto il patto con mio padre. Io, dunque, sarei stata promessa in sposa a Duncan. Crinan e Bethoc non facevano che sorridere e complimentarsi, e decisero di trattenersi tutta la settimana. Addirittura sentii Bethoc elogiare Donalda per come si acconciava i capelli. Benché sospettassi che Findlaich e mio padre stessero tramando qualcosa contro Re Malcolm, non lo diedero a vedere e, anzi, si comportarono come due perfetti padroni di casa, ridendo e bevendo con Crinan come se fossero fratelli.

Duncan era così felice che divenne persino irritante, e prima di quanto avessi previsto. Cercò di conquistare i bambini di Burghead, come avevo fatto io al mio arrivo. Ma se io raccontavo loro di gloriose battaglie e gli procuravo piccoli doni, lui cercava di fare colpo puntando sulle macchinazioni della vita in abbazia e sulle sue numerose conquiste, nessuna delle quali, però, implicava una reale abilità. Forse funzionava con i figli dei nobili, ma a noi del Nord certe manie da elegantoni interessavano poco.

I bambini, infatti, non lo capivano e ben presto iniziarono a ignorarlo; anzi, lo evitavano apertamente. Per tutta risposta, lui insisteva. Oh, era patetico! Per quanto mi sforzassi, il mio disgusto nei suoi confronti cominciò ad aumentare. Se non fossi stata convinta che il mio destino era insieme a lui, avrei dato libero sfogo al mio fastidio.

Mi concentrai, pertanto, sul mio unico obiettivo, il trono di Alba. Al solo pensiero, mi scoppiava il cuore. Avvertii un impercettibile cambiamento nel modo in cui mi trattavano le persone. Mi piaceva immaginare fosse per riverenza, ma magari era semplice curiosità.

Guardate, arriva la Regina di Alba.

Glielo leggevo negli occhi cosa pensavano, e rispondevo come si conveniva.

Sì, sarò una grande sovrana. Grazie a me, sarete orgogliosi di dire che vivete ad Alba.

Soltanto MacBeth rimase indifferente alla mia nuova condizione. A me non rivolgeva la parola, e a Duncan rispondeva a monosillabi, evitandolo il più possibile. Io rispondevo con durezza al suo distacco. Chi era lui per farmi pesare il mio destino?

L'unico mio rimorso era vedere quanto fosse triste Donalda per la crescente animosità tra noi. Avrebbe voluto di più per il nostro rapporto e, pur sapendo di non avere altra scelta, mi dispiaceva non riuscire a realizzare il suo desiderio dopo tutto quello che aveva fatto per me.

Negli ultimi giorni si mostrò particolarmente attenta, si preoccupava per me come avrebbe fatto qualsiasi madre. Scelse quali vestiti portare a Dunkeld. Dagli artigiani di Burghead comprò raffinati ciondoli da infilare in cordini di cuoio e piccole spille per ornare il mio mantello. Oh, mi sarebbe mancata tantissimo!

La notte prima della mia partenza, non riuscivo a prendere sonno. Provai a pronunciare *Regina Gruoch* a fior di labbra per vedere che effetto facevano quelle parole. Mi sentivo elettrizzata ma al contempo terrorizzata. Anzi, non mi sembrava nemmeno una cosa reale. Avrei tanto voluto che mia nonna mi vedesse: la sua profezia stava per compiersi.

Ero sicura che sposare Duncan fosse il mio destino, ciononostante provai a dire un nome diverso, più inusuale ma forse più adatto a me. Lo ripetei a bassa voce, rivolta alla notte e a me stessa, sentendone la forma nella bocca e il sapore sulla lingua.

Lady MacBeth.

11

Il seguito di Crinan si era radunato nel perimetro della fortezza, pronto per intraprendere il lungo viaggio. Nell'attesa che ci portassero i cavalli, sentii riacutizzarsi un dolore familiare, e dovetti sforzarmi di non piangere.

Di nuovo stavo per abbandonare un luogo che avevo chiamato casa e le persone che amavo, solo che stavolta nessuno di loro mi avrebbe accompagnato, sarei stata completamente sola. Mio padre sarebbe rimasto lì con Adair finché Re Malcolm non gli avesse restituito le sue terre, e con ogni probabilità non avrei ricevuto loro notizie per mesi, magari addirittura per anni. Infatti, a meno che Crinan non avesse inviato un messaggero a Moray, non avrei avuto modo di sapere come procedeva l'addestramento di mio fratello, né come stavano Findlaich e Donalda. Anche il destino di MacBeth sarebbe rimasto ignoto. Evitai di guardarlo, sicura che, se fossi crollata, non sarei più riuscita a riprendere il controllo.

Diedi un bacio sulla testa a Adair e lo abbracciai forte. Mi stava appiccicato da quando era stato deciso il giorno del ritorno a Dunkeld. Lui mi vedeva come una regina da molto tempo prima che venisse siglata la promessa di matrimonio con Duncan, e io avrei fatto qualsiasi cosa in mio potere per non deluderlo. Mi inginocchiai e lo avvicinai a me.

«Non dimenticarti mai da dove veniamo» gli sussurrai.

«No, stai tranquilla» bofonchiò tra le pieghe del mio mantello.

«E nemmeno delle storie che ti ho raccontato» continuai, desiderosa di portare quel momento via con me.

«No.»

«E neanche che Barrach nasconde i dolci più buoni in un vaso sotto le scale nel salone dei ricevimenti.»

Si allontanò accigliato. «Sì, lo so! L'ho trovato io per primo» disse, offeso perché mi ero presa il merito di quella piccola scoperta.

Dovetti intrecciare le mani davanti a me per evitare di abbracciarlo di nuovo, perché sapevo che poi non me ne sarei andata più. Anche Donalda e Findlaich si avvicinarono per salutarmi. Lui mi diede un goffo abbraccio, mentre lei mi baciò sulle guance e, con le lacrime agli occhi, mi sussurrò una preghiera sulla testa.

«Su, va' adesso» mi disse con il sorriso mentre una guardia a cavallo mi si avvicinava, tendendomi la mano.

All'inizio pensavo mi volesse salutare, dunque gliela strinsi, ma poi mi indicò che sarei dovuta montare in sella insieme a lui. Mi venne in mente un'idea e mi avviai verso Crinan, Bethoc e mio padre, che stavano discutendo degli ultimi preparativi.

«Non si addice a una futura regina arrivare a Dunkeld accompagnata da una guardia. Sembrerò un'inetta. Dovrei montare il mio cavallo, piuttosto» insistei.

Crinan sollevò un sopracciglio e mio padre corrucciò le labbra. Solo Bethoc rimase impassibile di fronte alla mia richiesta.

«Non ha tutti i torti, Boedhe.»

Mi pentii di non essere stata più specifica. Non volevo privare mio padre di uno dei suoi cavalli, ma speravo che Crinan avrebbe obbligato due delle sue guardie a cavalcare insieme; tra l'altro il pensiero mi divertiva.

«Non ne ho che mi avanzano» si scusò mio padre.

«Può prendere uno dei nostri» propose Findlaich, senza notare l'espressione di dissenso sul volto di mio padre.

Affare fatto, dunque.

MacBeth portò un bel castrone moro di nome Allistor e mi aiutò a montare in sella. Per un istante, il dispiacere di lasciare Burghead si placò. Quando chinai lo sguardo per condividere la mia gioia con lui, da tempo al corrente delle mie rimostranze sull'argomento, notai che teneva gli occhi fissi su una borsa di provviste.

«Non mi saluti?» gli chiesi.

Si rifiutò di rivolgermi la parola, anche se in effetti stava impiegando più tempo del dovuto con la cavezza.

«Non hai nessun diritto di odiarmi.»

Sentendo che avevo la voce rotta, MacBeth finalmente sollevò la testa, la mia stessa espressione di rabbia mista a dolore.

«Non ti odio» bofonchiò.

«Io...» iniziai, ma incespicai con le parole.

Sentivo il peso del suo pugnale alla cintola, e morivo dalla voglia di dirgli quanto gli volessi bene, quanto mi sarebbe mancato e quanto mi dispiaceva che il mio destino mi portasse lontano da Burghead e da lui.

Non appena ebbe terminato, però, si allontanò.

«Gruoch, è ora» disse mio padre.

Ci radunammo davanti al cancello interno, poi fece a Crinan un ultimo discorso prima della partenza.

«Oggi ti affido mia figlia, la mia primogenita. Prenditene cura» gli disse. Stava sorridendo, ma l'implicita minaccia non sfuggì a nessuno.

«Ma certo, Boedhe» lo rassicurò lui.

Poi mio padre mi indicò di chinarmi per darmi un bacio. Cercai di muovermi con più eleganza possibile, ma il mio cavallo era immenso e altissimo. Mi depositò in grembo un pacchettino avvolto in un lembo di stoffa.

«A me non serve, e lei avrebbe voluto che lo avessi tu» mi sussurrò.

«Sì, padre» risposi, il cuore che mi batteva forte per la curiosità.

«Sii come un fiore innocente, ma agisci come la serpe che striscia sotto di esso.»

Sentendolo pronunciare le parole di mia nonna, trattenni il fiato. Lo guardai negli occhi e mi sembrò di vedere qualcosa di lei vorticare in quelle pozze scure.

«Che c'è?»

«Me lo diceva sempre la nonna» gli spiegai.

Mio padre socchiuse gli occhi. «Era l'unica cosa su cui aveva ragione.»

Vedendo che indietreggiava, mi raddrizzai e nascosi il pacchettino tra la stoffa del mantello. Sbrigate tutte le formalità del caso, ci mettemmo in marcia. Bethoc e Crinan si posizionarono alla testa del convoglio, mentre io mi avviai insieme a Duncan. La saracinesca venne aperta, e ci ritrovammo nell'insediamento.

Al mio passaggio, dagli uomini e dalle donne di Burghead si levò un boato, e per poco non caddi da cavallo. Crinan e Bethoc sembravano sorpresi quanto me, poi fecero un gran sorriso, mentre Duncan rimase abbacchiato.

I festeggiamenti continuarono. La gente ci seguiva, infilandomi regali nelle bisacce, pezzi di legno intagliato e frutta secca. Duncan mi cavalcava accanto, ma non ricevette la stessa attenzione. Mentre mi godevo l'adorazione del mio popolo, lo sorpresi a fissarmi diverse volte, l'iniziale turbamento adesso tramutato in gelosia.

Gli abitanti di Burghead ci seguirono fin oltre l'ultimo cancello e anche giù per la collina. Si fermarono solo davanti al ponte e si disposero dietro il fossato. Sorrisi e li salutai finché mi fu possibile, allungando il collo di qua e di là. La cantilena del commiato ci seguì per un bel po' anche lungo la strada costiera, trasportata dal vento.

Addio! Addio! Addio!

Persino quando fummo troppo lontani, mi sembrava di

udire ancora le loro grida che si riverberavano intorno, come se il mondo intero si fosse unito a loro. Mi sentivo il cuore gonfio, inoltre il sole brillava nel cielo. Finalmente mi trovavo dove avrei dovuto essere.

Poi, però, calò su di noi una lieve nebbiolina, che si trasformò in una gelida pioggerella. Più mi bagnavo, più la forza d'animo mi abbandonava. Ero sul punto di cadere di nuovo in preda alla disperazione per avere lasciato casa mia, perciò cercai di scambiare due parole con Duncan per distrarmi. Volevo conoscere meglio l'uomo che avrebbe regnato su Alba accanto a me ma, a quanto pareva, quel clima sfavorevole aveva lo stesso effetto deprimente sulla sua abituale ansia di compiacere chiunque.

Immerso nei propri pensieri, rispondeva alle mie domande in modo scontroso. Tentai di rendere la conversazione interessante parlandogli del mio addestramento con le spade di legno, ma le tattiche belliche non lo appassionavano. Allora gli domandai dei suoi antenati, ma ne sapeva poco, e ancora meno se fossero degni di gloria o meno. Esasperata, alla fine gli chiesi di Dunkeld.

Fu allora che si animò, tuttavia non mi spiegò nulla della città; si perse in pettegolezzi, per esempio sul tipo che ne aveva recentemente insultato un altro, e sulla figlia di tizio che era stata sorpresa insieme al figlio di caio. Non la smetteva più di blaterare, insomma, al punto che desiderai di non essermi mai infilata in quella conversazione. Data la mia evidente mancanza di curiosità per la vita dell'abbazia, ben presto ci ritrovammo a corto di argomenti e trascorremmo il resto del viaggio in un noioso silenzio.

L'unica cosa che appresi su Dunkeld fu che ospitava la più grande abbazia di Alba e che sorgeva sulle rive del grande fiume Tay. Nessuno mi aveva informato che fosse una città commerciale, quindi, quando scorsi navi vichinghe attraccate lungo il corso d'acqua, mi allarmai, pensando che la stessero attaccando. Crinan, invece, mi spiegò con immenso orgoglio di avere stretto solidi legami con i mercanti norreni, che avevano contribuito enormemente alla ricchezza non solo di Dunkeld ma di tutto il regno.

Il Tay sfociava in un grande fiordo, da cui poi si gettava nell'oceano. Le navi potevano risalire la corrente per un ampio tratto, approfittandone per vendere la propria mercanzia lungo le rive. Dunkeld era il centro abitato più all'interno, e vantava un immenso porto dove le imbarcazioni scaricavano il resto delle merci per poi distribuirle nel regno.

«Scone sarà anche la sede del potere, ma Dunkeld costituisce il centro delle attività economiche» dichiarò tronfio Crinan. Bethoc corrucciò le labbra in una smorfia; ero sicura che lei trovasse di gran lunga più allettante il primo dettaglio.

Mentre passavamo accanto al porto, fummo accolti da soldati e ministri religiosi. Ogni volta che Findlaich tornava a Burghead, le guardie rimaste alla fortezza lo raggiungevano a cavallo, e il loro era un incontro chiassoso, tra risate e aneddoti sui suoi viaggi, invece lì di festeggiamenti nemmeno l'ombra.

I soldati aggiornarono subito Crinan sulle navi che erano arrivate e partite in sua assenza, mentre i suoi consiglieri gli elencavano i dazi versati da ciascuna di esse. Non appena smontò da cavallo, gli portarono un voluminoso libro mastro, che lui esaminò meticolosamente. Mi colpì vedere che, a quanto sembrava, governava Dunkeld più come il comandante di un potente esercito che non come un abate. Avrei voluto vederlo ancora all'opera, ma si diresse verso il porto, intanto che noi proseguimmo in direzione dell'abbazia dove avrei vissuto con Duncan e mi sarei sposata.

Mi aspettavo che fosse protetta da un'imponente recinzione di legno ma, dopo aver attraversato un fitto boschetto, le ombre degli alberi che si allungavano nella luce della sera su un'ampia distesa di erba, restai a bocca aperta nel trovarmi di fronte un mastodontico edificio di pietra, maestoso e privo di protezione.

Passare sotto l'arco all'ingresso mi incuté paura, ero certa che mi sarebbe caduto addosso. Sembrava impossibile che riuscisse a sorreggere un simile peso, ma fui costretta a seguire Bethoc e Duncan che avanzavano sicuri.

A mano a mano che percorrevamo il primo cortile interno, il rumore degli zoccoli dei cavalli contro il selciato mi fece sussultare. La luce delle torce ci travolse e, nonostante l'ora, riuscii a distinguere i volti dei miei compagni di viaggio. Avevo stabilito di non dare a Bethoc la soddisfazione di vedermi stupita ma, quando smontammo da cavallo, non potei evitare di alzare la testa in preda alla meraviglia.

Una donna vestita in modo strano le si avvicinò. Aveva i capelli nascosti sotto uno scialle bianco e indossava una pesante veste nera. Si scambiarono qualche commento a fior di labbra e poi mi guardarono.

«Seguitemi» mi gridò, dopodiché si incamminò verso uno dei tanti portoni che conducevano dentro l'abbazia. Obbedii, mentre Bethoc e Duncan andarono in un'altra ala dell'immenso edificio, probabilmente i loro alloggi.

«Non starò con Bethoc?»

«Se anche vi sembra di essere in confidenza con lei, in presenza d'altri ricordatevi di chiamarla Lady Crinan.»

Non aveva risposto alla mia domanda, e i suoi modi mi mettevano a disagio.

Mi condusse lungo corridoi illuminati da torce. Non ero abituata a sentire la consistenza della roccia sotto gli stivali di pelle: da noi, le pareti di legno assorbivano il rumore dei passi, invece qui riecheggiavano. Tutt'intorno c'erano persone che vagavano come fantasmi e si scambiavano sussurri che, rimbalzando contro le pareti, assomigliavano più a spettrali mormorii dall'aldilà che non a parole emesse da un essere vivente. Terrorizzata, mi conficcai le unghie nei palmi.

Salimmo una scala e arrivammo a una porticina di legno che si apriva su una stanza modesta. Conteneva un ampio letto soprelevato al centro e uno più piccolo in un angolo. Il fuoco scoppiettava nel camino. Insomma, mi parve accogliente. Una grande finestra si affacciava sul cortile sottostante. Mi sarei dovuta emozionare per quella prospettiva privilegiata, da cui potevo vedere chiunque andasse e venisse, invece mi angosciava stare così in alto.

Ero stanca e spaventata in egual misura, e morivo dalla voglia di sbarazzarmi di quella strana donna.

«Voi starete qui» mi stava spiegando. «Lady Crinan dice che al mattino sarete libera di muovervi per l'abbazia, ma sempre restando all'interno delle mura. Le lezioni inizieranno subito dopo la colazione. Dalle scale, girate a sinistra verso la cappella piccola e...»

«Le... lezioni?»

«Sì. Imparerete a leggere e a scrivere, e a parlare la lingua cristiana.»

«La *cosa*?» domandai inebetita, e le si dipinse in volto un'espressione irritata.

«Il latino, la lingua di Dio.»

Veramente mi sembrava di non capirla già adesso...

«Pensavo aveste...» continuò, ma non terminò la frase. «Pregate di imparare in fretta, dovrete sapere leggere e scrivere per quando vi sposerete. Dalle scale...»

Si fermò di nuovo e mi osservò da vicino, dando per scontato che fossi o troppo stupida o troppo stanca per ricordare le sue istruzioni.

«Vi accompagnerà Sinna» concluse.

Volevo chiederle chi accidente fosse questa Sinna, ma più di ogni altra cosa desideravo restare da sola.

«Grazie» risposi, e inclinai la testa in segno di rispetto. La donna alzò un sopracciglio, forse non si aspettava che una norrena conoscesse le buone maniere. Mi sentii insultata.

«Sogni d'oro, Vostra Grazia» mi disse, poi mi fece un inchino.

Se ne andò, e finalmente rimasi sola.

Vostra Grazia.

Assaporai il gusto di quelle parole. Che mi si fosse rivolta usando quel titolo dissipò tutto il mio fastidio nei suoi confronti.

I miei bagagli erano già stati disposti in un angolo in attesa di essere disfatti. Mi levai il mantello e lo aggiunsi al mucchio.

In quel preciso istante, mi ricordai del pacchettino che mi aveva dato mio padre. Non avevo potuto aprirlo durante il viaggio. Lo tirai fuori da sotto la pelliccia e lo svolsi, lentamente e con cura.

Riconobbi subito quel freddo metallo, la sensazione familiare di quei fili d'oro tra le mie dita.

Il bracciale di mia madre!

Me lo infilai e ammirai come brillava alla luce del fuoco. La rividi muovere in maniera imprevedibile le braccia delicate mentre ballava a riva sull'isola di mia nonna.

All'improvviso lo sentii pesante, e mi venne una gran voglia di togliermelo, ma mi allarmai perché, nel tentativo di sfilarlo, mi sembrò più stretto del previsto e mi costringeva il polso. In preda al panico, per poco non gridai aiuto per l'immagine delle ceneri di mia madre che mi inseguivano sulla spiaggia. Me lo strappai con la forza, le dita arrossate a furia di tirare.

Crollai a terra e piansi come una bambina. Dalla partenza, non era la prima volta che soffrivo pensando a Burghead. Mi immaginai Donalda che cuciva insieme alla sua cameriera, Adair che ascoltava le storie di Barrach, mio padre e Findlaich che borbottavano tra loro. Se chiudevo gli occhi, poi, riuscivo a vedere MacBeth vicino alle stalle che disegnava ampi archi con la spada e tracciava cerchi nel terreno con i piedi, impegnato a combattere contro rivali invisibili che lo attaccavano da ogni direzione.

Mi tornarono in mente le sue labbra sulle mie, una sensazione strana, dolce.

Non appena ripresi a respirare con calma, raccolsi il bracciale dal pavimento di pietra.

Nonostante la tentazione di scaraventarlo nel fuoco, era l'unico legame che avevo con mia madre. Estrassi il pugnale dal fodero che avevo alla cintola e glielo appoggiai accanto. Vederli lì insieme mi riportò al Fife e a Burghead, e mi calmai ulteriormente.

«È per questo che sono venuta al mondo» dissi, aggrappandomi a quella rassicurante verità. «Burghead appartiene al passato, adesso devo guardare avanti.»

Il letto più grande spettava a me ma, abituata a dormire per terra su un mucchio di pelli, temevo di cadere da quell'alta piattaforma. Be', avrei avuto tempo a sufficienza per prendere confidenza con certe cose. Mi tolsi il pesante vestito di lana e rimasi in sottoveste, poi mi infilai piano piano sotto una pila di pelli di pecora, pellicce e lunghi rotoli di tessuto. Nascosi il pugnale e il braccialetto sotto il cuscino e chiusi gli occhi, le mani intrecciate sul petto.

Sentii la porta aprirsi scricchiolando.

Mi alzai di scatto e afferrai il pugnale, ma vidi entrare una ragazza che doveva avere la mia età e che sembrava estremamente gracile: sarebbe bastato un soffio per spazzarla via. Forse era il modo in cui teneva la testa inclinata e le spalle ingobbite che la facevano apparire così minuta. Stava borbottando qualcosa, che però non compresi.

«Chi sei?» le domandai, un filo irritata. «Non ti sento.»

«Perdonatemi, Vostra Grazia» rispose. «Mi chiamo Sinna, e sono venuta per aiutarvi a coricarvi.»

Mi rilassai un pochino. «Sono già a letto, come puoi vedere, però ti ringrazio.»

«Sì, lo vedo.»

Rimase lì in attesa. Ero stanca e volevo dormire.

«C'è altro?» le chiesi.

«Vi domando scusa, ma dovreste dormire nel letto più grande.»

«E se non volessi?» ribattei piccata, infastidita per avere commesso un errore.

«In tal caso io dormirò per terra, perché non sono autorizzata a usare l'altro letto, riservato ai futuri sposi.»

«Perché mai dovresti dormire nella mia stanza, scusa?»

«Perché sono la vostra cameriera.»

Per quanto mi piacesse l'idea di averne una anch'io come mia madre e Donalda, dover dormire in quel lettone mi disturbava. Ci fissammo per un istante, poi sospirai e uscii da sotto le pelli. Ero già arrivata a metà stanza, quando mi ricordai del pugnale e del braccialetto sotto il cuscino. Non volevo che li vedesse, dunque tornai di corsa a prenderli e li avvolsi nella pelle di pecora.

«Bene, allora mi metto lì» dissi in tono petulante, stringendo il cuscino.

«Certo, Vostra Grazia.» Si inchinò.

Il lettone era sorprendentemente comodo, inoltre non avevo mai dormito sotto coperte tanto calde. Mi accoccolai nel mezzo per assicurarmi di non cadere durante la notte. Anche Sinna si sistemò. Restammo in silenzio, ma scoprii di non avere più molto sonno, dunque mi misi a sedere.

«Chi sei, esattamente?» le chiesi.

Anche lei fece altrettanto, sebbene non sembrasse disdegnare l'idea di coricarsi presto.

«Mi chiamo Sinna, Vostra Grazia.» Sorrise compiaciuta.

«Questo l'ho capito. Perché devi dormire insieme a me?»

«Sono al servizio dei futuri sposi, giorno e notte.»

«Anche della Principessa della Northumbria?» chiesi poi, incuriosita da chi mi aveva preceduta.

«Sì, e ancor prima di una ragazza originaria di Caithness.»

«Caithness? Mi stai dicendo che io sarei la terza promessa sposa?»

Si morse il labbro. «Vi ho offesa, Vostra Grazia?»

«No.»

Ci fissammo per un istante.

«È tutto, Vostra Grazia?» mi domandò.

«Sì... Anzi, no. Non sei obbligata a chiamarmi "Vostra Grazia", basta Gruoch.»

«Però, Vostra Grazia...»

«Piantala, non mi piace essere chiamata così!»

Era vero, anche se non sapevo spiegare perché. Avere il controllo sulla donna di prima mi era piaciuto, ma il modo in cui Sinna si inchinava e sussurrava "Vostra Grazia", quasi si aspettasse che l'avrei picchiata, mi metteva a disagio.

«Ti ordino di chiamarmi Gruoch.»

A quel punto annuì e sorrise.

«D'accordo» rispose e si rimise a letto. «Che Dio protegga il vostro sonno» aggiunse a fior di labbra.

«Altrettanto» replicai goffamente. Mi sembrava la cosa giusta da dire.

Presa com'ero dal pensiero delle altre ragazze che avevano dormito in quella stanza, impiegai un bel po' a addormentarmi. Sapevo della Principessa della Northumbria, naturalmente, ma ignoravo che avesse soggiornato a Dunkeld e soprattutto che ce ne fosse stata un'altra prima di lei. Chissà se avevano fatto qualche sgarbo a Crinan e a Bethoc, oppure se erano solo vittime dell'incerta lotta per il potere tra Alba e i regni confinanti.

Be', non mi sarei dovuta sorprendere. MacBeth mi aveva parlato spesso di quanto fosse paranoico Re Malcolm e volesse disperatamente incoronare Duncan suo successore, dunque aveva senso che cercasse di unirlo in matrimonio con la figlia dell'alleato più forte. Insomma, non sarò stata la prima, ma ero decisa a essere l'ultima.

Infine mi addormentai.

Mi svegliai al suono delle campane. Chiamai Sinna a gran voce, allarmata, convinta che fossimo sotto attacco, ma lei mi spiegò che era il richiamo alle preghiere del mattino. Mi aiutò a vestirmi con allenata maestria. Avrei voluto oppormi e insistere che non fosse necessario, ma ero ancora mezza addormentata, inoltre era buio, dunque non mi dispiaceva avere assistenza.

Ci dirigemmo alla cappella piccola riservata alle figlie delle nobildonne. Quando entrai, si voltarono tutti a guardarmi, bruciando di curiosità. Io tenni la testa alta e presi posto accanto a Bethoc, che annuì in segno di approvazione, scambiandolo per riverenza. Di fronte a lei sedeva una ragazza con i capelli rossi, il naso aquilino e gli occhi ancora più penetranti dei suoi. Chissà chi era per essersi guadagnata quella posizione così privilegiata; speravo non si rivelasse una minaccia per me.

Le preghiere erano talmente noiose che temevo di addormentarmi, ma per fortuna finirono in fretta. Io e Bethoc uscimmo per prime, seguite dal resto dei presenti. Fuori dalla cappella piccola, le ragazze sciamarono nel corridoio come api. Le più coraggiose mi si avvicinarono per presentarsi, ma la mia attenzione venne catturata di nuovo dalla rossa che passò in mezzo a loro senza salutarle.

Si scansarono tutte per lasciarle spazio. Addirittura mi sembrò di vederne qualcuna allontanarsi schifata. Appena prima di svanire nel nulla, si girò a guardarmi, e nei suoi occhi trovai riflessa la mia stessa curiosità.

Il mio primo pasto a Dunkeld scelsi di consumarlo da sola, ma ecco che arrivarono subito alcune ragazze.

«Benvenuta!» mi disse una, battendo le ciglia in modo bizzarro.

«Abbiamo saputo che vieni dal Nord» proseguì un'altra, un sorriso stampato in faccia che mi metteva a disagio.

«Sei una selvaggia?» mi chiese la terza, stringendosi le mani per lo stupore.

Non capivo se mi stessero prendendo in giro o se fossero davvero interessate a me. Si comportavano in maniera totalmente diversa dalle giovani a cui ero abituata io.

«No» risposi, poco incline a proseguire la conversazione. Loro, però, non mollavano.

«Come si è comportato Duncan durante il viaggio?» tubò quella che batteva le ciglia.

«Bene» dissi, sempre più irritata da tanta insistenza.

«Dài, confessa, ne abbiamo sentite di tutti i colori. Ma

MacBeth è un bruto come dicono?» mi chiese con fare cospiratorio quella con le mani giunte.

«MacBeth?» ripetei, più forte del previsto, allarmata nell'udire il suo nome.

«Sì, il cugino di Duncan» precisò quella che sorrideva come una stupida. «È vero che si accoppia con i suoi cavalli brandendo la spada?»

Ridacchiarono, e io divenni paonazza in volto per una simile volgarità. Avrei voluto dare loro una bella lezione per quel linguaggio inappropriato. In fondo, però, il loro obiettivo era mettere alla prova la mia pazienza. Sarei stata al gioco? Avrei confermato i loro sospetti? Oh, no, mi rifiutavo di sottostare a quel teatrino.

«Che domanda incredibilmente stupida!» Scoppiai a ridere, benché fossi furibonda. Il loro sorriso si incrinò, ma io continuai a punzecchiarle. «Duncan aveva ragione su tutte voi» aggiunsi, addentando la mia fetta di pane e miele.

«Perché, cos'ha detto?» esclamò quella con le mani giunte, anche se le altre due cercarono di allertarla sul fatto che fosse una trappola.

«Che eravate una manica di sciocche puttanelle» risposi, squadrandole dall'alto in basso, impassibile in volto.

Accigliate, si alzarono di scatto.

Il piacere che provai per avere messo a segno quella piccola vittoria, tuttavia, non durò a lungo. Più tardi, nel pomeriggio, quando passai davanti a un gruppo di ragazze in corridoio, mi sparlarono alle spalle, assicurandosi che sentissi. La mattina dopo, quella che sorrideva come una stupida mi urtò, fingendo di non avermi visto, e a colazione trovai un rospo nel porridge. Cacciai un urlo, e lei prese a ridacchiare come un'isterica.

«Non ti piace il mio regalo?» mi chiese. «Ho pensato che ti avrebbe stuzzicato il palato, facendoti sentire a casa.»

Se credevano di intimidirmi, si sbagliavano di grosso. Ero destinata a diventare regina, e non avrei permesso loro di ostacolarmi. Raccontai a Bethoc di come mi aveva mancato di rispetto quella ragazza e le chiesi di allontanarla dalla corte. Avevo la fortuna dalla mia parte, perché la sua famiglia apparteneva alla piccola nobiltà, e suo padre era decaduto di recente. In effetti Bethoc accolse la mia richiesta.

Dopo quell'episodio, l'animosità delle altre ragazze si acuì, però adesso mi evitavano e, nonostante fossi sicura che mi sparlassero alle spalle, nessuna osava farlo in mia presenza. Non ero andata a Dunkeld per crearmi dei nemici, comunque. Avrei preferito di gran lunga che mi tributassero la giusta riverenza, ma imparai subito che tra quella e la paura non cambiava poi molto.

Oh, poco importava. Ben presto mi sarebbe arrivato il primo ciclo mestruale, poi io e Duncan ci saremmo trasferiti a Scone per vivere con Re Malcolm fino alla sua morte. A ogni modo, non mi sarei dovuta affezionare troppo a qualcuno, altrimenti dopo sarebbe stato ancora più difficile andarsene. Ero pronta a compiere il viaggio verso il trono anche da sola.

12

Dalla primavera si passò all'estate. A fine stagione, però, ancora il flusso mestruale non mi era arrivato. Con il trascorrere del tempo, l'iniziale ostilità che percepivo nei miei confronti si raffreddò in una tiepida indifferenza. L'odio e i sospetti della corte li avrei tollerati meglio, ma non sopportavo l'apatia; sembrava quasi che non contassi nulla e fossi una giovane cortigiana qualsiasi invece della futura regina.

Come se non bastasse, scoprii che MacBeth ci aveva visto giusto. Mi veniva permesso solo di spostarmi da un punto all'altro dell'abbazia, e comunque sempre sotto stretta sorveglianza – preghiere, pasti, lezioni in latino e poi di nuovo preghiere. Quando mia nonna mi aveva istruito sull'importanza di restare in vita, non aveva tenuto conto dell'implacabile monotonia della mia esistenza a Dunkeld. Insomma, non mi veniva concesso del tempo per me, per pensare, esplorare, respirare.

Sinna mi seguiva ovunque, ma non mi teneva compagnia. Quando cominciai a disperarmi per l'indifferenza delle mie coetanee, cercai di coinvolgerla in qualche conversazione. Mi serviva un'alleata che mi aiutasse a navigare in quelle ardue correnti avverse ma, ogni volta che le chiedevo qualcosa, si limitava ad alzare le spalle, incapace di fornirmi soluzioni o anche solo di esprimere un'opinione. Aveva trascorso tutta la vita al servizio di altri eppure, nonostante fosse sempre stata a Dunkeld, non pareva molto informata sui suoi abitanti. All'inizio la sua pacatezza mi infastidiva, ma poi, vedendo che non le dispiaceva se la ignoravo, trovammo un accordo che andasse bene a entrambe e optammo per il silenzio.

Per alleviare la cocente delusione riguardo alla vita che mi aspettavo a Dunkeld, decisi di buttarmi anima e corpo nello studio. Mi insegnavano a leggere e a scrivere nella lingua della nuova religione, il cristianesimo, ma ero lenta ad apprendere e faticavo a concentrarmi, tanto che finii addirittura per avere il terrore di quelle lezioni. Non riuscivo a ricordarmi i nomi dei martiri o la preghiera del penitente; inoltre, nonostante i mesi di pratica, parlavo in latino come un'idiota. Forse, se le storie dei cristiani fossero state un po' più avventurose, romantiche o rocambolesche, avrebbero stuzzicato il mio interesse. Il loro dio, invece, ti faceva passare la poesia...

Era sceso sulla terra per stare tra gli uomini, gli stessi che poi l'avevano ammazzato. Soltanto una divinità priva di spina dorsale avrebbe accettato di fare quella fine. A quanto sembrava, però, aveva sconfitto la morte ed era tornato sulla terra per poi scomparire di nuovo tra le nuvole. Bethoc disprezzava i nostri antenati pagani, eppure non riscontravo differenze sostanziali nei due culti. Anche le nostre divinità potevano assumere sembianze umane, soltanto che noi non avremmo mai accettato di credere in un dio così debole da sacrificarsi in nome di qualcun altro.

La solitudine mi spinse a cercare un amico in Duncan ma, ovunque andasse, era sempre circondato da un codazzo di gente. Qualsiasi mio tentativo di allontanarlo dal suo pubblico mi metteva ancora più a disagio, perché apparve subito evidente che si preoccupasse molto di più del benessere dei suoi futuri cortigiani che non di quello della sua futura moglie.

Non ero l'unica a irritarsi perché dispensava erroneamente le proprie attenzioni, comunque. Spesso, infatti, vedevo che Crinan si vergognava per il comportamento del figlio. Fraintendendo completamente il motivo della sua disapprovazione, però, Duncan raddoppiava i suoi sforzi per conquistarsi il favore della corte. Avrei dovuto provare pena per lui, e mi sfuggiva il motivo per cui non capisse cosa voleva suo padre.

Una mattina, durante il raccolto, dopo mesi di noia e tristezza, spinta dalla disperazione riuscii a eludere la sorveglianza delle guardie e tentai di fuggire dall'abbazia, per andare alla ricerca di qualcosa fuori da quelle mura di pietra, qualsiasi cosa. Prima ancora di raggiungere le stalle, però, mi trovarono e mi riportarono da Bethoc.

Mi aspettavo che inveisse contro di me, invece se ne restò seduta senza aprire bocca, un silenzio così opprimente che pensavo mi avrebbe schiacciato.

«Hai avuto notizie di mio padre? E di Findlaich?» le chiesi nel tentativo di alleggerire la tensione.

«No.»

Mi morsi il labbro. Benché sapessi che, con ogni probabilità, mi stava mentendo, sentirglielo dire non fu facile.

«Vivere qui è un privilegio, di cui tu hai potuto beneficiare solo grazie alla lealtà di Findlaich verso tuo padre» aggiunse. «Credi che sarebbero orgogliosi di te se sapessero che hai disobbedito agli ordini?»

Mi rifiutai di risponderle. Era la prima volta che parlavamo così tanto dal giorno del mio arrivo; pur rassegnata a stare vicino a quella donna che disprezzavo, ero sollevata dal fatto di incontrarla di rado.

«Sei riuscita a farti terra bruciata intorno e...»

«Sono loro che non mi hanno mai accettato!»

Bethoc serrò le labbra, detestava essere interrotta.

«Non voleva essere una critica nei tuoi confronti» precisò. «Tu emani forza e aspettative. Se riproverai a scappare, però, ti chiuderò a chiave nella tua stanza e non ti lascerò uscire finché non ti sarà venuto il flusso mensile.»

Annuii furibonda e mi voltai per andarmene, sbalordita di scoprire che vedesse in me quelle qualità positive.

«Sei nata da Ailith, ma Donalda ti considera come sua figlia» mi gridò poi. Sentendo il nome di mia madre, mi si fermò il cuore. Provai il solito impulso di strapparle la lingua ma, per paura che mi leggesse in faccia cosa pensavo, non osai girarmi.

«Non deluderla» concluse.

Presi nota del suo avvertimento, ben consapevole del dolore che implicava rispettarlo. Non mi ero mai sentita tanto sola come nei mesi che seguirono. Da bambina, avevo sempre mia madre con me, e dopo la nascita di Adair, non eravamo mai stati lontani per più di qualche ora. Anche a Moray mi ritrovavo costantemente attorniata da un'infinità di bambini che mi seguivano ovunque. Be', poi c'era MacBeth... Solo quando cominciai a sentirne terribilmente la mancanza, mi resi conto della gioia che mi dava la sua presenza silenziosa ma costante.

Più passava il tempo, più avvertivo un gran vuoto nel cuore. Mi stavo consumando, e a poco a poco perdevo la voglia di andare avanti.

Volevo disperatamente guarire dal mio malessere.

A metà inverno, un anno dopo il mio arrivo a Dunkeld, mi ritrovai da sola in un angolo del salone dove Crinan teneva le udienze del suo Gran Consiglio.

Due volte al mese, lo apriva ai nobili della zona che chiedevano udienza, perlopiù thane locali caduti in disgrazia che speravano di recuperare la propria posizione a corte o magari di ottenere più rispetto dai vicini. Qualcuno addirittura andava a battere cassa, attingendo alle sue ingenti risorse. Insomma, chiunque poteva presentarsi per tentare di conquistarsi i suoi favori e ottenere il suo appoggio per la propria causa.

Se ci fosse stato qualcuno con cui condividere i miei pensieri, forse tali procedure mi avrebbero appassionato. Le ragazze dell'abbazia, invece, riuscivano a diffamarmi con ogni nuovo arrivato ancora prima che avessi l'opportunità di conoscerlo.

Alla fine mi arresi e, rassegnata al mio isolamento, attendevo che il consiglio terminasse, incapace perfino di sognare a occhi aperti la vita a Burghead per paura di lasciarmi travolgere dalle emozioni.

Bethoc mi obbligava a restare fino alla fine. Insisteva che lo facessi per abituare i nobili alla mia presenza così che, da regina, avrei potuto pretendere il loro rispetto, invece secondo me pensava di infliggermi una sorta di tortura. In realtà mi sentivo più invisibile che mai.

Il mio anonimato trovava la sua antitesi in Duncan, che non stava zitto un minuto. Gli piaceva attirare su di sé l'attenzione dei giovani nobili che accompagnavano i padri e, a mano a mano che il nostro fidanzamento si prolungava, diventava sempre più sfacciato.

L'unica donna che rimaneva del tutto indifferente al suo fascino era quella rossa che avevo visto la prima mattina: Ardith. Osservandola camminare per la sala, provavo invidia per lei. Parlava con quei signorotti come se fosse loro pari grado, e al suo passaggio le altre ragazze si allontanavano intimorite. Non aveva mai nemmeno accennato a venire a presentarsi, dunque pensavo che mi desse contro anche lei.

Una mattina Duncan decise di raccontarle una barzelletta. Il giorno prima l'avevo ascoltato provarla con alcuni novizi, giovani che studiavano per diventare monaci. Benché non fosse affatto divertente, loro avevano riso, forse un po' troppo di gusto, e lui era rimasto di buonumore fino a sera.

Ardith, invece, non gli riservò la stessa attenzione. Anzi, si limitò a emettere un grugnito di derisione, e le poche parole che pronunciò lo fecero diventare paonazzo in volto e sulle orecchie, spingendolo ad allontanarsi. Poi si era imbattuto in una biondina, ancora senza marito nonostante fosse di sicuro più vecchia di noi, che si era subito prodigata per medicargli l'orgoglio ferito, talmente premurosa che avevo ridacchiato.

Quel suono attirò l'attenzione di Ardith, che si accorse che la stavo fissando. Mi sorrise e si incamminò verso di me. Io mi guardai alle spalle, convinta che fosse diretta da qualcun altro, invece c'ero solo io in quell'angolo. Allarmata ma decisa a non tradire le mie emozioni, raddrizzai la schiena e mi preparai a ricevere ostilità o subdoli insulti.

«È vero che discendi dalla figlia di un druido?» mi chiese.

Rimasi a bocca aperta, perdendo all'istante la mia allenata impassibilità.

«Sì.»

«Sei una pagana?» mi domandò poi, abbassando lo sguardo penetrante oltre al tono di voce. Sospettavo che mi stesse tendendo un tranello.

«No.»

«Oh, peccato.» Fece per allontanarsi.

«Aspetta!» le gridai. Era la prima persona che aveva mostrato un certo interesse per i miei antenati pitti o le mie origini pagane, dunque mi incuriosii. Si girò, sospirando annoiata.

«Perché me lo chiedi?» le domandai.

«Perché io sono una druida» rispose a fior di labbra, «e avevo sentito dire che forse lo eri anche tu. Be', non importa.»

Mi guardai intorno per vedere se qualcuno ci avesse udite, ma non c'era nessuno nei paraggi. Ardith si voltò di nuovo, pronta ad andarsene. Troppo turbata per tenere a bada la mia curiosità, la chiamai.

«Non dare le spalle alla tua futura regina!» esclamai, più per disperazione che per rabbia. Qualcuno si girò a guardarci. Io per prima rimasi sbalordita dall'acidità del mio tono. Forse tutti i discorsi di Bethoc su superiorità e autorevolezza cominciavano a fare presa.

Ardith si girò e, nonostante mi aspettassi di vederla infastidita o addirittura furiosa, notai che era piacevolmente contenta.

«Come ti chiami?» le chiesi, anche se lo sapevo già, ma non mi venne in mente altro per trattenerla. I presenti incuriositi, delusi che non fosse scoppiato nessun alterco tra noi, tornarono alle loro conversazioni.

«Ardith» replicò sorridendo. «Il tuo nome, invece, non c'è bisogno di chiederlo. Sei Gruoch, anche se ho sentito che un tempo ti chiamavano Groa, come la veggente. Groa, dai grandi occhi.»

Benché non fosse proibito parlare di temi pagani tra le mura dell'abbazia di Dunkeld, mi sembrava comunque pericoloso. *Lei* mi sembrava pericolosa.

«Non preoccuparti, Groa» continuò. Era come se volesse mettermi alla prova per vedere come avrei reagito a tanta familiarità. «A nessuno importerà cosa stanno dicendo due giovani donne, tanto daranno per scontato che si tratti di sciocchezze.»

Nell'anno trascorso a Dunkeld, nessuno mi si era mai rivolto a quel modo, soprattutto usando quel nome. Con mia somma vergogna, mi accorsi di avere le lacrime agli occhi. Cercai di trattenerle, ma la travolgente solitudine che mi affannavo a ignorare da troppo tempo risalì gorgogliando in superficie, minacciando di esplodere. Non mi fidavo della mia voce, dunque aspettai che fosse lei a parlare. Mi sorrise di nuovo e mi prese sottobraccio.

«Vieni, andiamo da un'altra parte a chiacchierare» mi propose.

Al nostro passaggio, i presenti ci seguirono incuriositi. Impegnato a fare colpo sulla bionda devota, Duncan alzò la testa, lievemente accigliato.

«Duncan è un cretino» mi sussurrò Ardith con fare cospiratorio. «Non è ridicolo a lisciarsi le piume come un pavone, oltretutto per una sciacquetta come Suthan?»

Ridacchiai.

«Sì, hai ragione. Quando la corte si svuota, però, cambia.»

«Ha bisogno di avere il suo pubblico davanti» continuò Ardith. Che gioia aver incontrato finalmente qualcuno che non si lasciava abbagliare dalla sua ridicola messinscena.

«Chi sei?» le chiesi.

«La figlia di un nobile. Nessuno degno di nota, però» mi rispose, all'apparenza di nuovo annoiata. «Sono venuta qui per studiare, anche se sapevo già leggere e scrivere. Parlo diverse lingue, e so a memoria tutte le preghiere cristiane. In futuro Lady e Lord Crinan vogliono nominarmi badessa.»

Sciorinò la lista delle proprie abilità con indifferenza, ma percepii che in realtà era molto soddisfatta di se stessa e voleva fare colpo su di me. Be', ci era riuscita.

«Hai detto di essere pagana, però» le sussurrai. «Com'è possibile che diventerai badessa?»

«Loro non lo sanno» ribatté, anche lei con un filo di voce. «E te l'ho raccontato solo perché pensavo lo fossi pure tu.»

All'idea che qualcuno riuscisse a ingannare Bethoc con tanta astuzia, mi vennero le vertigini. Mi aggrappai stretta al suo braccio.

«In tutta onestà, io non lo so più cosa sono» le dissi.

«Nessun problema, lo scopriremo in tempo.»

Mi si affollarono in testa un migliaio di domande, ma si stavano avvicinando Bethoc e Sinna. Ardith mi lasciò subito andare il braccio.

«Ah, vedo che finalmente avete fatto amicizia» commentò Bethoc, e le sorrise... sì, orgogliosa. «Nutriamo grandi speranze per il suo futuro a Dunkeld.»

«Lady Crinan, siete troppo gentile» rispose pudica lei. «Nel mio piccolo, spero solo di servire nostro Signore al meglio.»

La esaminai da vicino alla ricerca di qualche indizio che ne tradisse l'inganno, invano. Era allarmante vedere quanto si fosse calata nella parte.

«Gruoch, faresti bene a prendere esempio da lei» mi disse poi Bethoc. «Chissà, magari può aiutarti con i testi cristiani, che ti danno tanto filo da torcere.»

«Sì» mi limitai a rispondere.

«Bene, adesso potete andare. Crinan ha quasi finito, e so che disdegni questi incontri» aggiunse, rivolta a me.

«Posso restare, invece?» risposi di getto. «Vorrei parlare ancora un po' con Ardith.»

«No, avrai altre occasioni. Sinna, riportala in camera sua e preparala per i vespri.»

Sinna si inchinò e mi seguì fuori dal salone.

Ardith mi aveva regalato un istante di libertà e amicizia, e mi sentivo al settimo cielo. Ci incamminammo in silenzio verso la mia stanza. Sostituii lo splendido abito che avevo indossato durante le udienze con una veste semplice. Il Dio cristiano non approvava chi dava sfoggio della propria ricchezza, preferiva che andassimo a Lui senza orpelli.

Preoccupata che Ardith si sarebbe presto stancata di me, sfruttavo ogni minima occasione per starle vicino, cercando di rendermi più interessante possibile. Le ponevo domande e la ascoltavo giustamente meravigliata mentre mi raccontava la storia del suo arrivo a Dunkeld. Sua madre era pagana, come mia nonna, ma era morta dandola alla luce. Anche le altre due mogli di suo padre erano morte di parto, e così pure i neonati. Essendo un terribile presagio, la gente aveva cominciato a sospettare che la madre di Ardith avesse lanciato qualche maledizione sul marito.

«A volte le persone danno di matto» commentai per tirarla su di morale.

«Sono stata io a diffondere quelle voci.»

«E perché?»

«Sapevo di essere destinata a grandi cose ma, essendo la figlia di un nobile senza eredi, partivo sconfitta.»

«Certo, so bene cosa significa sacrificarsi per raggiungere i propri obiettivi.»

Inclinò la testa, ma non ero ancora pronta a svelarle la profezia di mia nonna né di MacBeth. «Perché mettere in giro proprio quel pettegolezzo?»

«L'abbazia di Dunkeld è uno dei centri nevralgici di Alba. Trovare una posizione per me a Scone sarebbe stato impossibile però, se fossi riuscita a convincere mio padre a pagare dei tutori perché mi insegnassero le preghiere cristiane, in modo da sconfiggere la maledizione...»

«E ha funzionato?» le chiesi, pentendomi all'istante per la mia stupidità. Ardith sorrise, sorvolando sulla mia domanda.

«Ho imparato subito il latino, e così mi sono fatta notare.»

«Oh, non me la vedo proprio Bethoc ad affezionarsi a qualcuno...»

«È stato Crinan a notare il mio potenziale, infatti. Si è offerto lui di portarmi a Dunkeld. Mio padre era contento di essersi conquistato i suoi favori, ed ecco scritto il mio destino: avrei continuato a servire Dio da nubile.»

Nubile.

Avevo sempre pensato che sposarsi fosse l'unico modo per assicurarsi una posizione di potere, invece Ardith aveva imboccato una strada diversa.

«E ti dispiace? Non ti chiedi mai come sarebbe stato avere un marito?»

«Oh, no!» rise. «Restare nubile è il dono più grande che mio padre avrebbe potuto farmi.»

Mi accigliai, ma lei mi prese la mano e me la strinse.

«Non avevo alcuna speranza di sposare un re e diventare regina come te, e unirsi in matrimonio con un thane, o addirittura un mormaer, sarebbe stato di una noia mortale. Mi sa che mi sarei uccisa.»

Sussultai.

Sapevo che mi aveva letto nel pensiero, ma non mi mise pressione.

Ben presto mi accorsi che non riuscivo a tenerle nascosto nulla. In quello era identica a Donalda: notava ogni mia minima espressione ed era capace di interpretarla.

A mano a mano che l'inverno cedeva il passo alla primavera, Ardith divenne la mia inseparabile compagna. Nonostante la sua magistrale prova di recitazione, era una pagana a tutti gli effetti e difatti celebrava le nostre festività in segreto, nella sua stanza. A dispetto dell'ardente dedizione, però, sospettavo che avrebbe abbracciato qualsiasi culto le avesse garantito sufficiente potere.

Comunque, l'abilità con cui passava dall'essere una druida pagana a un'umile cristiana mi lasciava senza parole.

Come ricompensa per la sua immensa pietà, spesso le veniva concesso di passeggiare per Dunkeld o di cavalcare nella foresta lungo il fiume Tay, benché accompagnata da una guardia. A volte venivo mandata anch'io, perché si pensava avrebbe avuto un'influenza positiva su di me. A poco a poco, quei rari momenti di libertà mi aiutarono a riprendere il controllo.

Con il suo aiuto, feci progressi nello studio del latino e delle preghiere. Non usava lo stesso metodo delle monache, che mi costringevano a sgobbare su ogni singola lettera, convinte che, a furia di ripeterle, mi si sarebbero impresse nel cervello. Lei, invece, trasformava le orazioni in storie, per esempio, e come me lo spiegava lei il latino era facile da ricordare, quasi quanto il testo di una vecchia canzone.

Ardith padroneggiava anche le lingue di tutti i mercanti che approdavano a Dunkeld. Conosceva l'irlandese, e addirittura il sassone che si parlava al Sud. Una volta le chiesi come faceva a imparare così in fretta tante parole.

«Brighde mi ha fatto dono del segreto delle lingue» si limitò a rispondere e poi, in segno di ringraziamento, toccò il sacchettino di tossilaggine essiccata, un'erba sacra alla dea della poesia, che sapevo teneva appeso sotto la veste. Lo portava tutto l'inverno per evitare di ammalarsi. Si era offerta di prepararne uno anche per me, ma avevo rifiutato perché l'odore mi ricordava l'artemisia.

Le chiedevo spesso di insegnarmi le sue arti druidiche, ma lei nicchiava sempre.

«A cosa ti servono, scusa? Hai già me.»

Sapevo che la sua intenzione era tenermi legata a sé, e non mi dava fastidio.

«Conosci qualche lingua antica del nostro popolo?» mi domandò una volta.

«Sì, un po'» risposi, nel tentativo di impressionarla. Piena di aspettative, attese una dimostrazione.

Allora inspirai a fondo e intonai i primi versi della canzone di mia nonna. Quelle parole mi riportarono subito al suo cottage sull'isola.

Cuin a choinnicheas sinn a-rithist?
Ann an dealanach tàirneanaich no uisge?

Le venne un'espressione strana in volto. Mi tornò in mente la risata crudele di Bethoc quando avevo cercato di intimidire Crinan con quella ninnananna, e il resto del componimento mi morì sulle labbra. Trattenni il fiato e pregai che non si prendesse gioco di me, altrimenti temevo che sarei scoppiata a piangere.

«Perché ti sei fermata?» mi chiese a fior di labbra.

«È una stupida canzoncina che mi aveva insegnato mia nonna, altro che lingua antica. Oh, non avrei dovuto millantare abilità che non possiedo!» replicai, pronunciando parole di scuse alla rinfusa.

Inclinò la testa come faceva sempre quand'era incuriosita. «Chi ti ha detto che non significa niente?»

«Bethoc.»

«E tu le hai creduto?»

Alzai le spalle.

«Si tratta di una delle nostre canzoni più antiche. Serve a evocare il potere di tutte le divinità per formare una sorta di scudo protettivo intorno a chi la sta eseguendo.»

Sgranai gli occhi. Ardith scoppiò a ridere e mi prese la mano.

«La sai tradurre?»

Scossi la testa, troppo sgomenta per avere capito che, in tutto quel tempo, mi ero portata dentro una simile conoscenza. Allora lei cominciò a cantare sottovoce.

Noi tre ci rivediamo quando?
Con tuoni pioggia o lampi?
A baraonda finita,
a guerra persa e vinta.

Restammo sedute in silenzio, tenendoci per mano, in segno di rispetto.

«Vuoi che ti insegni altre strofe?»

«No, grazie.»

La canzone di mia nonna era troppo preziosa. Mi bastava conoscere le parole che mi aveva cantato per proteggermi, per sempre legata a quel momento fondamentale del nostro rapporto.

Oltre a impartirmi lezioni di latino e preghiera, Ardith mi insegnava anche come attirare l'attenzione su di me con uno sguardo o una parola ogni volta che entravo in una stanza.

«Se vuoi mostrarti interessata, tieni la testa così» mi spiegò, mentre ci esercitavamo in camera mia, la tiepida aria primaverile che entrava dalle finestre. Mi sollevò il mento con le dita.

«Invece quando devo intrecciare le mani?» le chiesi.

Mi fece un largo sorriso, contenta che fossi così ansiosa di imparare.

«Se vuoi lasciare qualcuno disarmato.»

«Non sarebbe meglio coglierlo di sorpresa optando per qualcosa di più aggressivo?»

Si limitò a ridere, poi mi prese le mani, le sovrappose e me le portò sotto il mento.

«No, quello è più lo stile di MacBeth. Inoltre funziona solo in battaglia.»

Alla fine le avevo raccontato di lui e di quando mi dava lezioni di combattimento, e si era appassionata alla vicenda. Non le rivelai mai che ci eravamo baciati né che lui avrebbe voluto restassi a Burghead, ma secondo me l'aveva capito, anche se era sempre discreta sull'argomento.

«Se metti una mano sopra l'altra, così, l'altra persona penserà che le pendi dalle labbra; è a quel punto che devi aguzzare la vista e tendere le orecchie per scoprirne i punti deboli» continuò, esaminando la mia postura.

Avevo preso a cuore i suoi insegnamenti, e mi piaceva approfondire. Cercavo di corrucciare le labbra come faceva lei quando voleva comunicare che era arrabbiata, o di sollevare un sopracciglio per dire che mi stavo divertendo. Imparai a chinare il capo in segno di umiltà davanti a Crinan e ad annuire con interesse mentre Bethoc parlava di questioni riguardanti l'abbazia.

Crinan mi ricompensò per il mio recente impegno nello studio permettendomi di sedergli accanto durante le udienze del Gran Consiglio, un privilegio che contribuì solo ad allontanarmi ulteriormente da Duncan. Se era tanto ansioso di ottenere l'approvazione di suo padre, non capivo perché rivolgesse tutte le sue attenzioni altrove. Tuttavia, le loro beghe familiari non mi riguardavano. Dal canto mio, ero felice di avere recuperato la mia posizione di favore.

Mi aspettavo che Crinan si rivelasse un mormaer crudele e tiranno, invece, se da un lato era molto astuto, la cattiveria non sembrava rientrare nei suoi modi. Ero combattuta da questa nuova consapevolezza, anche perché mi accorsi che, vedendo di persona come governava bene Dunkeld, il mio rispetto per lui cresceva a vista d'occhio.

Ascoltava le lamentele dei nobili ed esprimeva giudizi imparziali ed equilibrati. Se anche qualcuno fosse rimasto scontento della decisione presa, non avrebbe comunque potuto definirla ingiusta. Se un fattore gli forniva una motivazione ragionevole per cui aveva bisogno di più cibo, soldi, terre o qualsiasi altra cosa gli fosse stata assegnata, per esempio, gliela concedeva. Se, invece, si scopriva che era stato pigro o non aveva ben gestito i propri possedimenti, non solo gli negava ogni forma di aiuto ma gli aumentava pure i tributi per l'anno successivo.

«Devi imparare a distinguere tra chi si merita la tua misericordia e chi, invece, la userà contro di te» mi spiegò. «La seconda categoria è ben più numerosa della prima.»

Condivisi la sua perla di saggezza con Ardith, che approvò con tutto il cuore.

Mi escludeva soltanto dai suoi riti druidici.

Spesso fuggiva nei boschi. A volte sgattaiolava via di notte per andare a raccogliere foglie o esercitarsi nel preparare pozioni. Per me dimostrava un coraggio da leoni, ma ben presto capii che alla fine aveva ingannato tutti così bene che ormai non correva più nessun pericolo.

Le chiedevo spesso di accompagnarla nelle sue escursioni notturne, ma lei mi rispondeva sempre di no, ansiosa di custodire per sé il proprio sapere. Finii per gettare la spugna. A volte tornava con un luccichio sul viso e gli occhi spiritati. A prima vista sembrava avesse la febbre, ma io conoscevo bene gli effetti dell'artemisia. Quando era in quello stato, il suo potere mi metteva paura: non mi ero dimenticata che aveva portato mia madre alla distruzione.

Mi rifiutavo di raccontarle di lei, anche se sarebbe stata l'unica in grado di capire. Sapeva già fin troppo di me e, a mano a mano che imparavo a conoscerla, mi accorsi che non dimenticava nessun dettaglio. Sarebbe riuscita a manipolare anche l'informazione più vaga e usarla come un'arma. Non c'era da stupirsi che le altre ragazze la temessero.

Per quanto desiderassi entrare in possesso della conoscenza di mia nonna e dei miei antenati, non avevo nessuna voglia di bere i cordiali che Ardith preparava di continuo. La nostra amicizia venne messa a dura prova solo una volta, e proprio a tal proposito.

Ormai vivevo a Dunkeld da due anni, ma ancora non mi era arrivato il primo flusso mestruale. Ardith insisteva che avrebbe potuto eseguire un rito per invocare la dea della fertilità. Aveva già aiutato qualche giovane nobile ansiosa di sposarsi, mascherando le preghiere all'interno di un testo in latino e nascondendo il decotto nel vino della Comunione.

Se non avessi dovuto bere un'infusione a base di erbe, l'idea non sarebbe stata così terribile. Al solo pensiero, però, mi bruciava la gola per il ricordo di mia madre a cavalcioni sopra di me, che mi teneva aperta la mascella con le dita mentre mi versava l'artemisia in bocca.

«Groa, perché rifiuti il mio aiuto?» mi aveva chiesto a denti stretti. «Potresti diventare regina domani stesso.»

Avevo scosso la testa, irremovibile, riluttante a rivelarle il vero motivo.

«E se il ciclo non dovesse arrivarti mai?»

«Pazienza.»

«Sei una stupida!» mi aveva rimproverato in un raro momento di rabbia incontrollata.

Ero andata come una furia nella mia stanza, vietandole di entrare. Veniva spesso, supplicandomi di aprire la porta, ma ogni volta mi rifiutavo. In un anno di amicizia, era la prima volta che mi impuntavo su qualcosa. Avere il coltello dalla parte del manico mi infondeva un immenso piacere. Rimasi in camera mia per due giorni, fingendomi malata.

Sinna mi fu di grande conforto. Mi spazzolava i capelli con delicatezza, raccontandomi del villaggio di pescatori da cui proveniva. I suoi genitori erano poverissimi e, quando Crinan aveva proposto loro di ospitarla all'abbazia in cambio dei suoi servigi come cameriera della futura sposa di Duncan, avevano fatto i salti di gioia. Ecco perché non aveva aneddoti sulla sua famiglia o sulla sua terra di origine. Era arrivata a Dunkeld che aveva cinque anni, e aveva iniziato a lavorare per una sua coetanea. Ormai conduceva quella vita da nove anni.

In cambio io le raccontai di MacBeth. Addirittura le mostrai il pugnale che mi aveva regalato e le permisi di tenerlo in mano, facendole giurare di mantenere il segreto. Le mostrai anche il braccialetto d'oro di mia madre, che lei ammirò per come brillava.

Era bello condividere quei momenti con qualcuno che non fosse la mia mentore. Quando avevo conosciuto Ardith, in effetti avevo bisogno di lei, ma da allora, e in parte grazie al suo aiuto, avevo compiuto enormi passi avanti a corte.

Quei due giorni insieme a Sinna mi convinsero che Ardith fosse solo uno dei tanti elementi piacevoli della mia vita a Dunkeld, ma non tanto indispensabile come credevo.

Le permisi di entrare soltanto quando fui sicura dell'affetto di Sinna. Le rifilò subito un'occhiataccia, per cui la rimproverai, e allora lei si scusò all'istante. Di sicuro si era accorta che il rapporto tra me e la mia cameriera era cambiato, ma si tenne per sé cosa ne pensava.

«Possiamo restare sole un momento?» mi supplicò, intrecciando le mani dalla disperazione. Feci un cenno del capo a Sinna, che si allontanò.

«Mi dispiace tanto, Groa» disse, quasi sul punto di piangere. «Non avrei mai dovuto darti della stupida. Se mi odiassi, non lo sopporterei. Rinuncerò a tutto per te, se è quello che vuoi. Rinnegherò anche i miei riti pagani, se necessario, ma ti prego di non escludermi più dalla tua vita.»

Sembrava davvero agitata, e allora mi sentii in colpa per averle negato la mia amicizia durante quei giorni. Non appena la abbracciai, cominciò a piangere.

«Sei l'unica amica che ho qui a Dunkeld» continuò. «Già le altre ragazze mi odiano, sarebbe terribile se mi odiassi anche tu.»

Non immaginavo che le interessasse tanto cosa pensavano gli altri di lei. Senza dubbio si trattava di uno dei suoi soliti raggiri, ma pazienza, l'importante era farmi trovare preparata.

«Ma certo che non ti odio» la rassicurai. «E non devi rinunciare alle tue tradizioni, sarebbe sciocco voltare le spalle a tutto quel potere. Se non vuoi insegnarmi la tua arte né spiegarmi come funziona, però, ti pregherei di non parlarne in mia presenza.»

Sembrava combattuta, ma sapevo che non mi avrebbe rivelato il suo segreto.

«D'accordo, non ti chiederò mai più di fare qualcosa contro la tua volontà» mi rispose con voce tremante. Oh, che messinscena straordinaria! Mi veniva voglia di applaudire. «Io e te insieme siamo più forti. Promettimi che non ci separeremo più.»

Non ero sicura di volermi impegnare a tal punto, ma del resto Ardith era stata molto buona con me. Inoltre, se davvero fosse diventata una potente druida, mi avrebbe fatto comodo a corte.

«Sì, te lo prometto» dissi. «Quando sarò regina, verrai con me a Scone. Ho bisogno di una consigliera fidata.» Era una promessa altisonante, ma mai quanto il gesto teatrale con cui mi si buttò ai piedi. Volevo sapesse che la sua adorazione sarebbe stata ricompensata.

A quel punto le si illuminarono gli occhi, poiché le avevo promesso un futuro perfino più grandioso rispetto al titolo di badessa.

«Sottoscriveresti un patto di sangue?» mi chiese.

«Sì.»

Se era ciò che serviva per conquistarmi la sua eterna fedeltà, avrei accettato, e con gioia anche.

Estrassi il pugnale da sotto il letto, dove lo tenevo nascosto. Lei sollevò un sopracciglio, deliziata e al contempo sbalordita, però non disse nulla, consapevole del pesante segreto che stavo condividendo con lei.

Dovevamo tagliarci il palmo e poi darci la mano mentre sussurravamo il giuramento. Vedendo che non ci riuscivo, Ardith prese la lama e si occupò lei di entrambe. Giurammo di non separarci mai.

Quando si rassicurò, tornammo alla nostra amicizia intima di un tempo. Ero convinta di averla in pugno, eppure restava il mio punto debole, forse il più grande. All'epoca, però, le volevo troppo bene per riuscire a vivere senza di lei.

13

Sotto l'attenta guida di Ardith, il mio piccolo regno presso la corte di Crinan prosperò per un altro anno, poi cominciò a disintegrarsi a poco a poco, così come si era sviluppato. Ogni mese che passava senza che mi arrivasse il ciclo, la mia già scarsa influenza diminuiva ulteriormente.

Il disprezzo di Bethoc si era tramutato in gelida insofferenza, e ormai sfruttava ogni occasione per mostrare la propria irritazione, come se quel ritardo dipendesse da me. Crinan non mi volle più accanto durante le udienze del Gran Consiglio, mentre Duncan divenne piuttosto sfacciato, tanto che ormai amoreggiava apertamente con altre ragazze. A quanto sembrava, la sua favorita era Suthan, la bionda devota di origine sassone che parlava con uno strano accento da cui evidentemente era affascinato.

Chiesi ad Ardith se dovessi darmi da fare di più con lui. Stavamo passeggiando per la sala durante una pausa tra una consultazione e l'altra. Le nostre coetanee ci evitavano come al solito; al nostro passaggio, qualcuna si inchinava ma poi correva via.

«Vuoi essere una regina o una sgualdrina?» si limitò a dirmi. Non le risposi, allora si ammorbidì. «Potresti farlo ingelosire, però. Duncan è convinto che le donne bacino la terra su cui cammina, dunque dimostragli che ha ragione.»

«E con chi?» le chiesi, arrossendo. Non avevo mai civettato con nessuno, e non mi ci vedevo a usare il ridicolo tono di voce con cui le altre ragazze corteggiavano i figli dei nobili.

Ardith si guardò intorno, dopodiché mi indicò un bel giovanotto con i capelli color sabbia.

«Ecco, quello.»

«Perché proprio lui?»

«Perché no?»

Ormai, però, la conoscevo bene. Non lasciava mai nulla al caso. Aspettai che mi desse ulteriori dettagli ma, qualsiasi cosa avesse in mente, se la tenne per sé.

«Thamhas!» gridò. In molti si voltarono, e io dovetti trattenere l'impulso di nascondermi dietro di lei.

«Se Crinan e Bethoc lo scoprono?» le sussurrai mentre quel giovane si avvicinava.

«E come, scusa?»

«Lo vedi anche tu, sto perdendo il rispetto delle persone a corte. Qualcuno potrebbe approfittarne per sbarazzarsi di me» risposi nervosa. «In molti si sentono minacciati dalla mia presenza.»

«Oh, tesoro, ti sbagli di grosso.»

Mi sistemò una ciocca di capelli dietro l'orecchio e poi, con mio sommo orrore, si allontanò, lasciandomi lì da sola a intrattenere Thamhas. Mi si arrossarono le orecchie.

«Vostra Grazia» mi salutò lui, facendo un inchino teatrale. All'inizio aveva un'espressione cupa in volto, ma poi si addolcì in un ampio sorriso.

«Vi state prendendo gioco di me?» gli chiesi, in parte ancora offesa perché Ardith pensava che non fossi una minaccia per nessuno.

«Oh, no!» si affrettò a rispondere lui, perdendo il sorriso. «Perdonatemi, credevo fosse divertente.»

«Affatto» tagliai corto.

«Sì, adesso l'ho capito.»

Mi sentivo una fallita, e mi odiavo per quello. Guardai Ardith, che si limitò ad annuire per incoraggiarmi.

«Apprezzo il gesto, però» aggiunsi goffamente.

«Preferivate così, forse?» Agitò la mano con lo stesso entusiasmo di un bambino, e io arrossii mortificata.

Era una situazione insopportabile. Stavo per andarmene via senza nemmeno scusarmi, quando notai che Duncan ci fissava accigliato. Ardith aveva ragione, se n'era accorto. Oh, che soddisfazione! Dimenticai all'istante il mio disagio e sorrisi a Thamhas.

«Finalmente qualcuno con un po' di senso dell'umorismo» gli dissi, cercando di imitare il tono di Ardith, anche se mi uscì una vocina roca. «Un cenno del capo sarà sufficiente» aggiunsi.

«Come preferite» mi rispose, annuendo rispettoso. Guardai di sottecchi verso Duncan, ma era sparito. Mancando il mio obiettivo, quell'incontro perse subito di interesse per me. Non per Thamhas, però.

«Come dovrei chiamarvi, invece? Vostra Grazia? Vostra Signoria? Vostra Altezza Reale?»

Ridacchiai, sinceramente divertita. I suoi modi spensierati risultavano del tutto fuori luogo a Dunkeld.

«Puoi chiamarmi Gruoch.»

«Allora piacere di conoscerti, Gruoch» ripeté. Si inchinò e mi prese la mano, poi se la portò alle labbra.

Le mie orecchie, che avevano da poco recuperato un colore appena accettabile, tornarono subito paonazze. Mi guardai intorno, sperando che Duncan mi stesse osservando. Aveva raggiunto i genitori vicino al palco, e trovai conferma a ciò di cui ero assolutamente convinta: non avrebbero tollerato un simile atteggiamento civettuolo da parte mia. Bethoc, infatti, mi stava fissando con i suoi occhi color erica.

Mi affrettai a scostare la mano che Thamhas teneva ancora appoggiata alle labbra.

«Devo andare da Ardith» gli dissi, allontanandomi.

Neanche a farlo apposta, me la ritrovai accanto.

«Be', a quanto vedo hai sortito l'effetto sperato.»

Pensavo che sarebbe stata contenta, invece colsi una punta di rimprovero nella sua voce.

«Non ho gradito per niente, è stato umiliante» le risposi. «Inoltre Bethoc mi ha scoperta.»

«Vedrai che non ci darà peso» mi rassicurò, la voce meno tesa di prima. Una magra consolazione, dato che io non avevo lo stesso controllo di Ardith su Bethoc.

«Ti prego, non lo voglio fare mai più» la implorai.

«Oh, non essere ridicola!» ribatté piccata. «A sentire te, sembra che ti abbia inflitto chissà quale terribile tortura.»

Feci per allontanarmi, e allora si addolcì all'istante.

«Intendevo che devi trovare un modo per ristabilire l'equilibrio tra te e Duncan. Finché non ti arriva il ciclo, nella migliore delle ipotesi la tua posizione qui è in forse.»

«Ma non c'è un'altra maniera?»

Ardith corrucciò le labbra, rimangiandosi le parole che aveva sulla punta della lingua. Poi mi prese sottobraccio, e io mi lasciai guidare.

«Forse non avrei dovuto gettarti disarmata in pasto ai lupi. L'arte della seduzione si compone di parole e sguardi. Ti devi avvicinare quanto basta, così...»

Me ne diede una dimostrazione pratica chinandosi verso il mio orecchio. Il suo respiro sul collo mi fece il solletico e ridacchiai. Si accigliò di nuovo.

«Non la stai prendendo seriamente, Gruoch. Se non vuoi perdere Duncan, devi migliorare in certe cose.»

«Ma come? Sei stata tu a chiedermi se volevo essere una regina o una donnaccia.»

«Sì, ma quando ti sposerai, dovrai evitare che vada in giro a fare il farfallone. E dato che non vuoi sfruttare le mie arti magiche, dovrai accontentarti del tuo fascino.»

«Dov'è Sinna? Voglio coricarmi» dissi, stanca dei suoi giochetti e complotti.

In un attimo, me la ritrovai al mio fianco; non mi perdeva mai di vista, e Ardith la odiava per questo. Dato che non volevo che si arrabbiasse con me, le diedi un bacio sulla guancia.

«Allora più tardi mi insegnerai a far ingelosire Duncan senza perdere la mia dignità.»

Sorrise contenta. Le piaceva sentirsi utile, anche se a volte lo trovavo stancante. In quei momenti apprezzavo la compagnia silenziosa e spensierata di Sinna.

Tornate nella nostra stanza, mi misi a letto. Cercai di riposare, ma continuavo a ripensare all'incontro con Thamhas. Nonostante l'imbarazzo di entrambi, il ricordo del suo ampio sorriso e della sua perfetta dentatura mi si era impresso nella mente, e non accennava ad andarsene. Rividi i suoi grandi occhi castani, i capelli color sabbia e i suoi modi bizzarri. Insomma, lo pensai tanto che il mattino seguente, quando lo incontrai, ero convinta di essere stata io a evocarlo.

Avevamo appena terminato le preghiere. Uscirono tutti dalla cappella piccola l'uno dopo l'altro, ma io mi trattenni, desiderosa di restarmene da sola. Da quando ero stata punita per la seconda volta e Bethoc aveva limitato la mia libertà, era quello l'unico posto dove potevo godermi un po' di intimità. Lei interpretò il mio desiderio come segno di profonda pietà religiosa, la sola cosa di me che non avrebbe potuto criticare.

Mi sedetti in santa pace per qualche minuto ad ammirare le stupende vetrate che raffiguravano storie prese dal cristianesimo e commemoravano i "santi", come venivano chiamati, anche se a me sembravano più semidei. Addirittura esisteva una santa Brigida, senza dubbio la versione evangelizzata della saggia e potente Brighde.

Mentre guardavo un suo ritratto, ripetevo a mente le parole di mia nonna, cercando di rivivere il momento esatto in cui mi aveva rivelato la profezia, quando le erano diventate le pupille tutte nere. Dovetti compiere uno sforzo immane per ricordare a me stessa il motivo per cui mi trovavo lì.

«Ciao» sentii una voce alle mie spalle.

«Per tutti gli dèi!» gridai spaventata.

Non so come, ma Thamhas era riuscito a intrufolarsi dentro la cappella piccola e adesso mi stava seduto a poca distanza.

Si affrettò a scusarsi. «Pensavo saresti stata felice di vedermi.»

«No.»

Vedendo la delusione dipingersi sul suo volto, capii che avrei dovuto rassicurarlo.

«Intendevo dire che non mi aspettavo di trovarti qui. Sì, in effetti sono felice di vederti.»

Si illuminò di nuovo, e mi infastidì che fosse tanto credulone. Chissà perché avevo sprecato tutto quel tempo a ripensare ai suoi lineamenti e alla nostra chiacchierata...

«Davvero sei felice di vedermi?»

«Sì» confermai, rifiutandomi di approfondire la questione.

«Ti ho pensato.»

«Ma va'» risposi io, cercando di scoraggiarlo dal proseguire, innervosita dalla sua presenza, il pensiero fisso sulla disapprovazione che Bethoc mi aveva manifestato il giorno prima. Non volevo farmi trovare di nuovo insieme a lui e perdere quel poco di libertà che mi restava.

«Invece sì, che tu mi creda o no.»

A poco a poco, mi si stava avvicinando.

«Perché?»

Alzò le spalle. Oh, era tutto talmente assurdo! Cominciavo a stancarmi. Mi alzai per andarmene, ma lui mi bloccò.

«Che c'è?» gli chiesi.

A quel punto mi diede un bacio.

Emisi un gridolino e mi allontanai di scatto.

«Perdonami. Oh, sì, scusami tanto, è che pensavo...»

«Non preoccuparti» tagliai corto. «Io... insomma, mi hai colto di sorpresa, ecco.»

«Ah.»

Restammo lì un istante, entrambi a disagio.

«Riprovaci, magari la prossima volta mi troverai pronta.»

Chissà perché l'avevo detto. Il suo bacio, comunque, era molto più dolce del suono della sua voce.

Mi sorrise.

«Certo» rispose, e si chinò verso di me, le sue labbra a un soffio dalle mie. «Ecco qua.»

Lo tirai a me, impedendogli di aggiungere altro. Le nostre labbra si toccarono. Era una sensazione strana, nuova e al contempo familiare, a cui avevo pensato spesso ma che non avevo più provato dopo MacBeth, un secolo prima. Gli presi il viso tra le mani, e lui mi cinse all'altezza della vita. Avvertii un brivido lungo la spina dorsale e mi sentii lo stomaco sottosopra. Lo strinsi ancora di più.

Quando ci staccammo, entrambi senza fiato, lui era paonazzo in volto, all'apparenza incapace di fare o dire alcunché.

«Oh, dèi...» mormorai. Adesso capivo perché Duncan si intratteneva con tutte le ragazze della corte. Mi piegai in avanti per ricevere un altro bacio, ma Thamhas mi allontanò.

Chinai il capo in preda alla vergogna, convinta di avere commesso un grave errore. Ardith si era spesso offerta di insegnarmi come baciare un uomo in modo da invogliare Duncan a giacere con me e darmi un sacco di eredi, ma io mi ero sempre rifiutata, mi sentivo una sciocca. Oh, magari avessi accettato il suo aiuto!

«Scusami» mormorai. «Se ho fatto qualcosa di sbagliato...»

«No, è che qui non siamo al sicuro» disse lui. «Conosco un posto dove non ci vedrà nessuno, però.»

«Guarda che non sono una sgualdrinella al tuo servizio!»

Thamhas spalancò gli occhi. «Lungi da me pensarlo, Gruoch.»

«Chi altri hai portato in questo luogo segreto, sentiamo?»

«C'è stata una persona prima di te, ma adesso non più, te lo giuro.» Parlava a raffica, e mi piaceva vederlo affannarsi per rassicurarmi. «Insomma, anch'io vorrei baciarti di nuovo, ma qui potrebbero scoprirci.»

Neanche a farlo apposta all'improvviso si aprì la porta e comparve Sinna. Se vedere Thamhas l'aveva sorpresa, non lo diede a vedere e mantenne la sua solita espressione di studiata semplicità.

«Ti vogliono, Gruoch.»

«E chi?» le domandai infastidita.

«Lady Crinan» mi rispose, e colsi una punta di avvertimento nella sua voce. Mollai lì Thamhas all'istante.

«Ci rivedremo?» mi gridò.

Uscii dalla cappella piccola senza rispondergli, e non perché volessi millantare timidezza o evitarlo. In quel momento, combattuta com'ero e ben consapevole della precarietà della mia situazione, davvero non sapevo cosa fare.

Entrai nella mia stanza e trovai Bethoc ad aspettarmi. Lanciai una fugace occhiata verso il baule di legno, e mi accorsi che era stato aperto di recente. Ringraziai gli dèi che Sinna mi avesse convinto a tenere il braccialetto e il pugnale sempre con me, nascosti sotto le pieghe del vestito.

«Cosa ti ha detto Thamhas ieri per suscitare quella ridicola risata?» mi chiese, e la sua domanda improvvisa e diretta mi colse per un attimo alla sprovvista.

«Non me lo ricordo.»

Mi stava studiando, ma io sostenni il suo sguardo impassibile, per nulla intimidita dalla sua presenza. A sua insaputa, mi aggrappavo a quei piccoli momenti di resilienza. Tanto tempo fa, avevo deciso di essere paziente, di mettere da parte la mia rabbia finché non fossi diventata regina, poi l'avrei usata per annientarla.

«Duncan è rimasto molto ferito dalle attenzioni che hai riservato a Thamhas» continuò.

Ridacchiai, e lei si inacidì ancora di più.

«Che c'è di così divertente?»

«Pensavo fosse troppo preso dalle sue frequentazioni per interessarsi alle mie» replicai, più sfacciata del dovuto. Non ero riuscita a trattenermi. Che Duncan disapprovasse il mio comportamento mentre conversavo con un giovanotto era ipocrita e pure risibile.

«Lui può intrattenersi con chi gli pare e piace» mi rispose. «La sua posizione a corte non è in bilico come la tua.»

Mi fissò in gesto di sfida. Non volevo darle la soddisfazione di cedere, ma allo stesso tempo non potevo controbattere.

«Sono qui da tre anni ormai e ancora non ho ricevuto notizie di mio padre, Adair o Donalda. Strano, eh?» cambiai discorso.

Speravo che il riferimento alla sorella le ricordasse che non era l'unica a detenere il potere, invece se ne andò senza ribattere.

Mi sarei dovuta sentire sconfitta, invece fremevo di collera.

«Fino a quando questa donna deciderà della mia vita? Sarò io a diventare regina, non lei. Dovrebbe trattarmi con rispetto!»

Sinna si guardò bene dal rispondere alle mie domande.

Cominciai ad andare avanti e indietro per la stanza borbottando, anche se contro nessuno in particolare. L'ultima volta che ero stata redarguita da Bethoc, avevo dovuto ingoiare il mio orgoglio. Era successo prima di conoscere Ardith, però, e di capire come ingannarla.

«Mandami Thamhas» ordinai a Sinna.

Esitò.

«Devo forse ricordarti qual è il tuo ruolo?» aggiunsi in malo modo.

A quel punto si inchinò e corse via. Mi pentii all'istante di averla trattata così, ma avrei avuto modo di scusarmi più tardi. Aspettai angosciata una buona mezz'ora prima che Thamhas facesse capolino guardingo da dietro la porta.

«Mostrami quel luogo segreto» gli dissi decisa, anche se sentivo il cuore battermi forte contro il costato e mi tremavano le mani. Non attese ulteriori spiegazioni.

E fu così che mi trovai il mio primo amante.

Adesso so per certo che non lo era per davvero, almeno non nel significato tradizionale del termine. All'epoca, però, mi piaceva considerarlo una conquista. Spesso si narrava di grandi re pitti che indulgevano in simili distrazioni, in cui di tanto in tanto cascavano anche le loro regine. Ecco, io sarei stata come quelle sovrane delle antiche leggende, la cui bellezza aveva devastato intere nazioni e che avevano quanti amanti volevano.

Thamhas mi condusse in una stanza che non veniva più utilizzata da quando Crinan era diventato abate. Si trovava in un piccolo annesso vicino alla cucina. Attraversammo un magazzino e una sala da pranzo, infine varcammo una porta che sembrava sprangata ma in realtà conduceva nella nostra piccola alcova segreta. Da un'altra porta si arrivava alle stalle sul retro, dunque potevamo entrare da due direzioni diverse.

Secoli or sono quello spazio era usato dai grandi druidi che risiedevano lì prima che l'abbazia fosse costruita, per custodire le loro pozioni. Al fedele servizio dei loro sovrani, preparavano cure di ogni genere e leggevano il futuro nella cenere dei loro fuochi sacri. Mi piaceva pensare che ci proteggessero ancora. Le pareti puzzavano leggermente di muffa, e il pavimento era annerito nel centro, dove eseguivano i loro rituali.

Se fosse arrivato qualcuno, non l'avremmo sentito, perciò Sinna si metteva di guardia accanto all'ingresso delle stalle, pronta a bussare in caso di pericolo. Si era detta preoccupata per il mio piano ma, appena minacciai di sostituirla con Ardith, non aprì più bocca. Ero convinta che Ardith sarebbe stata orgogliosa di come riuscivo ormai a piegarla al mio volere, avendo capito in che modo ragionava.

Io e Thamhas ci incontrammo lì di nascosto per diverse settimane, ci baciavamo e parlavamo a fior di labbra. Decorammo la stanza con fiori secchi e riuscimmo a rubacchiare della paglia dalle stalle per stare seduti comodi. Lui era generoso, affettuoso e gentile. Imparai a riconoscere il sapore della sua lingua e il profumo della sua pelle.

Era un novizio, il favorito di Crinan, a cui un giorno sarebbe succeduto. Mi sa che era quello il motivo per cui Ardith mi aveva spinto verso di lui. Benché intenzionata a venire con me a Scone, sapevo che, a scanso di equivoci, voleva comunque essere sicura di diventare badessa, come le era stato promesso. Ragione in più per non rivelarle il mio segreto.

Mi piaceva ascoltare aneddoti sugli altri novizi. Thamhas sapeva di essere il successore naturale di Crinan ma, per quanto lo incalzassi, non entrava mai in argomento.

Era divertentissimo quando faceva le imitazioni e assegnava soprannomi buffi a tutti. Com'era diverso rispetto al serioso MacBeth... Per esempio, gli riusciva particolarmente bene imitare Suthan, la giovane sassone da cui era tanto preso Duncan, che però lui chiamava Stupidan. Poi addolciva i tratti del viso e interpretava a meraviglia anche DolceSinna. Inoltre la sua versione di Ardith – per lui Arditha – con le sopracciglia inarcate e lo sguardo gelido, mi risultava talmente familiare da mettermi i brividi. Ridevamo di tutte loro e, grazie a lui, anche i nobili di corte più austeri sembravano innocui e insignificanti.

«Fai la mia imitazione!» gli chiesi una volta.

«Oh, no» rispose, attirandomi a sé.

«Perché no?»

«E rischiare la tua ira funesta? Giammai!»

Mi baciò, ma io non ero disposta a cedere.

«Dimmi almeno qual è il mio soprannome.»

«Ma non fa ridere.»

«E allora?»

«Come vuoi.» Sospirò, fingendosi esasperato. «Se te lo dico, prometti di darmi un bacio?»

«Ci sto.»

Divenne serio in volto.

«Per me sei Rovina Ru.»

Aspettai che mi desse qualche spiegazione, invece rimase lì a fissarmi, teso, temendo la mia reazione. Non sapevo che pesci pigliare.

«Perché Ru?» gli chiesi.

«Ecco, mi sembrava un buon diminutivo per Gruoch e...» Non terminò la frase.

«E perché Rovina?»

Ardith avrebbe adorato quel soprannome, mentre io non avevo ancora deciso se sentirmi lusingata o preoccupata.

«Perché hai rovinato i piani di chi sperava di dare la propria figlia in moglie a Duncan.»

Mi tirò una leggera gomitata per sottolineare la battuta, cercando di ristabilire l'atmosfera giocosa di prima.

«Ah.»

«E poi... sì, poi emani sempre una sensazione di imminente tragedia, come se ti portassi dentro chissà quale segreto che potrebbe recare danno a te o chiunque ti venga vicino.»

«Be', semmai quella è Ardith.»

«No, lei piuttosto distruggerebbe il mondo intero.»

Scoppiammo a ridere. Intrecciai le dita alle sue, poi gli disegnai qualcosa sul dorso della mano.

«E non è la stessa cosa, scusa?»

«No.»

«Spiegati meglio.»

«Distruggere qualcuno implica boati, vendette, edifici che crollano, pietre che rotolano. Recargli danno, invece...» Gli venne meno la voce. «Per colpire una persona si parte dai suoi sentimenti e la si emargina a poco a poco, un pezzetto alla volta.»

Aveva un'aria così triste che lo baciai, fosse solo per fargli tornare il sorriso.

Gli volevo un gran bene, ma non credo fosse amore. Piuttosto una forma di consolazione, null'altro, benché più viscerale rispetto a quella che cercavo in Ardith. Lei mi teneva compagnia, invece con Thamhas mi sentivo desiderabile, addirittura potente, in un modo nuovo e profondamente diverso. Confermava la mia condizione di futura regina, ecco. Mi piaceva, perché non avrei dovuto approfittarne?

Uno degli aspetti più deliziosi dei nostri incontri clandestini era che Ardith ne fosse all'oscuro. Dopo che Thamhas mi aveva portato in quella stanza la prima volta, stavo per raccontarglielo, ma qualcosa nel profondo me lo aveva impedito. Nonostante fosse stata una sua idea, non sembrava contenta che lui mi dedicasse attenzioni, e ancora meno che io le ricambiassi. Comunque lei si teneva per sé almeno un migliaio di pensieri e ragioni, dunque perché non potevo avere anch'io i miei segreti?

E così io e Thamhas ci addentrammo sempre più in quel mondo nuovo di nostra creazione. Tutti quei pomeriggi rubati, le sue mani sul mio seno... Un giorno lo toccai in mezzo alle gambe. Un altro, si insinuò tra le mie con la bocca. Era un'esplorazione costante e continua, a ogni incontro sempre più approfondita.

Ardith non sospettava nulla. Mi mostravo più affettuosa che mai nei suoi confronti, e lei era felice di pensare che non volessi confidarmi con nessun altro. Per rassicurarmi, mi diceva di conoscere ragazze più grandi di me a cui era arrivato il primo flusso mestruale molto tardi. Parlava di come avremmo vissuto e governato a Scone. Era preoccupata per certe voci che circolavano a corte, secondo cui sarei stata sostituita se non avessi iniziato a sanguinare entro la primavera successiva. Io sorridevo e annuivo, le davo ragione su tutto, mentre in realtà pensavo a quando avrei rivisto Thamhas.

Un gelido pomeriggio, mi si sdraiò sopra e prese a trafficare con le dita in mezzo alle mie cosce calde. Oh, che delizia! A un certo punto, però, si bloccò di colpo. Aprii gli occhi per vedere cosa fosse successo, e vidi che mi fissava confuso.

«Che c'è?» gli chiesi.

«Provi dolore?»

«Be', in effetti negarmi il piacere che brama il mio corpo è una tortura» risposi. Lui non sorrise, però.

«Hai sentito male o qualcosa di strano?» continuò.

Quel suo sguardo inquisitorio non mi piaceva affatto. Cercai di guardargli la mano, ma le pieghe del vestito me lo impedivano.

«No. Insomma, di che stai parlando?»

«Oh» esclamò, il tono di voce preoccupato.

«Per tutti gli dèi, mi vuoi dire che c'è?» ripetei, anche se un po' troppo forte dato il rischio che correvamo.

«Sono sicuro che non è niente di grave» rispose lui, cercando di tranquillizzarmi, ma ovviamente ottenne l'effetto contrario. Mi assalì il panico.

Fu allora che mi mostrò le dita.

Erano insanguinate.

14

Sinna bussò piano alla porta, ma io continuavo a fissare le dita di Thamhas, ricoperte del mio sangue scuro e appiccicoso. Anche lui sembrava pietrificato, non vedeva e non sentiva altro. Avrei voluto cacciare un urlo.

«Cosa mi hai fatto?»

«Io... io... non ti ho fa-fatto niente.»

«Se morirò, verrai impiccato» dissi, alzando la voce.

Quando Sinna bussò di nuovo, Thamhas abbassò la testa e si allontanò da me.

«Non ti ho fatto niente!» ripeté.

«E allora perché sto sanguinando?»

Adesso sentivo quel calore tra le gambe che avevo scambiato per eccitazione.

«Non dire niente, ti prego, o mi uccideranno.»

«Dimmi cosa mi hai fatto!» gridai, balzando in piedi. Ci mettemmo entrambi in posizione da combattimento, tremando, gli occhi spiritati.

Sinna bussò per la terza volta.

«Non adesso!» strillai.

La porta si spalancò. Mi voltai per rimproverarla, ma sulla

soglia trovai Ardith, la bocca spalancata, un'espressione furibonda che non le avevo mai visto.

Nessuno osò muoversi né respirare. Ardith serrò le labbra in una linea sottile e socchiuse gli occhi.

«Come hai potuto essere tanto stupida?»

«Sei stata tu a spingermi tra le sue braccia!» ribattei. Una scusa pietosa, la mia, ma non riuscivo a sostenere il suo terribile sguardo.

«Io ti avevo detto di far ingelosire Duncan, non di diventare la sgualdrina del primo venuto.»

«Sto morendo!»

Per un attimo il suo sguardo penetrante si ammorbidì, e pensai sarebbe venuta ad abbracciarmi. Thamhas, però, mandò in frantumi le mie speranze.

«Non le ho fatto niente, lo giuro! Niente di strano, cioè. Lei ha iniziato a sanguinare e...»

«Finora non sanguinavo, però!»

«Siete due idioti» commentò Ardith, ma nel suo tono di voce non c'era più traccia della gelida furia di prima. «Gruoch, ti è venuto il primo flusso mestruale.»

Sentii il sollievo scorrermi dentro. Come avevo fatto a non pensarci subito? Ero così presa dal piacere che mi stava dando Thamhas e poi dal sangue sulle sue dita che mi era sfuggito di mente. Lo guardai per vedere se si fosse tranquillizzato, invece lui non aveva occhi che per Ardith, consapevole che avesse il potere di distruggerlo – anzi, di distruggerci entrambi.

«Ardith! Cos'hai intenzione di fare?» le chiesi.

Scrutò prima me e poi lui, profondamente combattuta. Nel frattempo io trattenni il respiro.

«Devi dirlo a Bethoc.»

«No!»

«Mi riferivo al ciclo» precisò a denti stretti.

«Non posso andare da lei in queste condizioni.»

«Sinna andrà a chiamarla, e intanto ti darai una ripulita in camera tua.»

Annuii. Forse sarei riuscita a convincerla a tenere la bocca chiusa. Volevo abbracciare Thamhas, chiedergli scusa e rassicurarlo, ma non osavo davanti a lei. Mi limitai a fargli un cenno del capo.

«Andrà tutto bene, vedrai.»

«Vostra Altezza» mi rispose, facendomi un rigido inchino.

«Oh, non ricominciare!» Dopo tutto quello che avevamo condiviso, tanta formalità mi sembrava ridicola.

«Ha ragione, invece» intervenne Ardith. «Cerca di tornare in te, piuttosto. Da questo momento sei la futura sposa del Principe Duncan, erede al trono di Alba. Devi comportarti adeguatamente e proteggere la tua posizione a ogni costo.»

«Sì, certo» mormorai.

Poi mi accompagnò nella mia stanza, lontano da Thamhas. Avremmo potuto chiamare una cameriera, invece insisté per lavarmi lei.

«Ben presto si spargerà la voce, ma almeno non voglio accelerare i tempi.»

Mentre mi tamponava la gamba insanguinata con una spugna, continuava a trattenere il respiro, quasi fosse sul punto di dire qualcosa, ma poi si mordeva il labbro. Di sicuro voleva che le domandassi a cosa stava pensando e, pur decisa a non cedere, non sopportavo di restare all'oscuro della punizione che mi avrebbe inflitto per averle mentito.

«Cosa c'è?» le chiesi infine.

Si alzò e prese una veste pulita.

«Pensavo che mi volessi bene, ma scoprire che mi sbagliavo è una grossa delusione.» Parlò senza tradire emozioni, come se stesse recitando una preghiera.

«Sì che ti voglio bene!»

«Non mi pare proprio, dato che ti viene così facile ingannarmi.»

«Anche tu hai i tuoi segreti!»

Le si illuminarono gli occhi. Sapevo che non era il momento di essere petulante.

«Avevo paura di cos'avresti pensato di me» le spiegai. «E l'evidente odio che mi hai dimostrato prima, in quella stanza, lo conferma.»

«Io non ti odio, semplicemente non capisco come tu abbia potuto buttare al vento il nostro futuro con tanta leggerezza, e per giunta con uno come Thamhas!» ribatté, poi si diresse alla finestra. Benché cercasse di mantenere la calma, strinse i pugni con forza, al punto che aveva le nocche esangui.

«Guarda che non ho buttato via un bel niente. Perché, non sarei autorizzata a prendermi ciò che voglio? Dopotutto diventerò regina!»

«Hai pensato a me?» mi chiese senza voltarsi. Arrossii a quella domanda.

«In che senso?»

«Quando hai deciso di prenderti quello che volevi, hai pensato che avresti messo a rischio la mia posizione?»

«La *tua* posizione? Se la vecchia badessa morisse, Bethoc darebbe a te l'incarico domani stesso. La mia scappatella non cambierà le cose.»

Ardith annuì, come se avesse trovato conferma ai suoi sospetti.

«A quanto vedo, non mi vuoi più portare con te a Scone in qualità di tua consigliera.»

Finalmente mi fu chiaro cos'avesse nel cuore, quale fosse la sua principale preoccupazione. La prospettiva di diventare badessa non le bastava più. Le avevo promesso un posto accanto al trono. Da un lato mi sarei dovuta allarmare per il suo bieco opportunismo, dall'altro mi sentii sollevata nel constatare che avevo ancora un certo controllo su di lei.

«Ti sbagli» le risposi, poi mi avvicinai e le presi le mani. Forse era un gesto un filo troppo teatrale, ma non potevo rischiare che mi voltasse le spalle proprio in quel momento.

«Puoi perdonarmi? Ti voglio ancora al mio fianco» aggiunsi. «E non ti nasconderò più niente, promesso.»

Corrucciò le labbra, ma non si allontanò.

«Allora, mi perdoni?» le ripetei, angosciata perché continuava a stare sulle sue.

Prima che potesse rispondermi, però, entrò Bethoc con Sinna al suo fianco. Ardith mi lasciò le mani e si inchinò. Io mi sforzai di fare lo stesso.

«È vero?» le chiese.

«Sì» confermò lei.

«Bene.»

Nessuno fiatava. Bethoc rimase sulla soglia, non capivo cos'altro volesse da me.

«Non vedo l'ora di sposare Duncan» le dissi.

«Ogni cosa a suo tempo.»

«Ah, non ci sposiamo subito?» le domandai allarmata.

«Bisogna aspettare che smetta di sanguinare.»

«E quanto ci vorrà?»

«Qualche giorno» mi spiegò Ardith.

«Una settimana al massimo» precisò Bethoc.

«Una settimana?» ripetei.

Pensavo che il matrimonio si sarebbe celebrato immediatamente, non avevo previsto quel ritardo. Mi fidavo di Thamhas, ma l'avvertimento di Ardith secondo cui avevo buttato la corona alle ortiche all'improvviso mi sembrò sensato. Poteva ancora succedere di tutto. Sentivo di essere a un passo dal compiere il mio destino, eppure qualcuno avrebbe potuto portarmelo via da un momento all'altro. Ardith, per esempio. La guardai per cercare di scoprire che intenzioni avesse, ma era impenetrabile.

«E comunque ci vorrà tempo per far arrivare tuo padre dalla corte di Re Cnut» aggiunse Bethoc.

«Re Cnut?»

«All'inizio di quest'anno ha accompagnato Adair in Inghilterra, dove avrebbe prestato servizio nell'esercito reale.»

«Ma non ha contatti con l'Inghilterra...»

Guardai Ardith, come se avesse avuto una risposta da darmi. Scosse la testa, però.

«Sì, invece, tramite Findlaich. MacBeth vive lì da due anni

ormai, celebrato come un grande guerriero.» Mentre lo diceva, abbozzò una smorfia. «Se ti senti bene, sei la benvenuta tra noi, altrimenti chiederò a Sinna di servirti la cena nella tua stanza.»

«Perché non me l'avete detto?» le chiesi, le forti emozioni del pomeriggio che cominciavano a venire a galla.

Ardith mosse un passo verso di me, con una parola di avvertimento sulle labbra. Io, però, continuai.

«Da quanto sapete che mio padre è in Inghilterra?»

«Da quando lui e Adair sono venuti a farci visita, parecchi mesi fa.»

«Sono stati qui?»

«Sì.»

«E me l'avete tenuto nascosto!» Stavo tremando, furibonda perché mi aveva impedito di vedere la mia famiglia.

«Sono rimasti una notte soltanto e, se non ricordo male, tu eri malata.»

Bethoc mantenne la calma, sfidandomi a ribattere.

«Non c'è bisogno di scaldarsi tanto, fra poco li vedrai. Sempre che Adair sia sopravvissuto alle sue prime battaglie, naturalmente.»

Mi scagliai contro di lei come se fossi posseduta dal demonio, ma Ardith mi trattenne.

«Groa! Domanda scusa, e subito!» mi ordinò. Bethoc sorrideva in gesto di sfida. Feci appello a ogni oncia di autocontrollo che mi restava.

«Perdonatemi, Lady Crinan, ma non sono in me. Sarà il mio stato.»

Bethoc annuì in segno di approvazione e se ne andò.

Ardith mi teneva ancora stretta a sé. Cacciai un urlo. Era una reazione pietosa e stupida, la mia, ma non riuscii a evitarlo. Mi accompagnò al letto e mi fece sedere.

«Posso aiutarti, ma devi promettermi che non farai niente per mettere a repentaglio il nostro futuro prima di avere la corona in testa.»

«Promesso.»

«Bene» mi disse, poi mi diede un bacio sulla fronte. «Dormi, adesso.»

Portò Sinna con sé, e così rimasi da sola.

Mi sdraiai e cercai di chiudere gli occhi, ma avevo la testa in subbuglio dopo tutto quello che era successo. Mi doleva il cuore, per Thamhas, per mio padre, per Adair. Chissà che aspetto aveva mio fratello adesso, evidentemente abbastanza grande da combattere per un altro re e guadagnarsi una reputazione come aveva fatto MacBeth.

Già, MacBeth...

Il suo nome mi riportò alla mente desideri perduti; ne rividi l'espressione abbacchiata il giorno in cui avevo rifiutato la sua proposta di matrimonio, il ricordo più importante tra quelli che serbavo di lui, ammonticchiati l'uno sopra l'altro. Anche se speravo che il mio nome gli stimolasse qualche pensiero, come accadeva a me, con ogni probabilità ormai si era dimenticato della mia esistenza.

Nei giorni successivi, Ardith venne a trovarmi spesso. Per distrarmi, le chiedevo di raccontarmi i pettegolezzi dell'abbazia, e lei era felice di assecondarmi. Sentendo gli ultimi sviluppi, le altre nobildonne ansiose di portarmi via Duncan avevano spostato le proprie mire su uomini di rango inferiore. Adesso nessuna di loro voleva rischiare di essere scoperta insieme a lui.

All'inizio sgomento, Duncan raddoppiò i propri sforzi per conquistarsi la fedeltà dei giovani thane di Dunkeld, invitandoli a grosse battute di caccia e ricoprendoli di regali. Loro, però, erano ben più interessati a ricevere le nuove attenzioni delle rampolle, dunque perlopiù lo ignoravano. Dato l'insuccesso della sua campagna di fidelizzazione, adesso vagava per l'abbazia imbronciato.

Quelle storie mi divertivano, e avrei tanto voluto vederle con i miei occhi, ma mi sentivo assonnata e il dolore alla pancia non accennò a diminuire per diversi giorni.

Per distrarmi, ripetevo a mente le parole di mia nonna.

Supererai in grandezza ciascuno di noi.

Così riuscivo a sopportare un po' di più il fastidio. Dopotutto, ero venuta al mondo per quello.

Tra un pettegolezzo e l'altro, Ardith non menzionava mai Thamhas. Poiché, però, il suo nome gravava nell'aria, la terza sera glielo chiesi a chiare lettere.

«E Thamhas?»

Prima di rispondere, si prese il suo tempo.

«Lo ami?»

«No» dissi, forse un po' troppo di getto.

«È della massima importanza che tu non mi nasconda niente su di lui» continuò, poi mi prese le mani. Mi esaminò da vicino, quasi volesse scoprire chissà quale verità le stavo nascondendo.

«Davvero, non lo amo. È stato solo un diversivo, benché assai piacevole, lo ammetto, ma sarò felice di lasciarmi alle spalle lui e tutta Dunkeld.»

Ero sincera, eppure continuava a fissarmi. A quel punto sospirai irritata.

«Ascoltami: non significa più niente per me, è irrilevante quanto una pulce da calpestare. Sarà un piacere immenso non averlo più tra i piedi.»

Pronunciai la frase che sapevo voleva sentire, e difatti mi ricompensò con un largo sorriso.

«Eccellente.» Mi diede un bacio sulla fronte e si alzò. «Presto sarà tutto finito, poi sposerai Duncan, diventerai regina e ci trasferiremo a Scone. Andrà tutto bene, vedrai.»

Quando mi svegliai per la quarta mattina di fila con il panno avvolto in mezzo alle gambe ancora intriso di sangue, presi a vagare per l'abbazia agitata. Risposi male a Sinna, e a malapena riuscii a contenere la mia frustrazione con Bethoc. Duncan mi risultava intollerabile... be', questa non era una novità.

«Con una tale bellezza al mio fianco, ottenere l'approvazione della corte sarà un gioco da ragazzi» dichiarò non appena feci il mio ingresso nel Gran Consiglio.

Sussultai. Di sicuro voleva essere un complimento, ma suscitò in me una voglia irrefrenabile di tagliargli la lingua. Ero certa che, a Scone, la corte avrebbe avuto cose più importanti a cui pensare che non assecondare le sue frivolezze. Il pensiero che lo avrebbe imparato a proprie spese mi diede una sorta di piacere perverso.

Quel giorno e pure il successivo, tentò di incontrarmi da solo, e più di una volta venne in camera mia non accompagnato, ma per fortuna non c'ero mai. Riuscii a evitare quegli imbarazzanti incontri fino alla sesta mattina. Non sanguinavo più, dunque fu deciso che nel giro di due giorni saremmo partiti per Scone. Crinan mi aveva convocato nel salone per informarmi dei preparativi e, sollevata com'ero, non mi accorsi che Duncan mi stava aspettando fuori. Mi tese un'imboscata e poi, senza nemmeno lasciarmi il tempo di protestare, mi spinse lungo un corridoio deserto.

Cercai una scusa per andarmene, ma non mi veniva in mente nulla. Per un terribile istante, pensai che avrebbe tentato di baciarmi. Prima o poi mi sarei dovuta abituare, però non avevo nessuna voglia di affrettare i tempi.

Invece teneva lo sguardo a terra, agitato e a disagio.

«È sorto un problema» iniziò. Mi aspettavo di ascoltare tutt'altro, dunque il cuore prese a battermi all'impazzata. Crinan non aveva paventato eventuali difficoltà, ma del resto non mi sarei sorpresa se mi avesse tenuto nascosto qualche dettaglio.

«Cioè?»

«È una questione delicata. Non voglio angosciarti, ma forse potresti toglierci entrambi dagli impicci.»

«Naturalmente farò del mio meglio per aiutarti» dissi, intrecciando le mani con forza davanti a me con la speranza che non notasse il lieve tremore.

«Una giovane cortigiana aspetta un bambino» disse.

«E?»

«E il padre sono io» mi rispose, arrossendo.

Non era quello che mi aspettavo di sentire.

Sapevo che amoreggiava con le nobildonne del seguito di suo padre, ma nella mia ingenuità pensavo che, come me, avrebbe scongiurato il pericolo di gravidanze non desiderate.

«Di chi si tratta?» gli chiesi, sperando che non fosse una delle favorite dei suoi genitori.

«Suthan» mi spiegò, sempre più paonazzo in volto.

Tirai un sospiro di sollievo. Re Malcolm non avrebbe mai rinunciato all'alleanza con mio padre e Findlaich per una sassone qualsiasi, tra l'altro non più in età da matrimonio, e da un bel pezzo, anche.

«La cosa non mi riguarda» replicai, e mi voltai, ma lui mi afferrò per un braccio.

«Sì, invece. Devi incolpare qualcun altro per l'accaduto. Suthan è d'accordo.»

Ci avrei scommesso.

«Perché proprio io, scusa?»

«Si prenderà la colpa Thamhas e, se fossi tu ad accusarlo, sarebbe ancora più credibile.» Parlò con una tale calma che pensai di avere capito male.

«Thamhas, cosa?»

«Sì, dirà di essere stato lui. È già tutto organizzato, però l'accusa deve partire da te» mi ripeté. Ma vedendomi sempre più furibonda la sua convinzione cominciò a vacillare.

«Lo uccideranno per una simile imprudenza» dissi, ancora incredula che fosse disposto a buttare al vento il futuro di una persona con tanta disinvoltura.

«Ma potrebbe farlo per te, per proteggerti» insisté, alzando la voce.

«Non ho bisogno di protezione, inoltre non sono io a essere in torto. Cos'accidenti ti ha spinto a credere che avrei accettato?»

«Mia madre ha detto che...» iniziò, ma si interruppe non appena vide la mia espressione.

«Cos'ha detto Bethoc?»

Dall'agitazione si guardava le mani. A fatica riuscii a cavargli le parole di bocca.

«Ardith le ha raccontato che volevi vederlo morto. Il vostro rapporto ti aveva reso vulnerabile, dunque sarebbe stato un bene per tutti se avessero incolpato lui.»

Mi mancò la terra sotto i piedi.

Duncan non sarebbe mai stato capace di ordire quel complotto.

Ardith… Ripensai a quando mi aveva domandato se amassi Thamhas. Avevo fatto del mio meglio per convincerla che mi fosse indifferente, ma mai avrei immaginato, nemmeno per un istante, che lo stavo condannando a morte. Mi aveva tenuto nascosto il suo vero obiettivo, così avrebbe avuto la scusa pronta quando l'avessi affrontata. Oh, ero stata un'ingenua a pensare di essere sfuggita alla sua furia. Stavolta, però, aveva superato il limite. Mi ricomposi.

«Da solo ti sei cacciato in questo guaio e da solo ne uscirai. Come re e come uomo» affermai.

Duncan sembrava sul punto di mettersi a piangere, ma non mi importava. Mi rammaricai con gli dèi per avere affidato il mio destino da regina nelle mani di quel rammollito. Tornai in camera mia e mandai a chiamare Ardith. Prima che arrivasse, andai avanti e indietro per un quarto d'ora.

«Cos'hai fatto?» le chiesi, e lei capì all'istante a cosa mi riferissi. La sua espressione si indurì.

«Pensavo mi avresti ringraziato.»

«Ringraziarti? Per avere raccontato a Bethoc della mia scappatella con Thamhas? Per avere condannato a morte un ragazzo innocente solo perché costituisce una minaccia per la tua posizione?»

«Ah, per la *mia* posizione?» ripeté, inarcando le sopracciglia. «Guarda che l'ho fatto per te!»

Vedendo quanto fosse brava a mentire, scoppiai a ridere. O forse ci credeva veramente. Be', poco importava.

«No, mia cara, l'hai fatto per te stessa. Non sopporti che ti abbia tenuto nascosto qualcosa, dunque vuoi punire me colpendo lui. Sappi che non te lo permetterò. O trovi una soluzione, oppure non metterai mai piede a Scone.»

Mi aspettavo che si mettesse a gridare o uscisse dalla stanza come una furia, invece corse da me e mi afferrò le mani.

«Per favore, Gruoch. Non volevo ferirti, te lo giuro. Appena ho scoperto la faccenda di Suthan, ho pensato solo a te e alla tua salvezza. Duncan potrebbe convincere Crinan a darti il benservito e scegliere lei.»

«Crinan non permetterebbe mai a suo figlio di allearsi con una sgualdrina sassone, e tu sei abbastanza sveglia da saperlo.»

«Dopo che mi hai convinto della tua indifferenza verso Thamhas, ho soltanto suggerito a Bethoc di scaricare la colpa su di lui. Tu stessa hai detto che ti risultava irrilevante quanto una pulce da schiacciare!»

Mi stringeva le mani con tanta forza che per poco le credetti.

«Se ho capito bene, hai pensato che sarei stata felice di vedere giustiziato un innocente dato che non provavo niente per lui?»

In realtà conoscevo già la risposta. Lei non avrebbe mai fatto tale distinzione. Ai suoi occhi, Thamhas costituiva una minaccia, punto. Che non lo fosse adesso, poco importava, ma avrebbe potuto diventarlo in futuro.

«Ho sbagliato, evidentemente. Troverò qualcun altro, te lo prometto.»

«Sarà meglio per te.»

Mi preparai per l'imminente viaggio a Scone, sforzandomi di non lasciarmi coinvolgere dalla sorte che sarebbe toccata a Thamhas. Ardith avrebbe trovato una soluzione. Impiegai solo mezz'ora a preparare i bagagli. Durante la mia permanenza a Dunkeld, non avevo ricevuto ninnoli né regali. Non avendo altre incombenze da sbrigare, scesi a mangiare.

Duncan, Crinan e Bethoc non c'erano.

Cercai di pensare ad altro.

Dopo cena, mentre tornavo nella mia stanza sentii Bethoc chiamare il mio nome. Che sorpresa. Mi fece un cenno con la mano in fondo al corridoio.

La seguii nell'ampio salone dove Crinan teneva il suo Gran Consiglio. Così vuoto, sembrava una caverna. Bethoc lo raggiunse sul palco. Non vedendo sedie per me, restai in piedi, in attesa di istruzioni.

Mi fissavano entrambi, e cominciarono a sudarmi i palmi delle mani.

«Ditemi, Vostre Grazie» iniziai.

«Duncan ci ha informato che non sei disposta ad aiutarci e accusare Thamhas» dichiarò Bethoc con un tono di voce terrificante.

«Vostra Grazia, Ardith ha frainteso ciò che...» replicai, ma Crinan mi interruppe.

«Mi rincresce se mio figlio non ti ha spiegato bene la gravità della situazione né ti ha chiarito che non hai altra scelta» disse poi, la voce calda e ingannevole come quando si era rivolto ai miei genitori tanti anni or sono, la stessa che aveva mandato in frantumi la piccola oasi di pace che ci eravamo costruiti nel Fife, spingendo mia madre alla morte e mio padre alla fuga, e che adesso cercava di distruggere quel minimo di benessere che mi ero ritagliata a Dunkeld.

Mi si rizzarono i peli dietro il collo e rabbrividii, anche se non faceva freddo.

«Siamo al corrente del tuo legame con Thamhas» intervenne Bethoc, e aspettò che rispondessi.

Pensai in fretta a come uscire da quell'impiccio, non solo per me, ma anche per lui. Gli sforzi di Ardith non avevano ancora dato frutti. Avrei dovuto convincerli che giustiziarlo non era la soluzione.

«Se anche glielo chiedessi, non lo farebbe mai» risposi. «Non prova tanto affetto per me.»

«Nemmeno se fosse la sua vita in cambio della tua?» continuò Bethoc. Crinan le posò una mano sulla sua, e lei sussultò.

«Ne abbiamo già parlato, è fuori discussione» le sussurrò.

Negli ultimi giorni, il mio unico assillo era se il matrimonio con Duncan sarebbe stato celebrato oppure no; non avevo mai preso in considerazione che quei due stavano valutando se togliermi di mezzo.

«La scelta spetta a te, Gruoch, ed è semplicissima» proseguì poi. «Hai appena detto che Thamhas non si dichiarerà mai colpevole. L'avevo già anticipato io a Bethoc, ma volevamo avere una conferma da te.»

Che condividesse le mie riserve, non mi fu di nessun conforto, dato il suo sguardo.

«Dovrai accusarlo tu pubblicamente, dunque. Nessuno dubiterà della tua parola.»

«Sono certa che basterà la vostra e che non avrete bisogno di me» lo supplicai.

«Stavolta temo di sì, invece. In molti sono al corrente del legame tra Duncan e la figlia di Callum, e non esiterebbero a usarlo contro di me. Mi servono prove e testimoni, altrimenti potrebbero accusarmi di spergiuro.»

«Sono certa che riusciremo a trovare qualcun altro» insistei. «Ardith sta già cercando un...»

«Chi ti credi di essere per ribattere?» mi chiese piccata Bethoc, spazientita dalla diplomazia del marito. «Thamhas è il candidato migliore per ricevere la punizione che si merita. Prima di tutto, non essendo di nobili natali, nessuno correrà in suo aiuto. Inoltre, considerato che sarebbe succeduto a Crinan come abate di Dunkeld, dimostreremo di non prendere alla leggera il disonore ai danni di Suthan, almeno suo padre penserà che sia stata fatta giustizia.»

«Sarà esattamente il contrario, invece» affermai, incapace di trattenere la rabbia. Benché fosse seduta a una certa distanza da me, sentii il suo sguardo perforarmi la gola. Se pensava di spaventarmi, però, si sbagliava di grosso. Provavo solo amarezza e odio per lei – anzi, per entrambi. Ero diventata troppo compiacente. Come avevo potuto permettere che mi scoprissero insieme a Thamhas? Avrei dovuto proteggerlo. Avrei dovuto proteggere me stessa.

Crinan appoggiò di nuovo la mano sul braccio di Bethoc, e notai che le stava facendo pressione con le dita. Non capivo perché fosse così furiosa. Era suo figlio che li aveva messi in quella situazione, non io.

«Voglio assicurarmi che tu abbia compreso la gravità della situazione» intervenne Crinan, fingendosi premuroso nei miei confronti. «O accetti la nostra richiesta, oppure rinunci alla tua posizione. Il fidanzamento verrà annullato e tu non diventerai mai regina.»

Stava facendo appello alla mia ambizione. Se ci si fosse trovata Ardith davanti a una scelta simile, sapevo che non avrebbe battuto ciglio, ma lei aveva un unico obiettivo in testa, dunque le veniva più facile prendere certe decisioni. Io, però, ero diversa. Volevo essere una regina buona e giusta. Il mio popolo se lo meritava.

In quel momento detestavo così tanto Bethoc e Crinan che volevo soltanto vederli bruciare tra le fiamme. La nonna aveva profetizzato che sarei diventata regina. Be', avrei raggiunto il mio scopo in altri modi. Sapevo che avrebbero potuto sistemare la faccenda anche senza il mio aiuto. Nonostante avessero molta più autorità di me, stavano cercando di intimidirmi e spingermi ad accettare il loro piano.

Forse la mia posizione a Dunkeld era più consolidata di quanto non volessero ammettere. Nonostante avessi dovuto aspettare tanto prima che mi venisse il primo ciclo, la promessa di matrimonio non era stata annullata, quindi di sicuro Re Malcolm era ancora ansioso di unire la sua discendenza e quella di mio padre. Bethoc e Crinan erano disperati. Avevano bisogno di me, per questo non mi sarei piegata facilmente alle loro richieste.

«Mi dispiace, Vostre Grazie, ma nessuna corona vale la vita

di un uomo innocente» dissi dolcemente, placida e calma in volto.

Mi fissarono entrambi senza tradire emozioni, in silenzio. Aspettai che rispondessero qualcosa, invano. Ero preoccupata, perché se avessero retto il gioco, avrei dovuto farlo anch'io.

«Adesso posso andare? Immagino verrò rispedita a Moray» dissi, sperando di suscitare in loro qualche reazione.

Bethoc inclinò la testa verso Crinan e gli disse qualcosa a fior di labbra, in modo che non potessi sentire. Il petto mi batteva come un martello contro il costato. Poi Crinan si rivolse a me, dunque mi preparai a qualsiasi insulso compromesso sarebbero stati disposti a concedermi.

«Secondo Bethoc, forse non hai capito le reali implicazioni della tua scelta.»

«Rinuncio alla corona e scelgo di salvare una vita innocente» risposi, già meno convinta rispetto a prima.

«Un momento, mettiamo prima le cose in chiaro» rispose Bethoc. «Non voglio che prenda la tua decisione senza capire bene cosa comporta.

«Tuo padre perderà le terre che gli sono state promesse e sarà condannato a vagare senza meta per l'Inghilterra. Cancellata la promessa di matrimonio, sarà solo un ostacolo per Re Malcolm. Anzi, non mi sorprenderebbe se venisse messa una taglia sulla sua testa. Né lui né tuo fratello potranno rimettere piede ad Alba.

«Il tuo caro Adair non erediterà un bel niente. Ho sentito che è ambizioso come vostro padre e che magari in futuro vorrà reclamare il Fife per sé. Non ci riuscirà, però, e morirà anche lui.

«Tu non tornerai a Moray. Di sicuro verrai cacciata da qui, ma non mi importa dove finirai. Dovrai guadagnarti da vivere. Potresti fare la prostituta, del resto hai dimostrato di avere una naturale predisposizione. Di certo morirai, e presto anche, così almeno la discendenza di Coinneach finirà una volta per tutte. Un'intera stirpe spazzata via a causa tua.»

Sentii che stavo per svenire. Mi conficcai le dita nei palmi delle mani e il dolore mi impedì di collassare seduta stante, tenendomi incollata per un filo alla realtà.

«Allora?» mi chiese Bethoc impaziente.

«Posso avere un po' di tempo per rifletterci?» domandai con voce roca. Ardith avrebbe pensato a un piano.

«No» rispose Crinan con gentilezza, ma lo odiai per quel suo falso sfoggio di solidarietà. «Il processo avrà luogo domani mattina. Callum non è disposto a posticiparlo, e io non voglio rimandare il nostro viaggio a Scone più del dovuto.»

«Ci serve la tua risposta ora, Gruoch» confermò Bethoc.

Magari fossi svenuta prima, così forse non sarebbe stata presa nessuna decisione. Le mie gambe, però, rimasero salde. Avrei potuto fingere, ma Bethoc se ne sarebbe accorta.

Non avevo vie d'uscita, qualsiasi soluzione alternativa era già stata esclusa. Se anche ce ne fosse stata una, quei due mi puntavano come avvoltoi, pronti ad avventarsi su di me, dunque non riuscivo a pensare. Volevo cacciare un urlo, affinché il mio lamento riecheggiasse per tutto il salone. Volevo levare loro quel sorrisetto compiaciuto dalla faccia. Sopraffatta dalla mia impotenza, mi venne l'impulso sfrenato di farli a pezzi e sguazzare poi nel loro sangue.

Portai la mano sul pugnale, nascosto tra le pieghe del vestito.

Sarebbe stato inutile, però.

«D'accordo, farò come mi chiedete.»

Mi ritrovai nella mia stanza, anche se non ricordo di essere uscita dal salone. Esausta ma troppo sconvolta per dormire, fissai fuori dalla finestra. Nonostante quello che avevo ottenuto e mi era stato promesso a Dunkeld, per l'ennesima volta Bethoc e Crinan avevano trionfato.

15

Quella notte non riuscii a dormire. Ardith venne a bussare alla mia porta, ma mi rifiutai di aprirle. Non era riuscita a rimediare al danno che aveva provocato. Quello che mi sfuggiva, e che non le avrei mai perdonato, era quale ruolo avesse giocato in quell'ennesima umiliazione subita per mano di Bethoc. Oh, ero stata una sciocca a pensare che l'affetto di Ardith mi avrebbe protetto dalla scia di distruzione lasciata dalla sua smania.

Tenni alla larga anche Sinna, incapace di affrontare la sua solidarietà. Bastava uno sguardo gentile da parte sua, e sarei crollata. Quella notte, perfino la profezia di mia nonna mi sembrava vuota.

«Quando hai detto che avrei superato in grandezza ciascuno di voi, era questo che avevi in mente?» chiesi all'oscurità. «Mi hai detto che dovevo imparare a mentire meglio. Sei orgogliosa di me adesso?»

In risposta alle mie domande, però, ricevetti solo silenzio.

Data l'intensità delle mie emozioni, avevo lo stomaco in subbuglio e non chiusi occhio. Niente sogni agitati né dormiveglia, soltanto un'orribile insonnia.

Quando albeggiò, mi sentivo come se dovessi essere giustiziata io. Mi guardai allo specchio ma non mi riconobbi: pelle terrea, guance scavate, occhi rossi... No, non avrei permesso che Bethoc mi vedesse così.

Mi lavai il viso e cercai di mangiare un po' di pane per riprendere forza, anche se mi raschiava la gola. Quando venne a prendermi, avevo recuperato il mio solito aspetto, perlomeno abbastanza da mascherare il mio tumulto interiore.

Mi accompagnò lungo il corridoio, giù per gli scalini di pietra e attraverso l'infinito labirinto dell'abbazia finché non raggiungemmo l'immenso salone principale. Per quanto mi sforzassi, non sarei riuscita a nascondere ad Ardith i miei sentimenti e le mie intenzioni, li avrebbe intuiti al volo. Avrei potuto sperare di superare indenne quell'ordalia solo se fossi riuscita ad ancorarmi alla voragine che mi si era aperta nel cuore.

Nonostante l'ora, si era già radunata una gran folla. Ignoravo chi fosse Callum, ma lo riconobbi all'istante. Era un omone grasso, come tutti i sassoni – perlomeno quelli che avevo conosciuto io – con gli stessi capelli biondo paglierino di sua figlia. Stava seduto accanto a Crinan con le braccia conserte, le labbra carnose corrucciate in una smorfia di biasimo. Nascosta all'ombra del padre, al mio passaggio Suthan mi guardò, il volto rigato di lacrime, ma non la degnai della minima compassione.

Raggiungemmo il palco. Tra i presenti calò il silenzio. Crinan mi indicò di mettermi in piedi accanto a lui. Quando mi ritrovai di fronte alla folla, Ardith avanzò verso di me, ma scossi la testa per impedirglielo. Cercai Thamhas, invano. Almeno la sua assenza avrebbe facilitato le cose.

Tenni gli occhi fissi su un punto della parete sopra le teste dei presenti incuriositi e inspirai profondamente, mentre Crinan dichiarava aperta la seduta dando il benvenuto a Callum, che per tutta risposta grugnì, e alla sua corte.

Per prima venne chiamata a testimoniare Suthan. Avevo stabilito di non rivolgerle nemmeno uno sguardo ma, vedendo che il silenzio si prolungava, la curiosità ebbe il sopravvento. Aveva fatto un passo in avanti, e non la smetteva di torcersi le mani. Guardò prima Duncan, poi suo padre, Crinan, i presenti e infine... me. Notando quanto fosse combattuta, trattenni il respiro. Nella sala non volava una mosca. Avrei voluto che dicesse la verità, che mostrasse coraggio. Si morse il labbro, l'aria di chi stava per rivelare che il responsabile della sua disgrazia era Duncan e non Thamhas.

Alla fine, però, chinò il capo e borbottò qualcosa rivolta al pavimento.

«Il bambino è di Thamhas, mi ha preso con la forza» disse, poi alzò la testa, incrociando di nuovo il mio sguardo. «Non ho avuto scampo.»

Non ero sicura se stesse parlando a me o alla corte. La fissai, sperando che, nonostante la distanza tra noi, le arrivasse tutto il mio odio. Callum prese ad agitarsi sulla sedia, a disagio. Si vedeva che anche a lui prudevano le mani dalla voglia di dichiarare chi fosse il vero colpevole.

A quel punto Crinan si affrettò a intervenire. «Mi sembra di ricordare che ci sia un testimone» affermò in tono quasi gentile. Mi rivolse un cenno del capo e io avanzai, pronta a interpretare la mia parte.

«È vero, li ho visti io» risposi, ma senza fornire ulteriori dettagli. Crinan corrucciò le labbra, aspettandosi dell'altro, ma avrebbe dovuto tirarmi fuori le parole di bocca. Alla fine decise di non mettermi ulteriore pressione e si rivolse alla corte. Non fosse stato per l'interruzione di Callum, il processo sarebbe proseguito.

«E dove li avreste visti?» mi chiese, la voce ridotta a un roco grugnito.

Crinan serrò la mascella ma mi fece ancora un cenno del capo, come per autorizzarmi a rispondere. Capii subito che in realtà si trattava di un avvertimento.

«Dietro le cucine c'è una stanza segreta da cui si arriva alle stalle.»

«E come facevate a sapere che li avreste trovati proprio lì?» continuò Callum, ansioso di affossare Crinan. Che in quel momento io e quel sassone volessimo la stessa cosa, mi colpì.

Per quanto desiderassi abbattere quell'abbazia mattone dopo mattone, finché non mi fossero sanguinate le mani, era il mio destino, la mia strada. E fingere che non fosse così non mi avrebbe portato nulla di buono.

«Perché una volta Thamhas ha cercato di attirare laggiù con l'inganno anche me» spiegai, e a quel punto la folla trattenne il fiato. «Non essendo una sgualdrina, però, non sono caduta nella sua trappola.»

Callum si alzò, sempre più rosso in volto dall'indignazione, o forse per lo sforzo. Crinan levò la mano chiedendo silenzio.

«Grazie, Gruoch, puoi ritirarti.»

Poi venne chiamato uno dei tutori di Thamhas perché imbastisse la sua difesa. Dalla barba irsuta e gli occhi strabici, riconobbi l'insegnante con cui andava meno d'accordo, e difatti fece un discorso zoppicante. C'era odore di corruzione nell'aria...

Crinan si alzò, un'espressione di falsa sofferenza in volto, pronto a interpretare la propria parte in quella pietosa messinscena.

«Come ben sapete, Thamhas era il mio protetto» si rivolse a Callum, «e all'idea di punire uno dei miei collaboratori più stretti, provo un immenso dolore, ma non posso permettere che un tale gesto sconsiderato ai danni della figlia di un così grande nobile – e amico – passi in cavalleria. Che sia bandito all'istante da Dunkeld!»

Incapace di nascondere la sorpresa per una sentenza tanto lieve dopo le minacce di Bethoc, trattenni il fiato, e il rumore riecheggiò per tutto il salone. Guardai Callum, sperando che non se ne fosse accorto. La mia reazione, però, aveva tradito quanto fossi sollevata.

In attesa della sua risposta, nessuno fiatava.

«Così poco vale il mio appoggio?» si rivolse a Crinan con inaspettata astuzia, socchiudendo gli occhi.

Lui chinò la testa in gesto di sconfitta. «Certo che no. Se preferisci, Thamhas verrà giustiziato per il disonore a cui ha condannato tua figlia.»

Callum annuì in segno di approvazione, e i presenti emisero un sospiro di sollievo. Era stato ristabilito l'ordine, inoltre lui poteva dirsi soddisfatto, convinto di avere arrecato un danno profondo a Crinan, anche se ignorava che in realtà non aveva perso nulla. Thamhas, infatti, sarebbe stato sostituito da un altro giovane studioso. L'unico sacrificio era toccato a me.

Thamhas si sarebbe potuto salvare, ma la mia incapacità di controllare le emozioni l'aveva condotto al patibolo.

Mi sentii sul punto di vomitare.

«Posso andare?» sussurrai a Crinan, che annuì. Mi allontanai di corsa.

Speravo di trovare sollievo fuggendo da quella folla opprimente ma, mentre tornavo in camera mia, respiravo a fatica. Più di una volta dovetti fermarmi e appoggiarmi alla gelida parete di pietra per ritrovare l'equilibrio. Quando entrai, mi mancava il fiato. Raggiunsi la finestra barcollando, la spalancai e inspirai a pieni polmoni.

Nel cortile sottostante, a mano a mano che il pubblico tornava alle proprie case, si levò un rumore di passi. Invece di diminuire, aumentò di intensità, accompagnato da un turbinio di voci agitate.

Scrutai tra la folla finché non trovai Thamhas, livido e terrorizzato in volto. Lo stavano trascinando fuori dall'abbazia. Nonostante il frastuono, lo si sentiva protestare e supplicare afflitto che era innocente. Quando il boia spuntò da dietro Crinan, gridai di dolore, ma la mia voce si perse tra quelle dei presenti. Basta, era troppo per me.

Mi abbandonai a un pianto lungo e disperato, addolorata e furibonda in egual misura, il cuore che si lacerava in mille pezzi.

Ardith spalancò la porta, senza dubbio pensando che mi fossi fatta del male. Mi allontanò dalla finestra, ma la trascinai a terra con me. Piano piano la processione si allontanò e il clamore cessò, ma dalla finestra aperta si udivano ancora le grida di Thamhas, cosa inevitabile, vista la quiete generale. La sua angoscia continuò finché la spada colpì il ceppo dell'esecuzione con un sonoro tintinnio, e il suo ultimo grido svanì in quel silenzio di morte.

Tenendomi stretta a sé, Ardith mi accarezzava i capelli e mi baciava la fronte, gelida di sudore freddo. Mi mormorò parole di rassicurazione all'orecchio.

«Calmati, è tutto finito.»

Le permisi di consolarmi, il pensiero del suo tradimento momentaneamente zittito.

«Non gli permetterò mai più di farti soffrire così» mi promise. «Sarò sempre con te.»

Quando mi calmai abbastanza da riuscire ad alzarmi, ormai era buio. Ardith mi aiutò a lavarmi il viso e a mettermi la camicia da notte. Non scendemmo per cena ma restammo a mangiare nella mia stanza insieme a Sinna.

La guardai alla luce del focolare e ne osservai gli occhi vivaci e i lineamenti affilati. Avevo creduto che il suo amore per me costituisse l'arma più potente di cui disponevo contro chi mi avrebbe potuto danneggiare a Dunkeld. Adesso, invece, compresi che tanta devozione mi era sfuggita di mano.

Impetuosa e vendicativa, l'adorazione che nutriva per me non rappresentava più un punto di forza ma una debolezza, che non potevo permettermi di portare con me alla corte di Re Malcolm. Mi sforzai di tenere a bada le mie riserve in modo che non se ne accorgesse, decisa a non farmi tradire più dalle emozioni.

Colsi anche qualcosa di più radicato nella mia amica. In lei rivedevo alcuni tratti di mia madre, e forse la mia paura dipendeva soprattutto da quello.

Durante la notte cadde la prima nevicata, che all'alba si trasformò in una fastidiosa pioggerellina. Mi fissai il pugnale di MacBeth alla cintola, nascondendolo sotto il mio mantello più pesante, quello nero e bordato di pelliccia di coniglio. Presi il bracciale di mia madre e passai il pollice sul metallo intrecciato. Mio padre voleva che lo conservassi in suo ricordo, ma non mi aveva mai dato alcun conforto. Lo riposi sotto il cuscino di pelle di pecora, avvertendo nel cuore tutto il peso della consapevolezza di quel gesto.

Quando uscii, ritrovandomi nell'umidità del mattino, mi godetti il calore del mantello. Venni accompagnata da Allistor, e vidi che Sinna era già in sella. Non avevo avuto molte occasioni per cavalcare perché Crinan non era solito visitare le sue terre, incapace di delegare ad altri le udienze del Gran Consiglio o gli accordi con i mercanti. Anzi, non ero nemmeno sicura che mi avrebbero permesso di portare il cavallo a Scone. La sensazione familiare del suo manto e il calore del muso mentre me lo sfregava addosso mi calmarono. Ormai era l'unico legame che mi restava con la mia casa – con Findlaich, Donalda, mio padre, Adair e MacBeth. Sapendo in cosa mi ero trasformata, che avrebbero pensato di me? Avrebbero compreso?

Per sentirmi più vicina a loro e al ricordo di Burghead, gli cinsi il collo con le braccia, come se, stringendolo, sarei tornata a essere la persona che ero prima di partire per l'abbazia.

Tuttavia, quando Ardith si avvicinò, in attesa che le portassero il suo cavallo, capii che quella me era svanita per sempre.

«Mi sa che ho lasciato il braccialetto sotto il cuscino. Ti spiace andare a prendermelo?» le chiesi.

«Ma certo.» Sorrise, contenta che quanto accaduto la sera prima non avesse ulteriormente ingigantito la distanza tra noi. Non appena sparì dentro l'abbazia, montai in sella e andai da Bethoc.

«Lady Crinan, siete stata gentile a permettere che Ardith venisse con noi» le dissi.

Cercai di scegliere le parole con cura e di fingere la stessa aria preoccupata che usava spesso Ardith per mascherare i propri interessi.

«Mi domando, però, se non ci sarebbe più utile qui a Dunkeld» aggiunsi.

Bethoc sollevò un sopracciglio ma non aprì bocca, dunque proseguii.

«Non esiste nessuno più saggio di lei, dedita com'è allo studio dei testi antichi e devotissima alla preghiera. Non sarebbe meglio che restasse qui e fungesse da esempio per le altre ragazze? Senza di lei, temo comincerebbero a impegnarsi di meno.»

«Sì, forse» rispose Bethoc. «C'è per caso qualche altro motivo per cui non vuoi che ti accompagni?»

Alzai le spalle.

«La mia è solo un'impressione, ma mi chiedo se vivere a Scone non sarebbe una distrazione per lei. Essendo così bella, già qui all'abbazia ha il suo gran daffare per respingere un buon numero di innocenti attenzioni. Ecco, mi domando se riuscirebbe a essere altrettanto forte anche alla corte del re...»

Bethoc si fece arcigna in volto. Sapevo quanto disprezzasse gli atteggiamenti che le giovani destinate alla Chiesa avevano nei confronti dei giovani rampolli. Chiamò una guardia, e le bastò un istante per risolvere la questione. Mi aspettavo che Brighde mi avrebbe fulminato per avere tradito una delle sue più fedeli seguaci, invece non accadde nulla. Il cavallo di Ardith venne riportato nella stalla, mentre noi montammo in sella e, l'uno dopo l'altro, uscimmo dall'abbazia.

Mentre passavo sotto lo stesso arco di pietra che pensavo mi sarebbe crollato addosso al mio arrivo a Dunkeld, rimasi colpita nel ricordare quanto fossi piena di speranze allora, concentrata sul mio promettente destino. Avevo deciso di non voltarmi, eppure non potei resistere alla tentazione e allungai il collo per dare un ultimo sguardo.

Vidi che Ardith correva verso di noi, confusa, cercando il mio sguardo. Raggiunti i cancelli, si fermò. Una figura desolata tra la neve, i capelli rossi in netto contrasto con la pietra scura.

Non riuscii a nascondere ciò che provavo, cioè sollievo e dispiacere al contempo. Avrei voluto spiegarle che non stavo punendo lei, quanto piuttosto mettendo in salvo me stessa. Se fossi stata in grado di convincerla della mia buona fede, ero certa che avrebbe rispettato la mia decisione.

Quasi mi aspettavo che inveisse contro di me, invece si limitò a fissarci sconvolta. La rabbia sarebbe venuta poi, e così pure il dolore. Per adesso, invece, provava solo sbigottimento.

«*Cuin a choinnicheas sinn a-rithist?*»

Sussurrai al vento il primo verso della canzone di mia nonna, augurandomi che bastasse a proteggerla.

Noi tre ci rivediamo quando?

Non eravamo in tanti – io, Sinna, Crinan, Bethoc e Duncan, oltre a otto guardie. All'inizio speravo che avremmo cavalcato a passo spedito, sia per riscaldarmi sia per avvertire la familiare eccitazione che mi dava attraversare il paese in sella. Crinan, però, aborriva il fango che sollevavano gli zoccoli al galoppo, dunque avanzavamo lentamente. Il fiato dei cavalli annebbiava la gelida mattina e infondeva al viaggio la tipica atmosfera di un corteo funebre più che di una comitiva nuziale.

Con la coda dell'occhio vidi che Sinna mi stava osservando incuriosita. Eravamo partiti in silenzio, invece adesso Crinan e Bethoc stavano discutendo di questioni relative all'abbazia, a voce sufficientemente alta da confermare che non si trattasse di una conversazione pacifica.

«Che succede?»

«Perché non hai portato Ardith con noi?»

Non era mai stata così diretta.

«Perché non mi sento più al sicuro insieme a lei.»

Sinna ci rifletté e annuì. «Veramente io non mi sono mai sentita al sicuro con lei.»

La esaminai più da vicino e, per la prima volta, colsi un'espressione di disgusto sul suo viso. Non pensavo che le venisse così naturale tenermi nascoste certe sue forti opinioni.

«E non potevi dirmelo prima, scusa?»

Arrossì. «Con che coraggio? Quando avete fatto amicizia, finalmente sei uscita dalla tua solitudine. Non volevo privarti anche di quello.»

«Perché non ti fidavi di lei?» le chiesi poi.

Scelse le parole con cura.

«Ardith è concentrata sui suoi obiettivi. Vuole una cosa sola: ricoprire una posizione di potere.»

«Be', anch'io...»

«No, non mi pare proprio.» Sinna arrossì di nuovo, in imbarazzo. Di sicuro, però, essere fuori dalle mura dell'abbazia e forse anche sentirsi libera dalla presenza di Ardith la rendevano più audace. Lo capivo da come cavalcava, tenendo la testa un po' più alta del solito, e parlava chiaro.

«Tu vuoi amare ed essere amata» continuò. «Vuoi diventare regina, ma non per vendicarti di chi ti ha fatto un torto.»

In realtà non pensavo ad altro, e le mostrai tutto il mio disaccordo. Tuttavia lei proseguì.

«Adesso stai soffrendo, ma la tua ambizione va oltre la bieca vendetta. Vuoi il potere, d'accordo, ma non per sfoggiare il peso della tua influenza, quanto piuttosto perché ami la tua terra e il tuo popolo, perché sei convinta che nessuno potrebbe amarli più di te e che sei venuta al mondo per questo. Non si può dire lo stesso di Ardith.»

Sinna era come Donalda, e più di quanto pensassi: pacata e senza grilli per la testa, ma dotata di una forza e di una saggezza che le venivano dal profondo.

«Apprezzo che tu abbia un'opinione tanto alta di me, ma io e Ardith abbiamo in comune più cose di quanto credi.»

«In tal caso dipende dalla sua influenza, non da una reale somiglianza.»

«Secondo me sei gelosa di lei» commentai, in tono più secco del dovuto. Non mi piaceva l'informalità con cui mi si rivolgeva. «Non appena hai visto quanto Ardith fosse positiva per me, ti sei infastidita. Avevi paura che prendesse il tuo posto.»

«Sai cosa ti dico? Magari! Ne sarei felice.»

Le sue parole pesavano tra noi come un macigno. Non avevo mai considerato che non le piacesse servire una regina. Non mi aveva particolarmente colpito per la sua ambizione; anzi, in tutta onestà non mi aveva colpito per nulla. Mi sentii in colpa per il mio totale disinteresse verso ciò che pensava e provava, ma anche risentita perché sarebbe stata disposta ad abbandonarmi senza battere ciglio.

«Ti ho minacciato tante volte di sostituirti con Ardith, perché non te ne sei andata?» le dissi, cercando di coglierla in fallo per la sua incoerenza.

«Perché è mio dovere proteggerti» mi rispose convinta. Non avevo mai immaginato che i suoi umili servigi potessero difendermi, ma mi commosse. «Inoltre Ardith ti aveva già in pugno a sufficienza, non volevo ti condizionasse ancora di più.»

La mia benevolenza di prima svanì all'istante.

«Ti preferivo quando non aprivi bocca» ribattei di getto. Sinna si rabbuiò in volto, e assunse di nuovo la sua solita espressione impenetrabile, a metà tra l'ignoranza e la vacuità. Avevo sempre dato per scontato che fosse la sua faccia abituale, invece adesso mi chiesi se non indossasse anche lei una maschera al pari di chiunque altro.

Trascorremmo il resto della giornata in silenzio. Duncan cercò di portarsi al mio fianco, ma lo fulminai con lo sguardo, tanto che tornò in testa al gruppo. Se lo sarebbe dovuto conquistare, il mio perdono.

Arrivammo alle porte della città che ormai era buio. Nonostante ciò, ne percepii l'immensità. Pensavo che avremmo proseguito, invece accostammo parecchio prima dei cancelli. Vennero a darci il benvenuto due guardie, che parlottarono con Crinan. Una di loro continuava a fissarmi. Strinsi le redini con più forza e mi guardai intorno.

Fuori dalle mura di Scone sorgeva un piccolo insediamento di cottage con il tetto di paglia. Alcuni uomini ci passarono accanto in fretta e furia, e alla luce delle torce sembravano fantasmi. Dal suono del metallo che strisciava sul cuoio e delle armature che cozzavano l'una contro l'altra, capii che si trattava della guarnigione del re, e in effetti di tanto in tanto scorgevo il viola della livrea.

La voce di Crinan mi risvegliò dalle mie elucubrazioni.

«Gruoch, stanotte resterai qui.»

«Come?» esclamammo all'unisono io e Bethoc.

«Ne saprò di più domani, quando parlerò con il re. Per il momento resterai qui con le guardie, dove sarai più al sicuro.»

Mi si annebbiò la mente, di per sé già esausta.

Non potevo entrare al castello. Dovevo rimanere fuori dalle mura della città.

Non avrei incontrato il re.

Bethoc sussurrò furibonda qualcosa al marito, ma non capii cosa gli stesse dicendo.

Mi accorsi che Duncan mi fissava. Troppo stanca per incenerirlo con un'occhiata, abbozzai un sorriso. Da come ricambiò raggiante, sembrava gli avessi concesso in dono metà Alba. Forse pensava che l'avessi perdonato. Si sbagliava di grosso, ma dovevo imparare a mascherare il mio fastidio. Dopotutto, al mattino ci saremmo sposati.

Io e Sinna venimmo accompagnate in un cottage pulito e ordinato. Non appena entrammo, ci avvolse il calore del piccolo focolare che bruciava nel mezzo. Guardai con desiderio il mucchio di pelli di pecora e pellicce nell'angolo.

Ringraziai la donna che ci stava preparando del pane, ma lei mi rivolse solo un impercettibile cenno della testa, poi si sdraiò in un angolo e si addormentò. Avrei dovuto attendere fino al mattino per rivolgerle qualche domanda.

Per riscaldarci, ci sistemammo sotto le pelli. La stanchezza mi travolse. Iniziai a piangere in silenzio. Sinna non disse nulla, ma mi tenne la mano. Mi dispiaceva per il modo in cui l'avevo trattata prima, e ricambiai la stretta in segno di scuse.

Senza la distrazione del viaggio, mentre dormivo mi tornarono in mente gli orrori del giorno prima. Nei miei sogni, la testa senza vita di Thamhas rimbalzava sul terreno gelato e rotolava ai miei piedi, gli occhi un tempo luminosi adesso color del piombo. Il sangue gli sgorgava dalle labbra, che sembravano muoversi e pronunciare il mio nome. Per tutta la notte sognai la testa di Thamhas che saltellava all'infinito sul selciato. Per quanto cercassi di fuggire, mi inseguiva, quasi fosse dotata di vita propria.

Anche quando mi svegliavo di tanto in tanto, mi pareva di sentir riecheggiare il tintinnio dell'acciaio sulla pietra. Udii dei passi avvicinarsi al nostro cottage e, pur convinta di essermelo immaginato, afferrai il pugnale di MacBeth, l'elsa ormai consumata a furia di cercarne il conforto.

«Gruoch?» chiamò la voce di Duncan al buio.

Lanciai un'occhiata alla donna distesa nell'angolo, e vidi che dormiva profondamente. Allora sgattaiolai verso la porta, stringendomi una pelle di pecora intorno alle spalle.

«Te ne devi andare da qui, e subito!» Nel suo tono di voce si percepiva urgenza. Mi sfregai gli occhi, cercando di mettere a fuoco la vista al buio.

«In che senso, scusa?»

«Re Malcolm ha attaccato la Northumbria.»

«Il regno del Sud?» chiesi, ancora confusa. «Ma se sono nostri alleati...»

«Sì, ma mio nonno li ha attaccati per prendersi le loro terre. Ha perso, però, e adesso il Re della Northumbria sta venendo a Scone.»

Continuavo a non capire, ma la sua evidente preoccupazione mi spinse a reagire. Andai a svegliare Sinna e insieme tornammo da lui.

«Verrai anche tu?» gli chiesi.

«No» rispose poco convinto, e allora compresi che non mi stava dicendo tutto.

«Perché no?»

«Mi sa che, per scongiurare un attacco a Scone, mio nonno vuole farmi fidanzare di nuovo con la Principessa della Northumbria.»

«Ma...»

«Non la voglio, quella! È una megera, oltretutto brutta come la fame. Preferirei di gran lunga sposare te.»

Le sue parole mi colsero alla sprovvista ma, prima che potessi rispondere, si stava già allontanando.

«Sbrigati, non sei al sicuro qui.»

Afferrai una sacca e ci infilai i miei vestiti più pesanti. Rubai una pagnotta e del formaggio per colazione e feci promettere a Duncan che al mattino avrebbe ripagato quella donna.

Le torce erano spente e l'accampamento avvolto nell'oscurità. Camminavamo piano per non destare sospetti, ma era una preoccupazione inutile. Gli unici svegli erano le sentinelle all'entrata, che non potevano vederci. Chissà come aveva fatto Duncan a sgattaiolare fuori senza farsi scoprire. Ci allontanammo parecchio dalle porte della città.

«A Dunkeld sanno che sto per tornare?» gli domandai.

«No, non puoi andare laggiù. Se non ci sposiamo più, i miei genitori non ti proteggeranno. Cavalcherai fino a Burghead. Findlaich è la tua unica possibilità di salvezza. Anche mio nonno pensa che sia una buona idea.»

«Tuo nonno?»

«Sì.»

Mi fermai. Duncan proseguì, ma non appena si accorse che non ero al suo fianco, si voltò.

«Che c'è?»

«Re Malcolm vuole rispedirmi a Burghead?»

«Sì. Be', in realtà è stata una mia idea. Gli ho detto che volevo saperti al sicuro, e lui ha convenuto che Moray sarebbe stato il luogo migliore dove aspettare finché non fossimo venuti a riprenderti.»

Benché parlasse con assoluta sincerità, c'era qualcosa che non mi convinceva. L'accampamento era troppo buio e silenzioso, e Re Malcolm troppo generoso.

«Gli ho raccontato quanto tengo a te» aggiunse, come se mi avesse letto nel pensiero, «e lui mi ha risposto che, se fossi riuscito a organizzare la tua fuga, avrei potuto proteggerti.»

«E vuole che vada a Burghead da sola?» gli domandai. Sarebbe stato il modo più semplice per sbarazzarsi di me.

«No, no! Ti accompagneranno le mie guardie. Adesso, però, devi proprio andare.»

Mi afferrò per una mano e mi trascinò con più insistenza. Sinna ci seguiva a passo spedito. Quando fummo abbastanza lontani da Scone, non avevamo più fiato nei polmoni. Non appena quattro uomini a cavallo si materializzarono dall'oscurità, rallentammo.

Strinsi l'elsa del mio pugnale, pronta a estrarlo, ma Duncan li conosceva.

«Avete tutto quello che vi serve?» chiese loro.

«Sì» rispose una delle guardie.

Duncan mi guardò pieno di aspettative. Io, però, esitai. Mi serviva una scusa per ritardare la nostra fuga, per riordinare i pensieri e trovare una soluzione diversa, non basata sulla buona volontà di Re Malcolm.

«Allistor! Non me ne andrò mai senza di lui.»

Feci per tornare di corsa al castello, ma Duncan mi agguantò una mano.

«È qui, te l'ho fatto portare.»

«Ah, grazie.»

Poi mi strinse a sé. Era molto più forte di quanto sembrasse. Non osai muovermi per non offenderlo. Mi sollevò il mento e mi baciò. Io mi irrigidii, ma non riuscii ad allontanarmi. Si aprì un varco tra le mie labbra con la lingua. Nulla a che vedere con la bocca morbida e gentile di Thamhas... Trattenni un conato di vomito, e cercai di non piangere a mano a mano che mi riaffioravano i ricordi.

Ormai è morto. Non puoi fare più nulla per lui.

Risentii nelle orecchie l'avvertimento di Ardith, dunque mi abbandonai al suo abbraccio. Un'eternità dopo, si staccò, e allora una delle guardie mi aiutò a montare sul mio cavallo. Sinna era già in sella accanto a me.

«Verrò a riprenderti presto» mi sussurrò Duncan al buio. «Ci sposeremo, te lo prometto.» Mi prese la mano e me la strinse, poi partimmo.

Galoppavamo svelti, come quando eravamo fuggiti dal Fife tanti anni or sono. Nessuno fiatava. Ci alzavamo presto la mattina e cavalcavamo fino a notte fonda. I cavalli erano sempre più esausti e a me faceva male dappertutto, ma non ci fermammo. Mi sarebbe piaciuto concedere un po' di riposo ad Allistor, e mi impegnavo al massimo per dargli conforto, a volte rinunciando alla mia cena così che avesse più cibo. Stanche e nervose com'eravamo, io e Sinna non ci rivolgevamo la parola.

Il sesto giorno raggiungemmo Inverness, dove ci fermammo brevemente per lasciar risposare i cavalli. Da bambina avevo visitato spesso quella località, e me la ricordavo come una fiorente città portuale. Adesso, invece, era deserta. In giro c'era solo una manciata di donne e bambini, nascosti dietro i minuscoli cottage con il tetto di paglia. Non vidi nemmeno un uomo. A quanto sembrava per le guardie era tutto normale, o comunque nascondevano la loro preoccupazione.

Il mio disagio aumentò.

Ci rimettemmo in cammino e arrivammo al successivo insediamento urbano, Forres, un'ora dopo il tramonto. A Burghead mancavano ancora un paio d'ore, dunque diedi per scontato che ci saremmo fermati lì per la notte, invece le guardie proseguirono. Avevo il cuore a pezzi per il povero Allistor, chiaramente esausto. Ormai trascinava le zampe, inoltre i miei gentili sussurri e le carezze non sembravano più dargli alcun sollievo.

Trascorse un'altra ora.

Fu proprio Allistor ad allertarmi del pericolo.

Lo sentii teso sotto di me. Agitava le orecchie, evidentemente avvertiva cose che a me sfuggivano, e poi iniziò a emettere piccoli nitriti. Non era l'unico; tutti i cavalli si comportavano in modo strano, tanto che le guardie faticavano a tenerli a bada. Mi guardai in giro, aguzzando la vista al buio, per capire quale fosse il problema.

All'orizzonte cominciammo a distinguere un bagliore. Pensavo provenisse da una torcia, forse uno degli uomini che Findlaich aveva mandato ad accoglierci.

A mano a mano, però, le fiamme crebbero in altezza, e compresi l'orribile verità.

Burghead stava bruciando.

16

Le fiamme svettavano alte nel cielo, avvolgendo la costa in una spettrale luce arancio, e si riflettevano sul mare scuro, illuminando le onde che laceravano la spiaggia sabbiosa.

Fermai Allistor, convinta che le guardie avrebbero fatto altrettanto. In effetti si bloccarono, ma solo per un istante.

«Aspettate!» gridai. «Dove state andando?»

Non mi risposero, allora girai il cavallo. Forse chi aveva attaccato l'insediamento non era ancora arrivato a Elgin, dunque avrei fatto in tempo ad avvisarli. Due di loro, però, mi si piazzarono davanti.

«Lasciatemi passare» dissi, cercando di assumere un tono perentorio e di non farmi prendere dal panico.

«Abbiamo ricevuto istruzioni di portarvi a Burghead.»

«Sta bruciando, idioti! Temo non sia più rilevante.»

Niente, non si spostavano. Mi sentii stringere il petto, respiravo a fatica. Anche quello era parte del piano?

Pensai di lanciare Allistor al galoppo, lo sentivo pronto sotto di me. Anche lui voleva fuggire dall'incendio. Dove sarei potuta andare, però? Non avevo alcuna speranza di attraversare Alba e cercare mio padre. E Burghead bruciava. Donalda? Findlaich? Chissà se erano ancora vivi...

Le restanti guardie mi impedivano il passaggio alle spalle, quindi non mi restò altra scelta che quella di affrontare ciò che avrei trovato tra le rovine dell'insediamento. Mi voltai verso Sinna. In preda all'agitazione, mi ero dimenticata di lei, e adesso me ne rammaricavo. Stava piangendo in silenzio. Le presi la mano.

«Andrà tutto bene» le dissi con voce più risoluta del previsto.

Quando ci avviammo lungo la salita che girava intorno alla fortezza, incontrammo dei soldati, ubriachi per i festeggiamenti. Conoscevo bene le guardie di Findlaich, ma tra loro non ne riconobbi nessuna. Non si trattava né di contadini che vivevano lungo la costa né di corpulenti vichinghi che spesso scorrazzavano in zona. Non indossavano simboli riconoscibili, inoltre avevano i capelli tagliati corti; piuttosto mi ricordavano quei mercenari irlandesi che Mael Colum e Gillecomghain avevano portato a Moray tanti anni prima.

Per tutti gli dèi!

Compresi all'istante chi aveva attaccato la fortezza.

Avvertii una fitta allo stomaco. Se Mael Colum era tornato per vendicarsi, come avrebbe reagito vedendomi? Mi stava aspettando? Tutto questo faceva parte del piano ordito da Re Malcolm? A furia di valutare le diverse possibilità, una più terribile dell'altra, vedevo sfocato e mi girava la testa. Presi a respirare con affanno e mi si annebbiò la vista. Stavolta, però, non avevo Ardith al mio fianco.

Mi sforzai di riprendere a respirare normalmente e decisi di proseguire.

I cavalli, però, resistevano ai comandi e, a mano a mano che ci avvicinavamo al fuoco, muovevano il muso a scatti, in preda al terrore. Li incalzammo ad avanzare finché non attraversammo il ponte levatoio sopra il profondo fossato dove mi ero nascosta quella volta. Poi smontammo, non potendo più proseguire senza rischiare di essere disarcionati.

Dalla fortezza uscirono frotte di mercenari, che si pavoneggiavano con la tipica boria dei vincitori. Chissà se Mael Colum disponeva dei fondi necessari per pagarli tutti... Uno di loro cercò di prendermi il cavallo, ma io gli sferrai un calcio, facendolo barcollare all'indietro. Provò a colpirmi, ma un compagno lo richiamò a gran voce, dunque optò per sputarmi addosso. Le donne gridavano mentre venivano trascinate fuori casa con la forza in piena notte, i loro figli abbandonati in angoli bui, abbracciati l'uno all'altro, in lacrime.

Le guardie del re, chiaramente ansiose di allontanarsi da tanta barbarie e tornare a Scone il prima possibile, accompagnarono me e Sinna attraverso le rovine annerite. Distolsi lo sguardo da quella desolazione e mi focalizzai sulla parte centrale, dove le fiamme superavano in altezza le mura. Pregai Brighde che Findlaich e Donalda fossero riusciti a scappare. Pregai di non vedere i loro cadaveri in mezzo agli altri. Pregai di non vomitare.

All'interno delle mura, c'erano corpi ovunque, tutti abitanti di Burghead che avevano tentato di difendere la fortezza. Sebbene morti, al bagliore del fuoco, che gettava strane ombre sui loro visi coperti di sangue, sembravano quasi animati. Volevo mettermi a urlare, ma non osai aprire bocca.

Distolsi lo sguardo da quella carneficina e tornai a fissare l'incendio che stava devastando il salone principale della fortezza. Qualcuno era già al lavoro per cercare di spegnerlo. Si erano aperti un varco nella parete in fondo per passarsi secchi d'acqua di mare con cui contenere le fiamme, eppure quel calore furioso mi bruciava le guance.

Nel bagliore, distinsi il profilo di due uomini. Perfino da dietro, riconobbi all'istante sia quello più muscoloso e con le spalle larghe, sia quello più agile e snello che gli stava accanto, forse perché non era la prima volta che li vedevo al buio.

Mentre una delle guardie si avvicinava a Mael Colum, noi ci defilammo verso il muro interno. Quando gli rispose a gran voce, notai il braccio a cui Findlaich aveva mozzato una mano tanti anni addietro.

In genere le cicatrici di guerra venivano considerate invidiabili dimostrazioni di forza, invece restare mutilato era la più grande sconfitta per un guerriero. Molti nascondevano le menomazioni sotto lunghi mantelli, mentre Mael Colum gesticolava senza sosta. Chissà, forse ignorava quell'antica consuetudine, oppure confidava nella sua forza bruta; sospettavo fosse questa la reale motivazione. Dopo un breve scambio con la guardia reale, che però non riuscii a sentire, Mael Colum si guardò intorno. Non appena si accorse della mia presenza, gli si dipinse in volto un sorriso sinistro.

«La puttanella pitta è tornata a casa!» gridò, trotterellando verso di me.

Strinsi l'elsa del pugnale. In caso di bisogno avrei potuto sguainarlo, anche se ignoravo come utilizzarlo. L'avevo toccato spesso in cerca di conforto, ma non mi ero esercitata molto a usarlo come mi aveva insegnato MacBeth. E comunque ero convinta che Mael Colum mi avrebbe dato del filo da torcere persino con una mano sola.

«Però, sei cresciuta» mi disse, poi avanzò verso di me. La luce del fuoco alle sue spalle gli metteva in risalto gli occhi. Mi squadrò da capo a piedi come una bestia affamata. Benché avessi voluto nascondermi sotto la mia pelliccia, non avrei ceduto alle sue intimidazioni.

«Vorrei poter dire lo stesso di te» non riuscii a trattenermi dal ribattere.

Socchiuse gli occhi, dopodiché mi mollò un ceffone in piena faccia. Strillai dal dolore, ma mi ricomposi subito. Pur sentendo il sapore del sangue sul labbro, rimasi immobile in gesto di sfida. Speravo non si accorgesse che mi tremavano le gambe. Stava per colpirmi una seconda volta, ma intervenne una delle guardie.

«Deve restare illesa.»

Mael Colum alzò la testa, come se lo vedesse per la prima volta. Anch'io mi girai verso di lui, sbalordita.

«Proviene da Scone, dunque pensavo che...»

Sì, pensavo anch'io la stessa cosa.

«Re Malcolm ha decretato che sia risparmiata.»

«Be', vorrà dire che allora ci divertiremo.» Mael Colum mi afferrò e mi attirò a sé. Era rivoltante, il suo tocco, e anche l'odore di latte rancido che emanava.

«E che diventerà vostra moglie» aggiunse la guardia.

«Cosa?» gridammo entrambi all'unisono. Nonostante il mio turbamento, vedere Mael Colum allarmato mi diede una grossa soddisfazione.

«MacBeth è il favorito di Re Cnut, quindi Re Malcolm teme che suo nipote e Boedhe lo attaccheranno per vendicare la morte di Findlaich. Se Gruoch sposasse il nuovo Mormaer di Moray, forse Boedhe potrebbe convincere MacBeth a restare dov'è.»

E così Findlaich era morto... Lo immaginavo, ovviamente, ma averne la conferma mi devastò.

«Il re è un codardo senza spina dorsale, che da solo non sa fare niente» commentò Mael Colum. «E Donalda? Non avrei dovuto sposare lei?»

Provai un tuffo al cuore.

Era viva!

La cercai tutt'intorno, ma vidi solo fuoco, fumo e sangue.

«Tornerà da suo padre» chiarì la guardia.

Il mio disagio a Scone, la mia perplessità per la generosità di Re Malcolm, la distruzione di Burghead... Non appena compresi qual era il suo piano fin dall'inizio, cioè organizzare una missione per mettere in salvo la figlia Donalda, i pezzi di quel rompicapo andarono subito a posto: costituivo la moneta di scambio con cui avrebbe negoziato la sua liberazione. Di sicuro ne era al corrente anche Duncan che, dopo avermi abbracciato e baciato, mi aveva spedito tra le rovine di Moray.

Mael Colum mi liberò in modo da poter discutere meglio con le guardie. Avvertii l'impulso di mettermi a correre. In quel momento sarei potuta sgattaiolare via inosservata.

Sinna.

Teneva gli occhi fissi a terra, cercando di non guardare i corpi disseminati ovunque. No, non potevo abbandonarla lì da sola, e in due sarebbe stato impossibile farla franca. Mi avvicinai e le presi la mano. Mi buttò le braccia al collo, e la strinsi a me.

Oh, quanto avrei voluto che Ardith fosse lì! Lei sì che avrebbe saputo cosa fare. Avrebbe preparato una pozione velenosa a base di ingredienti naturali e poi trovato il modo di versarla nella birra di Mael Colum. Capii quant'ero stata stupida a lasciarla a Dunkeld, ma ormai era troppo tardi per i rimpianti.

Quando mi riebbi dai miei pensieri, vidi che Gillecomghain si era piazzato accanto al fratello. Anche stavolta rimasi colpita dalla sua altezza. Lo superava di una testa e, nonostante l'altro fosse più tarchiato, non si chinò né cercò di apparire più basso, ma rimase accanto a lui in silenzio. Lo interpretai come un piccolo gesto di sfida, e lo gradii moltissimo.

Mi ricordai che Donalda aveva parlato della sua gentilezza, inoltre sapevo che aveva tentato di dissuadere il fratello dal duellare con Findlaich. Magari avrebbe avuto compassione di me.

«Gillecomghain!» lo chiamai. Quando ci venne incontro, Mael Colum non si degnò nemmeno di alzare la testa.

«Siamo stanche per il lungo viaggio. Potremmo riposare un po'?»

«Conoscete il mio nome?»

«Sì.»

«Io, però, non so il vostro.»

Mael Colum si era ricordato di me all'istante, invece lui no – chissà perché.

«Sono Gruoch, figlia di Boedhe, figlio di Re Coinneach.»

«Gruoch» ripeté e, non appena capì chi ero, si illuminò. «Sì, mi ricordo di te, la ragazzina nella foresta. Sei cresciuta tanto da allora. Perché ti hanno portato qui?»

«Arrivo da Scone per sposare Mael Colum in cambio della sua obbedienza a Re Malcolm.»

Mentre pronunciavo quelle parole, mi sembrava di descrivere il destino di qualcun altro. Non stavo parlando di me, bensì di un'altra ragazza mandata a sposare un bruto che aborriva, responsabile tra l'altro della morte dell'uomo che aveva amato quasi come un padre.

Gillecomghain inclinò la testa e mi studiò.

«Vedo che accetti il tuo destino molto meglio di quanto pensassi. La ragazzina della foresta, che insisteva di essere una principessa pitta, non l'avrebbe mai fatto.»

Mi morsi la lingua per evitare di maledirlo.

«Non ho altra scelta.»

Mael Colum si stava avvicinando, più furioso che mai.

«Il re non può scaricare i suoi problemi su di me!» esclamò sdegnato. «Ho obbedito ai suoi ordini, non riceverò nessuna ricompensa in cambio?»

«Be', il titolo di Mormaer di Moray mi sembra più che sufficiente» rispose Gillecomghain.

«Te ne tornerai a Scone» mi disse poi Mael Colum, ignorando il commento del fratello.

«Ma il re ha detto che devo sposarti» replicai, confusa dalla velocità con cui stavano cambiando gli eventi.

«Non voglio avere tra i piedi una sgualdrina pitta.»

Qualche istante prima, nulla mi sarebbe risultato più schifoso della prospettiva di unirmi in matrimonio con lui. A Scone non avrei avuto nulla, non sarei stata nulla, invece con lui avrei avuto la possibilità di governare Moray. Era una prospettiva disgustosa, ma non mi venne in mente nessuna alternativa.

«Non ti darò fastidio» lo rassicurai.

Lui grugnì incredulo.

«Posso garantirti il controllo di Moray» aggiunsi.

«Guarda che metà del regno mi spetta già di diritto. È stato Findlaich a rubarmela» ribatté.

«Può essere, ma Re Malcolm ha ragione. Mio padre userà la sua considerevole influenza per proteggermi – e di conseguenza anche te – da qualsiasi attacco.»

Mentre lo dicevo, mi domandai se sarebbe andata così oppure no. Quando realizzai che un giorno mio padre non sarebbe più stato il Signore di Atholl, mi si spezzò il cuore; lui e mio fratello avrebbero vissuto in Inghilterra da Re Cnut. Potevo solo essere grata che si fossero salvati dal destino toccato a Findlaich.

Mentre Mael Colum rifletteva in silenzio, mi scoprii a osservare il viso di Gillecomghain. Tra i due fratelli era senza dubbio il partito migliore, ma mancava di ambizione. Nonostante le pietose circostanze in cui mi ritrovavo, mi aggrappai tenacemente alla profezia di mia nonna. Se non mi avesse promesso che sarei diventata una grande regina, la mia sarebbe stata un'esistenza insulsa, insignificante.

«No.»

«Ma...»

«Basta!» gridò. «Piantala di dirmi quello che devo fare o quali opzioni ho a disposizione. Io sono il Mormaer di Moray, tu non sei niente.»

Ero sempre più disperata. Non potevo tornare a Scone.

«E tu, Gillecomghain, non hai bisogno di una moglie?» gli chiesi.

Mael Colum scoppiò a ridere.

«No, mi spiace» rispose lui, «però presto andrò in Irlanda e, se vuoi, posso portarti con me. Da lì magari troverai un passaggio sicuro fino alla corte di Cnut, così ti riunirai a tuo padre.»

In quella devastazione, la sua gentilezza sembrava quasi fuori luogo. Guardai Mael Colum in cerca di spiegazioni, ma vidi che anche lui stava studiando il fratello.

«No» ribadì.

«Se gli restituiamo la figlia sana e salva, magari Boedhe appoggerà la tua causa» gli spiegò Gillecomghain.

Perché non ci avevo pensato prima?

«Intendevo dire che non andrai più in Irlanda.»

Gillecomghain restò a bocca aperta. Mael Colum lo fissò, sfidandolo a mettere in discussione il suo volere.

«Me l'avevi promesso!» gli disse con voce rotta. Poi sentimmo un rumore, e le nostre facce incuriosite si voltarono verso quella direzione.

«A quanto pare, qui non è ancora finita. Re Malcolm potrebbe decidere di attaccarci, e tu sei più... sì, sei più diplomatico di me. Mi servi qui.»

«Trovati qualcun altro» lo implorò lui con imbarazzante disperazione.

«Di chi altri mi posso fidare? Chi mi è fedele quanto te?»

Avrei tanto voluto sapere quale rapporto legava i due fratelli – se era conflittuale oppure se li univa qualcosa di più profondo e sinistro di un semplice affetto fraterno.

«Non puoi andare in Irlanda» insisté Mael Colum. «Starai a Inverness e mi aiuterai a governare Moray. Ti spetta per diritto di nascita, tanto quanto a me.»

Gillecomghain gli si scagliò contro, e per un istante pensai che l'avrebbe colpito. Mael Colum sembrava più forte, ma lui era più alto e agile, ed ero sicura che, se avesse voluto, lo avrebbe sconfitto. Si trattenne, invece.

«Quanto a te, tornerai a Scone» mi disse.

Stavo per ricominciare a protestare, ma Gillecomghain prese la parola.

«La sposerò io.»

Nessuno fiatò. Avevo sentito bene? Mael Colum pareva sorpreso quanto me.

«O vuoi negarmi anche questo?» aggiunse, senza fornire ulteriori spiegazioni. Ero convinta che, per dispetto, suo fratello non glielo avrebbe permesso, invece si limitò ad alzare le spalle.

«Come preferisci, non mi interessa. Fossi in te, però, la terrei d'occhio. Guarda che, a differenza mia, non gradirà i tuoi modi *delicati*, fratello.» Pronunciò quell'aggettivo in un tono sentimentale, come per prenderlo in giro. Oh, quanto avrei voluto sferrargli un pugno sul naso e sentire l'osso rompersi sotto le mie dita!

Senza aprire bocca, Gillecomghain condusse me e Sinna alle stalle e mise uno dei suoi uomini di guardia.

«Partiamo per Inverness domani mattina» ci comunicò, poi se ne andò.

Il mio destino era cambiato di nuovo.

17

La vita come la conoscevo un tempo non esisteva più, ma non avevo la forza né di piangere né di reagire. Volevo solo abbandonarmi all'oblio del sonno, sperando che mi portasse via, lontano da tutto. Mi addormentai non appena mi distesi sul fieno caldo, raggomitolata accanto a Sinna.

Sognai che il mio mantello prendeva fuoco e non riuscivo a togliermelo. Le fiamme mi lambivano il collo e il viso, e nessuna quantità d'acqua era sufficiente per spegnerle. Addirittura mi tuffai nel mare, ma restavano sulle braccia e sul collo. Svanirono solo quando non toccai più ma, a quel punto, il mantello divenne pesante come il piombo e mi trascinò nelle melmose profondità marine. Per quanto mi affannassi per tornare in superficie, mi tirava sempre più giù.

Negli oscuri abissi distinsi misteriose figure che mi nuotavano tutt'intorno. Solo quando si avvicinarono capii che erano bellissime selkie, il corpo di agili foche dalla vita in giù e il petto nudo, bianco come la schiuma del mare. Gli brillava la pelle, che illuminava l'acqua di un bagliore lattiginoso.

Una di loro mi si avvicinò, gli occhi e le labbra color erica. C'era qualcosa di mia madre nel movimento delle braccia, mentre la chioma infuocata mi ricordava Ardith. Mi baciò delicatamente sulla bocca, e provai sollievo. Non si staccava, però. Mi accorsi che a poco a poco mi stava prosciugando la vita e risucchiando il respiro. Cercai di allontanarla con un calcio, ma invano.

Proprio mentre ero sul punto di soffocare, spalancò gli occhi e se ne andò, fluttuando via, anche se da un buco nella pancia le sgorgava sangue, che tingeva l'acqua di una tonalità cremisi. Abbassai lo sguardo e vidi che avevo il pugnale di MacBeth stretto nella mano.

Se prima potevo respirare, non appena la selkie fuggì, sentii che mi si riempivano i polmoni d'acqua. Mi svegliai fradicia di sudore, e catapultata in un altro sogno.

Adesso ero distesa sulla riva dell'isolotto di mia nonna a Loch Leven. Lei mi stava seduta a una certa distanza, le gambe delicate accavallate davanti a sé, la pelle iridescente e chiara come l'avorio, gli occhi grigi e inquieti. Non mi aveva visto. Provai a chiamarla, ma mi accorsi di non avere voce; cercai di raggiungerla, però non riuscivo a muovermi. Allora rimasi lì a osservarla mentre fissava il lago. Stava parlando con qualcuno, ma non vedevo chi fosse. Quando indietreggiò, notai che al suo fianco c'ero io da bambina, come nel giorno della profezia.

«Supererai in grandezza ciascuno di noi.» Le parole le uscivano distorte, incomprensibili, quasi avesse la testa sott'acqua. «La tua fama si diffonderà per tutta Alba e giungerà fino in Inghilterra. Ogni terra che guarderai con i tuoi occhi e toccherai con i tuoi piedi ti appartiene, e tu appartieni a essa.»

«In che senso?» udii la mia vocina chiederle. «Diventerò regina?»

«Non solo. Diventerai immortale.»

Cominciò a girarmi la testa. Non me la ricordavo così, la profezia. Mia nonna mi aveva detto soltanto che sarei diventata regina. Sì, quello aveva profetizzato. Quasi mi avesse letto nel pensiero, me lo ripeté.

«Non solo. Sarai immortale.»

Volevo chiamarla e correggerla, dirle che non mi aveva detto così. Mi aveva promesso solo che sarei diventata regina, ne ero certa. A mano a mano che il resto della scena si svolgeva esattamente come in passato, però, mi vennero dei dubbi. Vidi mia nonna portarmi da mia madre e poi restare sulla spiaggia mentre noi ci allontanavamo sulla barca, la superficie del lago ferma e nebbiosa. Mentre intonava il canto dell'addio, la sua voce ci seguiva a pelo d'acqua.

Mi aveva ingannato, dunque? Mi aveva deliberatamente spinto a credere in qualcosa che non sarebbe mai accaduto? Oppure ero io che avevo frainteso? Mia nonna sapeva fino a che punto mi sarei spinta per compiere la sua profezia, sapeva quale dolore e senso di sradicamento avrei dovuto sopportare negli anni? Corrispondeva a verità, o erano solo gli speranzosi sussurri di un'anziana bandita dalla propria casa ed esiliata su una minuscola isola? Mi salirono lacrime di rabbia agli occhi.

Con la vista annebbiata, osservai le guardie del re avvicinarsi a mia nonna, che se ne stava in piedi sulla sabbia e guardava verso il lago, dandogli le spalle. Una di loro sollevò la spada sopra la testa, pronta a colpirla. In preda al panico, ritrovai la voce. Gridai a pieni polmoni per avvisarla, e si voltarono tutti a guardarmi. Quando si girò anche lei, però, era la faccia di Thamhas che mi fissava.

La spada si abbatté su di lui, e la sua testa rotolò a terra.

Mi svegliai gridando. Sinna era al mio fianco, che cercava disperatamente di calmarmi. Mi misi a sedere, in affanno, ma a poco a poco cominciai a riprendermi. Gillecomghain apparve all'ingresso delle stalle, preoccupato in volto.

«Sta male?» chiese a Sinna.

«Non lo so, mio signore» gli rispose lei, senza staccarmi gli occhi di dosso.

«Un incubo» cercai di rassicurarla.

Mi sforzai di calmarmi. Gillecomghain era indeciso sul da farsi, e per un istante pensai che mi si sarebbe inginocchiato accanto, invece girò sui tacchi e si allontanò. Ripresi a respirare con regolarità. I miei occhi si abituarono all'oscurità, poi la luce del mattino si riversò all'interno delle stalle. Lo odiavo, il sole, per la sua brillantezza. Doveva calare il buio, piuttosto, scatenarsi una tempesta e levarsi un vento impetuoso, invece regnava una calma assoluta.

Interpretai quell'incubo come il segno premonitore di una divinità vendicativa mandata per sbaragliarmi. Volevo chiedere a Sinna cosa ne pensasse, ma sarebbe stato inutile. Solo Ardith era in grado di interpretarne il significato. Già, Ardith, l'amica che avevo tradito e di cui avevo un disperato bisogno in quel momento...

Tirai fuori dalla sacca l'ultimo vestito pulito che mi restava e me lo infilai dalla testa. Sinna mi aiutò a levarmi la paglia dai capelli, e con le dita stanche trafficò per fissarmi il mantello sulle spalle. Le presi le mani e gliele baciai delicatamente, poi continuai da sola. Infine uscii nel gelo del mattino.

I guerrieri di Findlaich erano tutti morti. Durante la notte, uno sparuto gruppo di abili lavoratori scampati al massacro si era organizzato per spostare i cadaveri, ma il terreno gelato aveva trattenuto il rosso acceso del sangue. Uomini e donne insieme stavano rimuovendo i resti di legno bruciato dal salone principale. Temevo di trovare il corpo di Findlaich tra le rovine, dunque distolsi lo sguardo.

Gillecomghain stava preparando i cavalli per il viaggio a Inverness. Feci per andargli incontro, quando sentii una voce debole e arrochita alle mie spalle.

«Sono contenta di vedere che non hai perso il tuo spirito.»

Mi girai, e mi mancò il fiato dal sollievo e dal dolore.

Donalda!

Mi fiondai tra le sue braccia e la strinsi a me. Fu come se mi si fosse rotta un'immensa diga dentro, e iniziai a singhiozzare, mentre le sue lacrime mi bagnavano la spalla. Mi staccai solo quando ripresi a respirare normalmente, benché continuassi a tremare.

Non la vedevo da tre anni soltanto, ma era molto cambiata. Aveva il volto pieno di rughe, e la sua figura un tempo robusta era rimpicciolita. Aveva le guance livide per le ferite e gli occhi arrossati per il pianto e il fumo, eppure teneva la testa alta e trovò addirittura la forza di sorridermi.

«Come...? Quando...? E MacBeth...?»

Mi si accumularono sulla punta della lingua un migliaio di domande, ma per l'emozione non riuscii a formularne nemmeno una. Donalda rise piano, anche se quel minimo movimento la fece sussultare.

«Quando MacBeth lo verrà a sapere, correrà a vendicare suo padre» non riuscii a dire altro.

«Forse, o forse no.»

«Stando a Bethoc, gode del favore di Re Cnut. Magari potrebbe convincerlo a prestargli qualche truppa e...»

Donalda mi interruppe, poi si guardò intorno scuotendo la testa. Compresi che non era il momento di discutere di certe cose.

«L'hai visto a Dunkeld?»

«Ma chi?» le chiesi confusa.

«MacBeth. È partito poche settimane dopo di te, e sperava di incontrarti all'abbazia.»

Mi irrigidii. «Nessuno mi ha informato! Vederlo mi avrebbe fatto un immenso piacere» le risposi, ripensando alla solitudine di quel primo anno. Anche se solo per poco, la sua presenza mi avrebbe rallegrato.

Donalda si rattristò.

«Di sicuro sapeva che mi avrebbe fatto piacere vederlo.»

«Ma certo.»

Mentre guardava desolata Burghead – la sua casa, che adesso apparteneva all'assassino di suo marito – la sua mente vagava lontano.

«Com'è successo?» le domandai.

«Mael Colum è arrivato in piena notte. Findlaich e i suoi uomini hanno combattuto con coraggio, ma erano in pochi. L'hanno legato a un pilastro nel salone principale e poi gli hanno dato fuoco.»

Mi morsi la lingua per evitare di chiederle altri dettagli. Quel conciso resoconto mi bastò per comprendere che non aveva alcun desiderio di soffermarsi più del dovuto su quell'evento.

Mi ricordai la risata facile di Findlaich, la sua gentilezza, l'amore che gli tributava il suo popolo. Ripensai a quant'era stato buono con la mia famiglia, accogliendoci nel momento del bisogno, e tutto il mio odio per Mael Colum riaffiorò. A qualsiasi ambizione mi fossi aggrappata quando lo avevo supplicato di sposarmi, a tempo debito sarebbe stata offuscata dal rancore. Volevo vederlo appeso a una corda per il suo gesto. Volevo infilzargli la testa su una picca, portarla a Scone e gettarla ai piedi di Re Malcolm.

Ecco qua lo scagnozzo che hai mandato a uccidere Findlaich, brutto codardo, gli avrei detto prima di infliggergli una morte lenta e dolorosa, e prendermi la corona. Era una fantasia violenta, e mi infuse un tale piacere che contribuì a placare la mia collera.

«Che ruolo ha avuto Gillecomghain in tutto ciò?» le domandai.

«È rimasto di guardia ai cancelli e, quando pensava di non essere visto, ha pianto» mi spiegò.

«Be', mi consola» commentai.

«Chi resta a guardare senza intervenire è colpevole quanto chi sferra il colpo mortale» ribatté invece Donalda.

Quasi fosse stato invocato, Gillecomghain uscì dalle stalle e ci venne incontro.

«Vedo che vi siete trovate» disse, come un'offerta di pace. Donalda sorrise e io seguii il suo esempio. «Accompagneremo voi e gli uomini di vostro padre fino a Inverness» aggiunse poi, con il rispetto dovuto a una regina. I suoi modi stridevano con quanto accaduto la notte prima. «Stiamo per partire, se avete qualcosa da prendere...»

«No, niente, sono pronta» gli rispose. Lui allora annuì e ci accompagnò ai cavalli. Donalda si aggrappò a me. Ero convinta che sarebbe svenuta dal sollievo.

Cavalcai accanto a Donalda e le raccontai dei miei anni a Dunkeld: la solitudine e il senso di isolamento, il conforto di Sinna, la perdita di Thamhas. Non menzionai Ardith, ma fu lei a cavarmi le parole di bocca.

«Non avevi altri amici?» mi domandò.

«Sì, una» le dissi, sperando che quella risposta concisa la scoraggiasse dal chiedermi altro.

«E dov'è adesso?»

«Non lo so.»

«È rimasta a Dunkeld» intervenne Sinna. «Doveva venire con noi a Scone, ma alla fine non l'abbiamo portata.» Si rivolse a Donalda con inquietante informalità, quasi fosse una sua pari.

«E perché hai abbandonato la tua amica?» mi chiese Donalda.

«Era una pagana» le spiegai, augurandomi di fare appello alla sua fede cristiana.

«Non pensavo ti desse fastidio. Possibile che ti sia convertita al cristianesimo in questi anni?»

«Ardith avrebbe tradito Gruoch nel momento stesso in cui non avesse più avuto bisogno di lei» rispose Sinna, battendomi sul tempo.

«Già, e poi alla corte di Re Malcolm avrebbe potuto cacciarci in un sacco di guai» aggiunsi io.

«Peggio di così?»

«Come potevo sapere cosa ci sarebbe capitato?»

«Se l'avessi saputo, l'avresti lasciata all'abbazia?»

Mi parlò come se fossi ancora la ragazzina che aveva conosciuto tanti anni or sono e a cui doveva impartire la propria saggezza, mentre adesso il nostro destino non era poi tanto diverso. Sì, ero stanca che mi facesse sempre la morale.

«Se avessi saputo cosa sarebbe successo a Burghead, non avrei mai lasciato l'abbazia. E ti dirò di più: in tutta onestà, se avessi immaginato che vivere a Dunkeld si sarebbe rivelato un tale supplizio, non me ne sarei mai andata da Moray.

«Sei stata tu a mandarmi laggiù, ben sapendo il tormento

che mi avrebbe inflitto Bethoc. Perché non mi hai preparato per affrontarla al meglio?»

Donalda sussultò. Seppur pentita per le mie dure parole, non me le rimangiai.

Tra noi calò il silenzio.

Mentre avanzavamo verso Inverness, cominciai a prendere coscienza di ciò che mi aspettava laggiù. La stella polare che avevo seguito per tutta la vita stava per spegnersi, lasciandomi alla deriva, incerta su quale cammino imboccare.

Benché mi fossi fidata ciecamente della profezia di mia nonna, avevo resistito all'insistenza di Ardith perché condividessi le sue tradizioni sacre. Abbandonando le mie origini, avevo anche voltato le spalle alla promessa di un grandioso destino? Ero stata una sciocca a credere a mia nonna? Oh, quanto sarebbe stata diversa la mia vita senza quella profezia... Sarei potuta restare a Moray. Avrei potuto sposare MacBeth. Al pensiero della vita che avrei potuto condurre insieme a lui, mi si strinse il cuore.

Follia.

Ero nata per essere regina, ecco la verità. Ce l'avevo nel sangue, con o senza profezia. E in cuor mio, sapevo con assoluta convinzione che mia nonna aveva ragione.

Cercai di concentrarmi su Gillecomghain. Portava i capelli dorati all'altezza delle spalle, secondo la moda sassone. A differenza del fratello, aveva la barba rada, dunque gli si vedeva il profilo della mascella. Si comportava come se preferisse comunicare con lo sguardo – c'erano un migliaio di segreti da scoprire, rispetto al poco di sé che rivelava a parole. Chissà, magari sposandolo ci avrei guadagnato qualcosa. Dovevo scoprire quanto fosse davvero fedele a Mael Colum, però.

Forse, se ne avessi avuto il tempo, sarei riuscita a spezzare i legami che li univano. Sotto il nostro comando, Inverness avrebbe potuto prosperare. Dovevamo deviare i mercanti da Burghead, così Mael Colum sarebbe rimasto senza i fondi necessari per gestire l'insediamento. Se anche Gillecomghain non avesse scatenato il suo esercito contro il fratello, esistevano altri modi per sconfiggerlo. Ci voleva tempo, ma sapevo essere paziente.

Come recuperare la corona, poi? Anche per quello ci sarebbe voluto parecchio tempo, ma ero sopravvissuta fino ad allora e, finché avessi avuto fiato nei polmoni, non mi sarei fermata prima che Malcolm e Duncan avessero pagato per il loro tradimento. Quei pensieri mi tennero occupata la mente finché non raggiungemmo Inverness.

Le guardie del re erano ansiose di rimettersi in marcia, tornare a corte e abbandonare le nostre selvagge terre del Nord. Abbracciai forte Donalda, sperando che il mio affetto fosse sufficiente a scusarmi per il mio comportamento. Mi diede la sua benedizione e mi baciò sulla fronte.

Ero convinta che Gillecomghain mi avrebbe sorvegliato a vista, invece, mentre mi congedavo da lei, sparì. Una guardia mi informò che era andato a cercare il vescovo della città vicina che ci avrebbe sposato quella sera stessa. Avrei dovuto aspettare il suo ritorno nei miei alloggi.

Io e Sinna venimmo condotte in una grande stanza all'interno della fortezza. Ci aspettavamo che fosse libera, svuotata dai precedenti signori di Inverness; invece, trovammo tutto intonso e al proprio posto: pelli di pecora e pellicce sul letto, un tavolo di legno in un angolo e un grosso baule di quercia appoggiato alla parete pieno di vesti, abiti pesanti e caldi mantelli. A quanto sembrava, non avevano avuto tempo di preparare i bagagli prima di fuggire – chissà dov'erano adesso.

Senza aprire bocca, i domestici ci servirono brodo, pane e idromele di erica. Mangiucchiai un po' di pane e mi chiesi quando sarebbe tornato Gillecomghain, pregustandomi il nostro amplesso. Ardith aveva cercato di prepararmi in vista della cerimonia nuziale con Duncan, ma quei discorsi mi davano la nausea. Delle sue istruzioni ricordavo solo di bere birra per diminuire l'imbarazzo. Dopo l'esperienza con Thamhas, però, non riuscivo proprio a immaginarmi a disagio. Ciononostante,

Ardith era sempre stata più esperta di me in certe cose, dunque bevvi l'idromele.

«Vuoi che ti avvisi quando torna Gillecomghain?» mi chiese Sinna.

«Per oggi ne ho abbastanza di te, grazie. Mi spieghi quando l'hai ritrovata, la lingua?» le domandai, incapace di evitare un tono di voce petulante.

«Noi due possiamo fare quadrato e trarre il massimo beneficio da quanto è successo» continuò lei. «A Dunkeld non ero nella posizione di aiutarti, qui sì; sono capace anch'io di consigliarti, come Ardith, ma con schiettezza e imparzialità. Se vuoi, potremmo pure diventare amiche.»

Non ero dell'umore adatto per mostrarmi ragionevole.

«Ah, sì? Allora spiegami come accogliere Gillecomghain» iniziai, la testa pesante per via dell'idromele. «Mi limito a dargli un bacio, come farebbe una timorata del Signore, oppure devo afferrarlo per l'uccello, trascinarlo a letto e mostrargli quanto sono ansiosa di giacere con lui?»

Tanta volgarità ottenne l'effetto desiderato, difatti Sinna arrossì e chinò lo sguardo. Mi vergognai all'istante e corsi a stringerle le mani.

«Scusami. Lasciami perdere, almeno per stasera.» Le diedi un bacio sulla guancia, sperando di avere rimediato, e lei mi ricompensò con un piccolo sorriso.

Continuai a bere finché non mi girò la testa e mi sentii le guance calde. C'erano una brocca e due tazze, ma mi scolai quasi tutto l'idromele da sola; soltanto in seguito mi resi conto che magari anche Gillecomghain avrebbe avuto bisogno di un aiutino.

Mi distesi sul letto, e fu allora che mi tornò in mente un altro suggerimento di Ardith. Quando fosse stato il momento, dovevo fingere di essere insieme a un altro. Stando a lei, la cerimonia durava un bel po', e di solito essere al centro dell'attenzione metteva l'uomo a disagio. Be', Thamhas sarebbe stato il candidato prescelto per stuzzicare la mia fantasia ma, a mano a mano che l'idromele mi ottundeva i sensi, la mia mente vagò verso MacBeth.

Forse stimolato dal mio ritorno a Burghead, il ricordo delle sue labbra, morbide e calde sulle mie, era ancora vivido, come se mi avesse afferrato il giorno prima. Immaginai quanto gli fossero cresciuti i riccioli scuri e come sarebbero ricaduti sulla mia spalla nuda. Pensai a come mi avrebbe baciato sulla bocca e sul seno, a come mi avrebbe accarezzato. Al pensiero che mi sussurrasse parole passionali all'orecchio, sentii un brivido lungo la schiena. Avrei dovuto odiare Gillecomghain, invece l'eccitazione mi tradì.

Anzi, appena entrò nella stanza, bruciavo di desiderio. Gli feci un gran sorriso, la testa ciondoloni. Benché fossi nel pallone, notai che aveva la camicia spiegazzata e i capelli dorati arruffati, come se si fosse appena svegliato. Entrò da solo e chiese a Sinna di uscire.

«Il vescovo arriverà a minuti» mi informò, la voce tesa. Allora mi misi a sedere e cominciai a spogliarmi.

«Che stai facendo?» mi chiese allarmato.

«Ecco, io...» La sua domanda mi spiazzò.

«Lascia stare, non è il caso» si affrettò a rispondere. Rimasi dov'ero, incerta sul da farsi. Vedendolo lì in piedi a occhi chiusi, il respiro affannoso, mi chiesi se fosse nervoso anche lui.

Volevo suggerirgli di bere qualcosa, ma mi impappinai, quindi non ero sicura che mi avesse sentito. In effetti rimase immobile con le mani sui fianchi, fissando il soffitto.

Un istante dopo, il vescovo bussò.

«Per tutti gli dèi, come mai ci avete impiegato tanto?» borbottò lui. «Su, facciamola finita.»

In men che non si dica, me lo ritrovai sopra. Si abbassò le braghe e mi si infilò tra le gambe, già in erezione. Non mi baciò sulla bocca né mi accarezzò il collo. A dire la verità, non mi guardò nemmeno in faccia. Durò appena qualche istante, poi si staccò. Dalle gambe mi sgorgava un liquido caldo. Volevo mettermi a sedere e parlargli, ma non riuscivo a muovermi.

«Ecco fatto» stava dicendo al vescovo, già rivestendosi, dopodiché se ne andarono entrambi.

Rimasi lì immobile, affogando nell'umiliazione. Che Gillecomghain non avesse provato piacere durante l'atto sessuale era chiaro ed evidente. E altrettanto chiaro ed evidente era che io, invece, fossi eccitata, pronta per accoglierlo dentro di me. Lo sapeva; l'aveva percepito. Ero in balia di desideri contrastanti, inchiodata al letto dalla vergogna. Mi ero concessa all'uomo che aveva ucciso Findlaich. E l'avevo desiderato, tra l'altro. Il tradimento più profondo, poi, era che volevo mi penetrasse di nuovo, mi soddisfacesse.

Il mattino seguente, mi attardai a letto in preda alla confusione, chiedendomi se non mi fossi sognata gli eventi della notte prima. Poi udii bussare piano alla porta, e mi risvegliai dalle mie fantasie. Sinna entrò, e mi confermò che in effetti Gillecomghain era passato ma se n'era andato pochi minuti dopo.

Mortificata, rimasi nella mia stanza tutto il giorno. Sinna passò un paio di volte, ma la allontanai, chiedendole piuttosto di raccogliere informazioni su Inverness e sugli spostamenti di Gillecomghain. Tornò più tardi e mi riferì che non si trovava da nessuna parte e che, come sospettavo, quando era stato dato l'allarme, molti uomini della città erano accorsi in aiuto di Findlaich, lasciando sul campo vedove e orfani.

Sul far della sera, quando il cielo si rabbuiò, mi spazzolai i capelli, mangiai un tozzo di pane e mi preparai per l'arrivo di Gillecomghain, ansiosa di recuperare il suo favore e pronta a soddisfarlo, adesso che avevo le idee più chiare. Se stare con me non gli dava piacere, le mie speranze di costruire un futuro insieme a lui si riducevano a un lumicino.

Quella notte, però, non si presentò. E nemmeno quella successiva. Il terzo giorno, visitai la fortezza per testare i limiti della mia inaspettata libertà. Esplorai Inverness insieme a Sinna, conobbi le donne rimaste e verificai in che condizioni versava l'insediamento. Speravo di imbattermi in Gillecomghain in modo da riconquistare i suoi favori, ma non lo vidi. Tornai di malumore alla fortezza, con la speranza di capire come mai non fossi riuscita a eccitarlo.

Il quarto giorno, decisi di andare a passeggiare nei boschi intorno al centro abitato per schiarirmi le idee e ideare un piano per affascinare Gillecomghain – benché l'idea di sedurre il fratello di Mael Colum mi facesse soffrire.

I rami spogli che ondeggiavano nella lieve brezzolina rendevano gli alberi particolarmente magici. Più mi lasciavo Inverness alle spalle, più la pressione al petto si allentava. Inspirai l'aria fredda a pieni polmoni. A mano a mano che mi addentravo nel bosco, poco per volta la tensione agli arti si sciolse. Sotto i piedi sentivo spezzarsi i ramoscelli secchi, lo scricchiolio inghiottito dall'immenso silenzio. Da anni non potevo muovermi a mio piacimento, senza essere controllata. Alcune foglie sopravvissute al rigido inverno mulinellavano sospinte dal vento. Mi tornò in mente una cosa che mi aveva detto mia nonna: se riuscivi ad acchiappare una foglia mentre cadeva dall'albero, ti avrebbe portato fortuna. Allora le inseguii fin nel folto della foresta, dove il sottobosco cresceva più fitto, e ne presi qualcuna prima di restare senza fiato. Stava diventando buio, e il fatto che avessi riacquistato da poco la mia libertà non era un valido motivo per indulgere in azioni stupide. Mi preparai per tornare a Inverness, ma nei recessi della mente qualcosa attirò la mia attenzione. Mi fermai, incerta su cosa fosse; una lepre che si inoltrava tra i cespugli, forse, o magari un cervo sfuggente che per errore si era avvicinato troppo al centro abitato.

Guardai più da vicino, e capii che non si trattava di un animale ma di due persone nude che stavano fornicando con foga contro un albero. Distinsi solo l'uomo dietro: dalla corporatura e dal taglio dei capelli mi sembrò uno dei soldati di Gillecomghain. Non volevo disturbarli, dunque avanzai cauta di un solo passo. Calpestai un ramoscello, però, che produsse un rumore sorprendentemente forte, riecheggiando tra gli alberi.

Quei due si immobilizzarono, e il soldato si scostò allarmato. Adesso sì che riuscii a vedere l'altro.

Era Gillecomghain.

18

Scappai via.

Corsi verso Inverness il più veloce possibile. Ritrovai lo slancio di quando ero ragazzina che pensavo di aver perso. Attraversai l'insediamento come un fulmine, incurante degli sguardi dei passanti. Mi fermai solo dopo aver raggiunto la fortezza; non appena vidi Sinna, la trascinai nella mia stanza.

«Gillecomghain...» iniziai senza fiato mentre mi chiudevo la porta alle spalle, incapace di trovare le parole per comunicarle in quale pericolo eravamo.

«Su, dammi una mano» le chiesi poi in affanno, e lei si affrettò ad aiutarmi a spostare il pesante tavolo contro la porta, senza domandarmi nulla. Ruppi la brocca di terracotta, ne avvolsi un frammento in un lembo di tessuto e glielo lanciai, ordinandole di usarlo per difendersi mentre le spiegavo ciò che avevo visto. Io, invece, afferrai il pugnale di MacBeth e mi misi in posizione d'attacco, allargando le gambe, cercando di ricordare i suoi scrupolosi insegnamenti.

Restammo in attesa di fronte alla porta. Gillecomghain sembrava un uomo gentile, ma rischiava di essere ucciso a causa delle sue inclinazioni sessuali. Poiché le avevo scoperte, dubitavo si sarebbe fatto scrupoli a togliermi la vita per proteggere la sua.

Aspettammo ore, finché non calò il buio e non ci brontolò lo stomaco dalla fame, ma non arrivò nessuno. Presi ad andare avanti e indietro, sorda alle parole di conforto di Sinna. Gillecomghain si era comportato come se avessi commesso io qualcosa di sbagliato. Per causa sua, mi ero abbandonata alla disperazione e alla vergogna. Il pensiero di riconquistarlo mi aveva consumato. Per quanto tempo mi avrebbe fatto soffrire, prima di dirmi la verità?

Con il passare delle ore, la rabbia cedette il posto a un profondo dolore per le ripercussioni che avrebbe avuto il suo tradimento. In mancanza di un erede, non avevo speranze di assicurare il nostro futuro. Non che avessi mai riflettuto molto sulla maternità, ma del resto avere un erede, anzi, più eredi, costituiva un elemento imprescindibile per il mio futuro, non mi serviva rimuginare sull'inevitabile. Adesso, però, era tutto perduto. Scoppiai a piangere. Quando Sinna esaurì le parole di conforto, mi tenne la mano e ci sedemmo sul letto in attesa.

Alle prime luci dell'alba, finalmente udimmo bussare alla porta.

«Fammi entrare!» La voce sommessa di Gillecomghain sembrava tesa.

Cercai il pugnale.

«Che vuoi fare?» mi chiese Sinna.

«Mi ucciderà.»

«Non puoi saperlo.»

«Lo vuoi forse scoprire?»

«Non ti farò del male!» gridò Gillecomghain. «Lasciami entrare, ti prego, posso spiegarti tutto.»

Non potevamo restare barricate lì dentro per sempre, inoltre di sicuro avrebbe piazzato una guardia fuori dalla porta, quindi sarebbe stato impossibile scappare.

Alla fine scostammo il tavolo, e Gillecomghain si precipitò dentro. Mi avventai subito contro di lui.

«No!» strillò Sinna, poi mi afferrò per un braccio, deviando la mia avanzata. Mi chinai da un lato, e nel frattempo Gillecomghain mi prese l'altro braccio, levandomi di mano il pugnale, che finì a terra con un clangore. Mi divincolai come una matta, cercando di liberarmi dalla sua presa, ma lui mi cinse con un braccio muscoloso, bloccando le mie lungo i fianchi. Era sorprendentemente forte. Così non sarei riuscita a graffiarlo né a morderlo.

«Perché ti sei messa in mezzo?» urlai a Sinna, ma lei non mi rispose, tra le mani l'arma che non aveva ancora usato. «Dài, fallo» sibilai poi a Gillecomghain. «Uccidimi.»

«Non voglio ucciderti.»

«E allora lasciami andare.»

«Così sarai tu a uccidere me?»

«Basta! Qua nessuno ammazza nessuno!» intervenne Sinna. Aveva raccolto da terra il mio pugnale e stava cercando di assumere un'aria minacciosa; era impacciata, però, e il tono perentorio della sua voce perse d'impatto.

Io e Gillecomghain ansimavamo entrambi per lo sforzo. Restammo fermi per qualche istante, finché non tornammo a respirare normalmente, e alla fine mi lasciò andare. Mi voltai verso di lui, comunque pronta a reagire al primo segnale di aggressione.

Aspettavamo che fosse l'altro a parlare per primo. Lui guardò Sinna.

«Lo sa» gli dissi.

Si passò una mano tra i capelli.

«Non dirò niente, mio signore, ve lo giuro» lo rassicurò lei.

La fulminai con lo sguardo, ma lei non ricambiò.

«Lasciaci soli» le ordinò Gillecomghain.

Sinna si rivolse a me, e io annuii, del resto non avevo scelta.

«Il pugnale» le ricordai.

Lo posò sul davanzale e se ne andò. Mi prudevano le dita dalla voglia di riprendermelo ma, al minimo movimento, Gillecomghain mi avrebbe assalito di nuovo.

Continuava a non aprire bocca.

Volevo insultarlo, picchiarlo. Volevo incenerirlo con la mia furia incandescente. In verità, però, la nottata appena trascorsa sotto la minaccia di morire mi aveva prosciugato. Temendo di crollare, mi appoggiai alla parete.

«Cosa mi hai fatto?» gli chiesi.

«Io non ti ho fatto niente» mi rispose confuso.

«Avevo perso tutto ciò che amavo, e tu mi hai ridato speranza in un futuro...»

«Quando ho acconsentito a sposarti, non avevi più niente. Sei ancora viva, inoltre sei diventata addirittura la Signora di Inverness. A quale altro futuro pensavi di avere diritto?»

Oh, come osa? Come si permette?

«Pensi di avermi salvato?»

«È così!»

«Tu mi hai sposato per salvare te stesso! Ti ritieni tanto diverso da tuo fratello, invece anche tu mi hai usato come merce di scambio per i tuoi giochetti, proprio come lui!»

Gli balenò in faccia un turbinio di emozioni, ed ero convinta che avrebbe inveito contro di me. Invece inspirò tremante, cercando di ricomporsi.

«È vero, ma solo in parte. Non volevo vederti soffrire per mano di mio fratello come è già successo a molti.»

«Guarda che non mi hai salvato da un bel niente. Anzi, mi hai condannato a un destino peggiore di quello che avrei potuto avere insieme a Mael Colum.»

Indietreggiò barcollando, come se l'avessi colpito.

«Mio fratello ti avrebbe stuprata, notte dopo notte dopo notte... Come fa con tutte le sue donne. Inoltre ti avrebbe picchiato.»

«Be', avrei risposto a tono.»

«E allora ti avrebbe ucciso.»

«Non rischierebbe mai di scatenare l'ira di Boedhe. Mio padre ha mantenuto i suoi potenti alleati e...»

«Mio fratello correrebbe qualsiasi rischio pur di averla vinta.»

«Perché ha coraggio!»

«Perché è un uomo crudele, e nemmeno ti immagini quanto!» tuonò, poi gli venne meno la voce, schiacciato dal peso del proprio dolore.

Restammo immobili, ciascuno con i nervi a fior di pelle.

Dopodiché mi fu tutto chiaro.

Adesso capivo il senso delle parole di Mael Colum quando gli aveva detto: «Guarda che, a differenza mia, non gradirà i tuoi modi *delicati*, fratello». Lo sapeva! Ecco perché inspiegabilmente Gillecomghain gli stava sempre appiccicato.

«Per quale motivo non l'ha raccontato a nessuno?»

«Perché rivelare questo segreto quando può sfruttarlo per tenermi al guinzaglio? Una sua parola, e sono morto. Quando non avrà più bisogno di me, sono sicuro che troverà il modo di renderlo pubblico» rispose, la voce stanca e vecchia.

Ci fissammo, legati da quella nuova consapevolezza.

«Comunque non avresti dovuto sposarmi.»

«Pensi davvero che con me la tua vita sarà così terribile?»

Inutile, non poteva capire. Io ero nata per essere immortale, per dare alla luce una stirpe di re. Avevo vissuto la mia giovinezza forte della promessa di un'eredità che adesso non avrei mai ottenuto.

«In tutta onestà, credevo che avresti compreso» continuò.

«Perché?»

«Non sono in grado di dare alla gente ciò che si aspetta da me. Non ho ambizioni. Non sono un guerriero. Non sono quello che questo mondo vuole che sia.»

Incespicò nelle parole, sperando che avrei colto comunque il senso.

Invece, no.

«Mi sa che con te è lo stesso» proseguì. «Tu sei coraggiosa, riesci sempre a cavartela. Mi torna in mente quella notte nella foresta, quando ci hai minacciato, feroce come una lupa...

Credi di essere tagliata per un glorioso destino, come tutti i grandi uomini. Alle donne, però, non è concesso, almeno non in questo mondo.»

«Solo perché nutro un'ambizione insolita per una donna, hai pensato che avrei...?»

«So di avere commesso una sciocchezza, ma immaginavo che fossimo uguali.»

Restai a bocca aperta, incapace di trovare le parole per ribattere a un'affermazione tanto assurda. Gli voltai le spalle, non volevo vedesse che faticavo a trattenere l'emozione.

Non eravamo affatto uguali, noi due; anzi, mi faceva ridere che la pensasse così. Che fosse sopravvissuto tanto a lungo in una società in cui non doveva badare ai propri interessi confermava il vantaggio divino di cui disponeva ogni uomo, al pari della corona.

Avrei dovuto provare pena per lui, invece covavo risentimento. Mi disgustava che sprecasse a quel modo il privilegio di essere nato in una posizione così vantaggiosa. Era un lusso che io non potevo permettermi. O mi preoccupavo di me stessa, oppure sarei stata annientata. In tanti avevano provato a strapparmi ciò che era mio, infatti.

Bethoc mi aveva portato via mia madre, Crinan mi aveva portato via Thamhas, Duncan mi aveva portato via il trono, Mael Colum mi aveva portato via Findlaich. La lista di ciò che avevo perso si allungava a una velocità allarmante, ma non avrei aggiunto anche Gillecomghain – o chi per esso.

«Mi darai un figlio» gli dissi, mantenendo la voce calma e ferma.

«Non riesco a...»

«Mi hai già penetrata una volta, lo rifarai.»

«Be', ma era diverso...»

«Se ti aiuta, puoi richiamare il vescovo.»

Al pensiero arrossì, ma vederlo in imbarazzo non mi provocò alcun piacere.

«Vuoi che lo guardi mentre...»

«Come vuoi, non mi interessa, basta che assolvi ai tuoi doveri coniugali.»

«E quando avrai avuto un figlio?»

«*Figli*, prego» risposi. «A quel punto potrai andare a letto con chi vuoi.» Cercai di mascherare la mia amarezza, ma mi filtrava dalla pelle come linfa.

«E se mi rifiutassi?»

«Invierò un messaggio al re.»

«E se, invece, ti uccidessi prima?» ribadì, irrigidendo la mascella, ma ormai si era esposto troppo. Sapevo che non l'avrebbe mai fatto.

Alzai le spalle.

«Sì, potresti... però guarda che un figlio consoliderebbe anche la tua posizione. Mael Colum ti ha in pugno, ma se avessi un erede, non potrebbe più avanzare pretese su di te. E se io, tua moglie, insistessi che sei un amante attento e delicato, a chi pensi crederebbe la gente?»

Gli si leggeva in faccia che ci stava riflettendo.

«Anzi, mi sorprende che tu non ci abbia pensato prima. Avresti potuto sfruttare la fiducia che tuo fratello ripone in te per distruggerlo» cercai di persuaderlo, ma lui indietreggiò di un passo. Evidentemente non era la tattica giusta.

«Potresti essere libero» continuai, puntando sulla paura invece che su un eventuale desiderio di vendetta. In effetti venni ricompensata, e gli vidi un barlume di speranza negli occhi. Speranza... un sentimento molto pericoloso. Pensai a come mi ero lasciata facilmente manipolare per tutta la vita a causa delle false speranze che mi aveva dato mia nonna.

«Quando?» mi chiese.

«Stanotte, e quella successiva. Per tutto il tempo che ci vorrà, insomma» risposi decisa.

Annuì, e sul suo volto calò una profonda tristezza.

«Ti libererai di tuo fratello, e con il minimo sforzo» dissi, addolcendo il tono di voce e cercando di alleviare la sua mestizia. Mi serviva più in forma possibile.

Quella notte mi penetrò. E anche la successiva. Gillecomghain andava prima dal suo amante e poi veniva direttamente da me, e appresi che aveva fatto altrettanto anche la sera in cui il vescovo ci aveva sposati. Scoprii che, se mi toccavo come faceva Thamhas, non era poi così male. Inoltre, quando avevo mio marito sopra di me, chiudere gli occhi e fingere che fosse un altro uomo mi facilitava le cose. Nemmeno lui li apriva, a dire il vero, dunque di sicuro stava immaginando la stessa cosa.

Alla fine si rivelò un amplesso meccanico, senza gioia, che mi lasciava vuota e profondamente insoddisfatta.

I giorni successivi al nostro incontro, non mi guardava nemmeno in faccia; anzi, se ci incrociavamo al castello o a Inverness girava la testa. I sudditi cominciavano a porsi domande e a nutrire sospetti. Iniziai a studiarli da vicino per capire se avessero intuito qualcosa, ma invano.

La mia minaccia di andare a letto con lui tutte le notti ben presto perse di efficacia. Io stessa la trovavo un'incombenza così sgradevole che acconsentii a limitarla a un giorno alla settimana. Purtroppo, dovettero passare otto terribili fasi lunari prima che mi si interrompesse il ciclo mestruale e che la possibilità che fossi incinta divenne finalmente reale.

Quando la stagione del raccolto terminò, cedendo il passo all'inverno, in effetti la mia pancia iniziò a ingrossarsi. Nonostante l'aria gelida, avevo sempre caldo, e dovevo compiere lunghe passeggiate intorno alla città per alleviare il forte malessere. In quei mesi pensai a mia madre, più che in tutti gli anni trascorsi dalla sua morte. Durante la gravidanza lei era raggiante, ed ero convinta che, se non si fosse tolta la vita, avrebbe messo al mondo un figlio maschio dopo l'altro. Io, invece, non mi sentivo affatto felice e oltretutto non ricevevo quelle piccole gentilezze e attenzioni che di solito i mariti riservano alle mogli in dolce attesa.

A parte quello, la mia condizione mi procurava comunque

alcuni vantaggi. Le donne di Inverness, che all'inizio mi avevano accolto con sospetto, adesso si interessavano a me e allo sviluppo del nascituro. Chiedevano come stavo e mi portavano regali – piccoli giocattoli che non usavano più o pane al timo preparato in casa. In situazioni normali, le loro crescenti attenzioni mi avrebbero dato fastidio – come mai prima se ne fregavano totalmente di me? – ma la nausea costante mi lasciava senza energie.

Mael Colum apprese la notizia della gravidanza dai pettegolezzi che circolavano a Moray perché, nonostante un figlio gli avrebbe garantito protezione, Gillecomghain non aveva voluto mandargli un messaggero. Si precipitò da noi. Al suo arrivo, mio marito non andò nemmeno ad accoglierlo, ma si nascose nella sua stanza; che incredibile dimostrazione di codardia da parte sua!

Cercai di metterlo in guardia sul fatto che Mael Colum si sarebbe insospettito per il suo atteggiamento. Anzi, non aspettava altro che avere un valido motivo per accusarlo di nutrire aspirazioni che in realtà non aveva, ma lui sminuì il problema con un'alzata di spalle.

Durante la sua visita, quella vipera non faceva che fissarmi. Nel corso della nostra prima cena insieme, non mi staccò gli occhi di dosso. Gillecomghain non aprì bocca, ma si limitò a mangiare imbronciato. Magari alla fine si sarebbe rassegnato a sottostare al suo giogo, ma io non avrei permesso che la sua debolezza mettesse in pericolo me e la mia creatura.

«Che succede?» gli domandai piccata dopo un quarto d'ora di silenzio. «Ho sviluppato una qualche deformità, forse, dato che continui a fissarmi?»

Mi lanciò una gelida occhiata. «Il bambino non è di Gillecomghain» sentenziò poi.

Io scoppiai a ridere, contenta di avere scoperto la fonte di tanta costernazione.

«Sì, invece, te lo assicuro.»

Guardò suo fratello in cerca di conferme, e lui si limitò ad annuire senza proferire parola. In presenza di Mael Colum diventava un essere pietoso, chissà come mai non me ne ero accorta prima. Vista l'influenza che aveva su di lui, compresi che il silenzio di Gillecomghain non era una forma di tacita ribellione, bensì semplice paura di fornirgli ulteriori occasioni per vessarlo.

«Come hai fatto a stregare a tal punto mio fratello? Sei una druida?» mi chiese Mael Colum, continuando a girare intorno alla verità di cui pensava fossi all'oscuro.

«No, sono una donna come tante» ribattei, godendomi la sua ottusità.

«Quali meravigliose doti possiedi per avergli... sì, per avergli fatto cambiare gusti?» aggiunse, una punta di malizia nella voce.

A quella chiara insinuazione, arrossii e digrignai i denti, arrabbiata perché Gillecomghain non interveniva a difesa del mio onore. Poi mi chiesi se tra noi fosse rimasto un briciolo di integrità morale.

«Te lo giuro, non sono niente di speciale» ribadii impassibile.

Mael Colum mi scrutò di sottecchi. «Gli ho passato donne bellissime, ma non ne ha mai voluta nessuna.»

«Forse non è di bellezza che ha bisogno, ma di compagnia.»

Sul volto di mio marito balenò un'espressione di gratitudine.

«Be', piacerebbe anche a me godere della tua compagnia» rispose Mael Colum.

Ignorai la sua indecenza, felice di avere recuperato terreno agli occhi di Gillecomghain. Per rendere ancora più credibile il nostro finto matrimonio, quella notte dormimmo insieme nella sua stanza.

«Buonanotte e buon riposo» mi augurò con educazione, ma ci mantenemmo a debita distanza.

Il mattino seguente, quando mi svegliai, se n'era andato. Mi girai verso la finestra per farmi riscaldare dal sole. Guardai le mille sfumature del cielo, contenta, serena.

La porta si aprì cigolando.

«Hai dimenticato qualcosa?» chiesi, girandomi su un fianco. Lo stipite era occupato dalla massiccia figura di Mael Colum, però. Mi misi a sedere di scatto, coprendomi con le pelli di pecora. Nonostante indossassi una veste pesante, davanti a lui mi sentivo nuda.

«Che vuoi?» gli domandai.

Lui inclinò la testa, un'espressione fintamente confusa in volto.

«Mi parli come se fossi tuo nemico» rispose, ma io rimasi impassibile. «Non è così, te lo assicuro. Sono tuo fratello, e ben presto sarò lo zio della creatura che porti in grembo.» Entrò, chiudendosi la porta alle spalle.

«Allora, cosa vuoi?» ripetei, sforzandomi di mantenere un tono di voce saldo. Mi maledissi per avere lasciato il pugnale nella mia stanza. Gridare sarebbe stato inutile; la stanza di Gillecomghain era in un'ala distaccata del castello, e difatti non volava una mosca.

«Voglio sapere cos'hai fatto a mio fratello» disse, avanzando verso di me. «L'hai stregato con qualcuno dei tuoi incantesimi pitti?»

Colsi lussuria nel suo tono; forse pensava che Gillecomghain avesse scoperto in me chissà quale strano potere. Ero ansiosa di sgonfiare le sue aspettative.

«Non ho fatto niente» ripetei con decisione, e cercai disperatamente qualcosa da afferrare per proteggermi, qualsiasi cosa. Invano, però.

«Piantala di raccontarmi fandonie. Sappiamo entrambi che non è vero» ribatté piccato. Si sedette sul letto accanto a me, e dovetti trattenermi dall'allontanarmi. Con discrezione, cercai di asciugarmi il sudore dai palmi delle mani e lo esaminai attentamente, temendo che potesse aggredirmi.

«Non possiedo incantesimi, artifici o amuleti. Non sono

una druida, e non l'ho stregato» ripetei, parlando piano, con calma, quasi mi stessi rivolgendo a un bambino.

Mi osservò da vicino con gli occhi dorati, come un lupo prima di balzare addosso a un cervo.

«Magari si tratta di un altro genere di incantesimo» mormorò, afferrandomi per un polso. Pur con una mano sola, non avevo dubbi che mi avrebbe neutralizzato facilmente.

«Lasciami andare!»

Mi tremava la voce, e lui scoppiò a ridere malizioso.

«No» disse, e mi sdraiò sul letto. Io mi opposi, provando a divincolarmi dalla sua presa.

«Coraggio, fammi vedere come sei riuscita a trasformare mio fratello» insisté, godendosi l'espressione angosciata che avevo in volto.

Nonostante cercassi in tutti i modi di cacciarlo via, lui mi si insinuò tra le gambe. Lanciai un urlo ma, a quanto sembrava, si eccitò ancora di più.

«Un figlio!» gridai infine. «Gli ho promesso un figlio, almeno si sarebbe potuto sbarazzare di te.»

Si fermò, un lampo di incertezza negli occhi.

«Mio fratello non ha ambizioni.»

«Non per se stesso, ma magari vuole liberarsi dal tuo giogo» dissi, alla disperata ricerca delle parole giuste per allontanarlo da me.

«Lui mi è fedele.»

«Hai comprato la sua fedeltà con la cattiveria, però. Quando io, sua moglie, giurerò davanti a tutti che con me si comporta da marito buono e leale, e mostreremo nostro figlio a riprova di ciò, a cosa serviranno le tue minacce?»

Ci rifletté, e gli si leggeva in faccia a cosa stesse pensando: le ambizioni del fratello, la sua posizione, il non avere moglie né eredi...

Dopo un momento di angosciante silenzio, si scostò. Io restai lì immobile, per paura che un mio movimento potesse fargli perdere di nuovo la calma.

«E così hai stregato mio fratello promettendogli libertà? Dovrei ucciderti per questo.»

Parlò con una tale calma che mi resi conto dell'immediatezza della sua provocazione solo quando gli vidi il pugnale in mano.

«Potevo essere tua. Non punirmi per una decisione che tu stesso hai preso con tanta leggerezza.»

«Be', non escluderei a priori che tu non possa diventare mia...»

Mi fissò pensieroso, sfidandomi a ribattere, la mano sempre sul pugnale.

«È proprio quello che speravo di sentirti dire» risposi, aggrappandomi a quell'unica possibilità di salvezza.

«Non mi sembri tanto convinta, però.»

«Mi hai colto di sorpresa» tentennai, e allora gli si illuminarono gli occhi. «Tra i due fratelli, sei tu il più potente» mi affrettai ad aggiungere. «Gillecomghain è un uomo debole, patetico. Secondo te voglio davvero restare al suo fianco? Dormire nel suo letto? Portare in grembo suo figlio?»

Teneva ancora l'arma in mano – oh, magari l'avesse riposta nel fodero! – ma capii che credeva alle mie parole perché sapeva che erano la verità.

«Dobbiamo aspettare che la creatura nasca, però, poi potrai ingravidarmi tu.»

«E che ne sarà di suo figlio?»

«Puoi farne ciò che vuoi.»

Non mi ero sbagliata, dunque. Lo vidi riflettere sui benefici di legare ancor più a sé il fratello sfruttando un altro suo punto debole e condannandolo per sempre a una nuova sudditanza.

«Molto astuto da parte tua» concluse, e finalmente rinfoderò il pugnale nella guaina. «Tornerò presto, così potremo discutere del nostro accordo con più calma.»

Infine se ne andò. Mi tremavano le gambe talmente forte che non riuscivo a muovermi, inoltre mi bruciavano i polmoni nel tentativo di respirare. Mi sembrava che gli dèi continuassero a giocare a tira e molla con la mia vita, non lo sopportavo più. Pur paralizzata, in quel preciso istante presi una decisione, inevitabile e perfetta nella sua semplicità.

Mael Colum doveva morire.

19

Non avrei mai dovuto lasciare Ardith a Dunkeld. Senza dubbio sapeva quali erbe e pozioni utilizzare per uccidere un uomo facendolo sembrare un incidente, o almeno per ritardarne la morte finché non fossi stata abbastanza lontana dalla vittima designata in modo da scongiurare sospetti. Si era rifiutata di condividere con me le sue conoscenze, e adesso senza di lei ero impotente – proprio quello che voleva.

Pensai di mandare un messaggero da mio padre e Adair per chiedere il loro aiuto, ma ormai ero al quarto mese di gravidanza e non potevo rischiare un potenziale ritardo. Inoltre non ero certa che disponessero delle risorse necessarie per correre in mio soccorso o che fossero disposti a farlo.

Di notte, nelle mie più sfrenate fantasie, immaginavo di mandare a chiamare MacBeth. Avrei potuto tentarlo dandogli l'opportunità di vendicare suo padre, poi corteggiarlo e conquistarlo, ma non sapevo se i sentimenti che nutriva per me fossero cambiati. Chissà, magari si era sposato. E ciò costituiva il problema principale, magari il mio rifiuto di un tempo ne aveva raffreddato l'affetto. Anzi, forse si stava crogiolando nella prospettiva di vendicarsi di me. Se lo avessi mandato a chiamare adesso, avrebbe potuto uccidere Mael Colum e Gillecomghain e cacciarmi da Moray senza indugi.

Non potendo contare né sui più oscuri rimedi naturali né su un alleato che appoggiasse la mia causa, avrei ucciso Mael Colum io stessa, infilandogli un coltello nel costato. Stando alle centinaia di racconti eroici che avevo ascoltato, un solo colpo sarebbe stato sufficiente, dunque ero sicura di farcela.

Non potevo ammazzarlo al castello ma, se fossi riuscita ad attirarlo nel folto della foresta, lontano da Inverness, avrei guadagnato un paio di giorni prima che ne scoprissero il corpo. Per quanto l'idea mi risultasse sgradevole, sedurlo era il modo migliore per farlo allontanare dall'insediamento senza le sue guardie al seguito. Lo avrei ucciso, in fretta e senza intoppi, poi avrei fatto sì che sembrasse un furto.

Tutti i giorni mandavo Sinna a verificare se stesse tornando, così avrei avuto il tempo di sistemarmi al meglio. Di lui, però, nessuna traccia.

I mesi volarono, e cominciò a prendermi il panico. L'estate diventava sempre più calda ed entrai nel settimo mese, ma Mael Colum non veniva. Non tolleravo la sua presenza, ma che non ci fosse era ancora più terrificante. Chissà cosa stava macchinando...

Dormire, trovando sollievo alle mie preoccupazioni, restava un miraggio. Le rare volte in cui prendevo sonno, iniziavano gli incubi.

Nella vuota e infinita oscurità della notte, passavo in rassegna migliaia di alternative per uccidere Mael Colum. Avrei potuto spingerlo giù dalle mura della fortezza e dire che era inciampato... oppure affogarlo nel fiume... o anche assoldare un sicario e poi eliminarli entrambi così che non mi avrebbero tradito... Nel primo caso, però, non era scontato che sarebbe morto per la caduta; date le mie condizioni, poi, non avevo la forza di tenergli la testa sott'acqua, e infine mai avrei sacrificato un innocente per la mia causa disperata.

E così, nonostante le mie infinite macchinazioni, alla fine

tornavo sempre al piano iniziale. Sì, sarebbe andato bene, bastava solo che quel bruto si ripresentasse.

Invece passò un altro mese, e a quel punto non potevo rimandare oltre. Mandai Sinna a Burghead, fingendo che avesse un messaggio da consegnargli.

«Digli che il bambino sta per nascere e che non posso più aspettare. Digli di venire subito, anche se Gillecomghain non deve sapere niente. Spiegagli che, non appena arriva, deve mandarmi a chiamare; io lo aspetterò nella foresta.»

Inarcò un sopracciglio, ma non le fornii ulteriori spiegazioni. Doveva risultare convincente, perciò le avevo tenuto nascosto il mio piano. Partì la mattina presto, accompagnata da una guardia. Si misero in marcia prima che il sole di inizio estate squarciasse il cielo.

La osservai finché non svanì lungo la strada costiera, e persino oltre. Poi rimasi lì al sole per riscaldarmi, anche quando sentii gli occhi pizzicare per il sudore.

E se Mael Colum non fosse venuto? E se avesse rapito Sinna? La seconda ipotesi mi addolorò più del previsto, dunque decisi che al suo ritorno sarei stata più gentile con lei.

Per calmarmi, mi immaginai a conficcare un pugnale nel cuore di Mael Colum mentre dormiva. Ogni suo respiro era un insulto nei miei confronti, e mi aggrappai alla prospettiva di liberarmi anche dell'ultima minaccia che restava contro la mia vita.

Quando il caldo mi risultò insopportabile, tornai alla fresca ombra dell'edificio di pietra, ma non abbassai la guardia. Con ogni probabilità sarebbero arrivati il giorno seguente, quindi mi sforzai di dedicarmi alle incombenze di sempre – visitare l'insediamento, controllare le scorte, inviare un messaggio di congratulazioni a un thane vicino per il recente matrimonio – ma a poco valse per placare la mia crescente angoscia. Mi spazientivo alla minima bazzecola. Quella sera cenammo più tardi del solito, e Gillecomghain si accorse del mio malumore.

«Chi ti ha offeso tanto da renderti così scontrosa?» mi chiese nel tentativo di sdrammatizzare la situazione, ma io non gli risposi e continuai a guardare la zuppa, imbronciata. «Dimmelo subito! Vendicherò qualsiasi sgarbo sia stato fatto contro di te» aggiunse.

«Magari è colpa tua, fratello.»

Sussultammo entrambi. Era Mael Colum, la sua figura imponente incorniciata nello stipite della porta. Sulle prime non entrò, ma si soffermò a osservarci. Così corpulento, rimasi stupita che non ci fossimo accorti di lui. Mi sforzai di non fissargli il braccio mutilato che teneva lungo un fianco.

«Fratello!» esclamò Gillecomghain. «Non ti aspettavamo.» A quanto sembrava, Mael Colum si accorse che non si era nemmeno alzato per andare ad accoglierlo.

«Be', non proprio» rispose lui.

Mi sentii il cuore in gola dal panico. Temevo di avere frainteso quanto fosse disposto a complottare contro mio marito.

«In realtà mi ha invitato Gruoch» continuò, fissandomi negli occhi, quasi volesse mettermi alla prova. Nello sguardo di Gillecomghain balenò una punta di sospetto.

«Il giorno del parto è vicino, e ho pensato che ci tenesse a essere presente alla nascita di suo nipote» improvvisai con un sorriso. Gli diedi il benvenuto, poi mi alzai per andare a salutarlo, come avrebbe dovuto fare suo fratello.

«Hai già mangiato?» gli domandai intrecciando le mani, così che nessuno dei due notasse quanto mi tremavano.

«No» mi rispose, e allora lo invitai a sedersi al tavolo con noi. Venne servito dell'altro cibo, e proseguimmo la nostra cena.

Mi sforzai di respirare, bere birra, mantenermi salda al mio proposito e mascherare le mie intenzioni, essere la donna che Mael Colum si aspettava che fossi, cioè uguale a tutte le altre. Gli domandai del viaggio, mostrandomi parecchio interessata e cercando di incrociare il suo sguardo senza farmi scoprire da Gillecomghain. Adesso era lui che fissava il piatto in un silenzio di pietra. Benché non avessimo ancora terminato, si scusò e si allontanò all'improvviso, lasciandoci soli e non sorvegliati.

Mael Colum mi scrutò, pieno di aspettative.

«Non hai fatto come ti avevo chiesto» gli dissi.

«Chi sei tu per darmi ordini?»

La tensione nell'aria era palpabile. Ci preparammo entrambi ad attaccare, incerti su quale mossa avrebbe compiuto l'altro. Era il mio piano, però, dunque non avrei permesso che le sue azioni lo rovinassero. Alzai le spalle.

«Credevo solo che sarebbe meglio se Gillecomghain non sospettasse di noi, ma non importa.» Sorseggiai la birra con parsimonia, e ricambiai il suo sguardo con un sorriso.

«Non ha motivi per sospettare di noi» mi fece notare.

«Non ancora.»

Ci alzammo. Fece un passo verso di me, ma io scossi la testa.

«Non qui.»

Avanzò finché la distanza tra noi non fu minima.

«Gillecomghain ha spie ovunque» aggiunsi, tuttavia non indietreggiai.

Per fortuna non mi tremavano più le mani, ma ero sicura che, se si fosse avvicinato, avrebbe sentito quanto mi batteva il cuore, ancora turbata dal ricordo del suo orribile peso su di me. Rimasi immobile e gli permisi di portare le labbra a pochi pollici dalle mie.

«Molti gli sono fedeli in questi corridoi» sussurrai di nuovo, sempre più sicura di me, nonostante Mael Colum mi stesse mettendo alla prova. Sostenni il suo sguardo, inducendolo a vedere riflesso nei miei occhi un desiderio che in realtà non provavo affatto.

«Perché mi hai mandato a chiamare?» mi chiese.

«Non ce la facevo più ad aspettare. Sono quattro mesi che mi struggo per te.»

Spinto dalla lussuria, vidi che cominciava ad abbassare le difese. Eppure, nessuno di noi si mosse.

«Oh, vedrai che discendenza ti darò» gli dissi, lanciando il mio incantesimo.

Deglutii e annullai la distanza tra noi, poi lo baciai con

foga. Lui mi afferrò con forza e mi spinse contro la parete. Mi sovrastava, godendosi la vulnerabilità del mio pesante corpo gravido.

Dovetti fare appello a tutto il mio autocontrollo per non estrarre il pugnale da sotto il vestito e ucciderlo in quel preciso istante. Io e Gillecomghain non dovevamo essere collegati in alcun modo alla sua morte.

«Nella foresta, domani mattina. Possiamo partire prima dell'alba e... agire indisturbati.»

Annuì, ma non mi liberò. Lo studiai da vicino alla ricerca di qualche segnale che avesse smascherato le mie reali intenzioni. Chiaramente, invece, la curiosità e il desiderio prevalevano su eventuali dubbi.

«A domani» ripetei. «Ti aspetto fuori dalle mura.»

Infine indietreggiò, ma non volevo pensasse che ero ansiosa di andarmene. Rimasi a fissarlo. Lui mi sorrise eccitato e poi si allontanò. A quel punto crollai contro la parete; mi tremavano le gambe, minacciando di cedere. Il bambino scalciava, senza dubbio avvertiva il pericolo che avevamo corso entrambi. Mi portai una mano sulla pancia per dargli conforto e tornai barcollando nella mia stanza. Sinna mi stava aspettando, ma la mandai a dormire negli alloggi della servitù.

Presi il pugnale e lo soppesai. Provai un affondo, ma ero goffa nei movimenti, e allora la mia convinzione vacillò. Nel tentativo di ritrovare coraggio, mi coricai, però trascorsi la notte nel dormiveglia. Mi alzai molto prima dell'alba, andai alle stalle ma me ne pentii all'istante, perché avrebbero potuto vedermi. Mael Colum era già lì che mi aspettava.

Montammo a cavallo e lasciammo Inverness senza parlare, dopodiché seguimmo il fiume e superammo i villaggi circostanti, finché non ci ritrovammo tra il corso d'acqua e la fitta foresta. Mi portai una mano sulla pancia. Il bambino aveva ripreso a scalciare, dandomi conforto.

Avanzammo in silenzio. Quando fummo abbastanza lontani, rallentai e smontai da cavallo, lasciando che Allistor si abbeverasse al fiume e brucasse l'erba a riva. Mael Colum esitò per un fugace attimo, poi fece altrettanto.

«Cosa pensi di dire a Gillecomghain?» mi chiese.

«Nessuno lo conosce meglio di te.»

«Così credevo, ma non mi aspettavo che sarebbe arrivato a tanto pur di liberarsi di me» rispose, il tono di voce inaspettatamente vulnerabile.

«Per certi versi ti venera» mentii, appellandomi al suo ego.

«Ha paura di me» mi corresse con crudele indifferenza.

«Paura e venerazione non vanno di pari passo?»

Mi guardò e mi sorrise.

«Però, sei sveglia.» Mi si avvicinò.

«Può essere» mormorai. «Se tu...» Non mi lasciò finire la frase. Mi afferrò, mi spinse contro una betulla e mi baciò. Mi sforzai di ricambiare con tutta la passione possibile. Mi tirò per i capelli fino a farmi male, ma non gridai.

Aspetta.

Mi afferrò per la vita e mi fece voltare. Quando mi piegò in avanti, la corteccia dell'albero mi graffiò il viso.

Aspetta.

Gli caddero le braghe a terra, e io emisi un gemito in segno di apprezzamento.

Mi sollevò il vestito.

Attesi finché non fu sul punto di penetrarmi.

Poi, mormorando una preghiera a Brighde, estrassi il pugnale da sotto il mantello, dove l'avevo nascosto, e glielo infilai di lato nella pancia.

Indietreggiò barcollando, senza cadere. Perché si reggeva ancora in piedi, guardandomi sconvolto? Il sangue cominciò a filtrargli dai vestiti. Nelle storie che mi avevano raccontato da bambina, morivano tutti all'istante, nemmeno il tempo di un sospiro. Be', a dire il vero venivano trafitti a colpi di spada, ma io ero convinta che la mia arma fosse altrettanto valida.

Evidentemente mi sbagliavo.

Allungai la mano per estrarre la lama, ma mi afferrò il polso. Lo strattonai, e allora lui strinse la presa, schiacciandomi all'istante. Cercai di allontanarlo, ma mi crollò addosso, inchiodandomi all'albero. Non avevo scampo.

A quel punto mi prese il panico, dunque cercai di divincolarmi. Lui mollò la presa, ma in un attimo mi ritrovai la sua mano alla gola, le dita forzute intorno al mio collo. Mi spinse con violenza contro il tronco, i nodi della corteccia che mi entravano dolorosamente nella schiena.

Lo colpii disperatamente in ogni modo, cercando di allontanarlo, ma era troppo forte. Gli graffiai il braccio, infilandogli le unghie nella carne. Grugnì dal dolore e digrignò i denti, ma strinse le dita ancora di più, lacerandomi la pelle.

Mi si stava annebbiando la vista, e l'orrore per quanto stava accadendo mi impediva di pensare con lucidità. Sarei morta. Poi mi ricordai del pugnale, ce l'aveva ancora conficcato nel fianco. Afferrai l'impugnatura e lo estrassi, stavolta senza difficoltà, dopodiché glielo conficcai di nuovo con entrambe le mani nel basso ventre; infine, mossa dal terrore, lo spinsi verso l'alto con tutta la forza possibile, finché la lama non urtò contro il costato con un sonoro schianto.

Mentre barcollava all'indietro, lasciandomi andare, soffocò un grido. Si guardò la profonda ferita che si stendeva fino alle costole, infine collassò. Per l'impatto, gli fuoriuscì l'intestino.

Il fetore era insopportabile, tanto che vomitai.

Rimasi lì immobile. I minuti passavano. Oh, sarei dovuta scappare via non appena il suo corpo aveva toccato terra! Mi fissava con sguardo vacuo, e temevo che, se mi fossi mossa, mi avrebbe inseguito.

Ripresi a respirare con calma, anche se mi rimbombavano le orecchie e il cuore mi pulsava nelle tempie. Non sapevo come, ma evidentemente durante la colluttazione mi ero tagliata il labbro, poiché sentivo il sapore del sale e del ferro sulla lingua.

Non fuggii, però.

Cercai di ricordarmi quale fosse il piano iniziale. Poteva arrivare qualcuno. Mi tolsi il mantello per liberarmi da quel peso e, mentre mi avvicinavo al cadavere, vomitai ancora con violenza. Dovetti trattenere un altro conato quando tentai di spogliarlo. Sapevo che nessun ladro avrebbe rinunciato a una tunica così bella e perfetta, dunque andava fatto. Dovevo levargli anche il resto.

Il contrasto tra il taglio scuro che gli attraversava il torso e il pallore del suo corpo mi risultò stranamente confortante. Non provai nessun rimorso. Davanti a me giaceva l'uomo che aveva ucciso Findlaich e che avrebbe potuto eliminare anche me. Mi diede un immenso piacere pensare che avevo protetto la mia creatura e al contempo vendicato il mio caro amico.

Avvolsi i vestiti e le scarpe nel suo mantello, poi liberai il cavallo, che era ansioso di fuggire da quell'odore di morte, come tutti gli animali. Montai in sella ad Allistor e girai intorno a Inverness, poi mi diressi lontano, verso il mare, protetta dal buio della fitta foresta.

Quando sorse l'alba, gli dèi vennero in mio soccorso. Non c'era anima viva nei paraggi. Il mare si infrangeva piano contro il fiordo, e crollai sulla spiaggia per lavarmi via il sangue e il fango dalle mani e dal viso con l'acqua gelida. Inutile provare a smacchiare i vestiti, li avrei bruciati insieme a quelli di Mael Colum non appena tornata al castello. Togliere il sangue da sotto le unghie si rivelò un'impresa; per quanto me le sfregassi con la sabbia, mi sembrava di sentire ancora il puzzo della morte.

«Non essere paranoica» sussurrai a me stessa, benché in tono più supplichevole che perentorio. Avevo un sapore di bile in bocca, e avvertivo ancora la stretta delle dita di Mael Colum. Mi sollevai il mantello sul collo, dove ero sicura che si stava formando un livido – sarebbe stato difficile nasconderlo a Gillecomghain.

Appena fui soddisfatta del mio aspetto, tornai verso il castello. Raggiunte le mura, smontai da cavallo e condussi Allistor attraverso un'entrata laterale che dava sul fiume, utilizzata solo dai mercanti che trattavano direttamente con la servitù. Era ancora prestissimo, e in giro vidi solo poche persone. Benché nessuno mi degnasse di attenzione, restai avvolta nel mantello per nascondere l'inequivocabile stato dei miei vestiti e di quelli di Mael Colum.

Portai Allistor nelle stalle e corsi dentro. Salii le scale ed entrai nella mia stanza, chiudendomi la porta alle spalle. Sinna se ne stava china sul cucito, sfruttando la luce del sole sempre più intensa per lavorare.

Quando mi vide, sgranò gli occhi. Mi riguardai le mani, preoccupata che le avesse notate, poi mi resi conto di essere in condizioni pietose: avevo i capelli arruffati per la lotta e grumi di sangue appiccicati al corpetto. Inoltre, vidi sul vestito una macchia bagnata che si allargava sempre più.

Ero talmente turbata che non mi ero accorta che mi si erano rotte le acque. Sentii un intenso dolore al ventre e mi piegai in due. Sinna balzò al mio fianco e mi accompagnò alla sedia dov'era seduta lei prima, poi si diresse alla porta.

«Dove stai andando?» le gridai.

«A chiamare aiuto.»

«No!» strillai. Si voltò sorpresa. Le raccontai tutto a fior di labbra usando meno parole possibili – provavo dolore anche solo a parlare. Le mostrai i vestiti di Mael Colum e le spiegai che non li avevo seppelliti per paura che qualche animale selvatico li dissotterrasse.

«Perché non mi hai informato del tuo piano?»

«E cosa avresti potuto fare?»

«Aiutarti, per esempio.»

«Cioè convincermi a cambiare idea?» Se avesse saputo che volevo ammazzare qualcuno, non avrebbe mai acconsentito.

Aprì la bocca per protestare, ma io mi piegai di nuovo in due dal male. La tensione alla pancia aumentava.

«Dobbiamo bruciare tutto» dissi, poi mi sfilai il vestito e la sottoveste insanguinati e li aggiunsi al mucchio. In silenzio, Sinna mi passò dei panni puliti, che indossai a fatica.

«Non possiamo farlo qui, però, Gillecomghain potrebbe vederci» rispose. «Inoltre stai per partorire. Dobbiamo chiedere aiuto.»

Ero troppo stanca e dolente per elaborare un piano d'azione. Sprofondai sulla sedia. Respiravo a fatica. Sapevo che aveva ragione: ben presto avremmo dovuto mandare a chiamare la levatrice.

«Fa' come credi, però stai attenta.»

«Certo» annuì.

Raccolse i vestiti da terra e li avvolse nel mio mantello, poi se ne andò senza dire una parola.

Il resto della mattinata trascorse in fretta, tanto da sembrarmi ridotta a una manciata di secondi, invece nell'attesa che tornasse Sinna il tempo non passava più. Presi a fare avanti e indietro per la stanza e a fissare fuori dalla finestra, aggrappandomi forte al davanzale ogni volta che le contrazioni mi travolgevano a ondate.

Udii un colpo alla porta e sussultai. Non poteva essere Sinna, non avrebbe bussato. Afferrai l'impugnatura del pugnale, adesso pulita e luccicante, e lo nascosi dietro la schiena. Quando andai ad aprire, però, mi ritrovai di fronte le facce incuriosite di un gruppo di donne del villaggio. Le feci entrare e permisi loro di allestire la stanza per il parto. Avevano portato lavanda e lenzuola pulite, che disposero sul pavimento. La più giovane continuava a guardarmi incuriosita, mentre le altre si concentravano diligenti sul proprio lavoro. Tanta efficienza mi sollevò, dunque mi affidai completamente a loro.

Presi da parte quella che mi sembrava al comando, la più anziana, con lunghi capelli argento identici a quelli di mia nonna.

«Nel caso si presenti mio marito, non voglio che entri» le ordinai, sperando di essere più autorevole di lei. «Non credo verrà, però qualcuna di voi potrebbe aspettare fuori e avvisarlo?»

Lei annuì e scelse la più giovane, che si accigliò ma alla fine obbedì. Quando se ne andò, mi accorsi che l'altra mi guardava il collo, dove senza dubbio stava spuntando il livido.

Le doglie si protrassero più di quanto pensassi. I minuti divennero ore, che trascorrevano lentissime. Mi avevano suggerito di camminare per il castello, ma io avevo insistito per restare dov'ero – non avevo nessuna voglia di incontrare Gillecomghain.

A furia di andare avanti e indietro, mi sembrava che la stanza si fosse rimpicciolita. Aprii la finestra per lasciar entrare quel poco di venticello che spirava dal mare, ma avevo i capelli intorno al viso arricciati dal sudore. Per certi versi, ero felice di poter sfruttare la copertura delle doglie e di non dover nascondere l'angoscia e l'ansia accumulate durante la giornata.

Sinna non era ancora tornata. Temevo che non portasse a termine il suo compito prima che facesse buio; il fuoco, infatti, avrebbe potuto attirare attenzione. Alla fine Gillecomghain non venne, anche se in seguito mi informarono che, saputo che stavo per partorire, era rimasto quasi tutto il pomeriggio nella cappella piccola a pregare. Tanta premura da parte sua mi commosse, lasciava ben sperare per il nostro futuro insieme. Quando Sinna arrivò, ormai le ombre che filtravano dalla finestra si allungavano sulla parete.

Sollevata, la abbracciai. Non ricambiò subito il mio gesto d'affetto, tuttavia le diedi un bacio sulla guancia e le sussurrai all'orecchio sincere parole di ringraziamento. Quando non riuscii più a reggermi in piedi, mi si sedette accanto sulle lenzuola che le altre donne avevano preparato e mi tenne la mano.

Mi diedero un lembo di stoffa da mordere per distrarmi. Il parto si trascinava all'infinito. Nei mesi precedenti ero stata così impegnata a progettare la morte di Mael Colum che non avevo nemmeno preso in considerazione che sarei potuta morire. In effetti capitava spesso che le puerpere non sopravvivessero, ma l'eventualità si materializzò nella mia mente solo quando mi sdraiarono a terra, ansimante per lo sforzo.

Poi, fu tutto finito.

Non appena udii quel flebile vagito, venni travolta da un'ondata di sollievo. Impiegarono un secolo a lavare la creatura e ad avvolgerla in caldi vestitini. Ero disperata, come se mi avessero privato di una parte di me, e temevo di morire se non l'avessi recuperata subito.

La levatrice me la passò, e vidi che era rosa e viola come Adair appena nato. Aveva anche un'altra cosa in comune con mio fratello: era maschio.

All'inizio, vedendolo così minuscolo, mi allarmai, ma la levatrice mi assicurò che era sano, perlomeno considerato che era nato prematuro. Mentre fissavo mio figlio, non piansi come capitava ad alcune donne, ma provai soltanto una profondissima sensazione di benessere. La bellezza di quell'esserino che tenevo tra le braccia cancellò ogni mio senso di colpa per avere obbligato Gillecomghain a partecipare al mio piano, inoltre ero felice perché avevo eliminato la minaccia più seria contro la vita del mio piccolino.

Infine la levatrice se ne andò, lasciandomi sola. Non ero diventata la pagana che avrebbe voluto mia nonna. Benché Ardith non mi avesse insegnato nessun incantesimo e mi mancasse il talento innato di Ailith, decisi che a mio figlio non avrei fatto mancare nulla.

Nonostante ciò, gli sussurrai le uniche parole di protezione che conoscevo.

Noi tre ci rivediamo quando?
Le toirneach tintreach nó báisteach,
Nuair a bheidh an hurlyburly déanta.
A guerra persa e vinta.

«Per ora la battaglia l'abbiamo vinta, piccolo mio» gli sussurrai. «Adesso sta' a vedere come tua madre vince anche la guerra.»

20

Lo chiamai Lulach, il mio “torello”. Era talmente minuscolo che immaginai di avere scelto quel nome in previsione del futuro. Quale madre, del resto, non avrebbe dato al proprio figlio un nome che sperava fosse di buon auspicio? Nei giorni successivi lo tenni sempre al mio fianco. La levatrice mi mandò una balia perché lo allattasse, com’era comune tra le nobildonne, ma io mi rifiutai.

Feci del mio meglio per nascondere il livido sul collo con uno scialle, e permisi a Gillecomghain di venire da noi solo il mattino seguente. Sinna se ne stava seduta in silenzio in un angolo, attenta a eventuali segnali che lasciassero intendere che sospettava qualcosa, ma lui non aveva occhi che per quel fagottino tra le mie braccia. Mi fece tenerezza.

«Sei felice che sia un maschio?» gli chiesi.

«Sono felice che stia bene.»

Che non accennasse al ritrovamento del corpo di suo fratello mi preoccupò. Di sicuro ormai le sue guardie lo avevano informato.

«Mael Colum non vuole venire a verificare di persona se questo piccolino costituirà una minaccia per lui?» gli domandai poi, cercando di assumere un tono spensierato e allegro.

«Mio fratello è tornato a Burghead.»

Mi si fermò il cuore. Ci aveva forse visto qualcuno?

«Da solo?»

«Sì, Sinna l'ha visto cavalcare verso Moray ieri sera. Stamattina ho congedato le sue guardie.»

E brava Sinna! Con quel colpo di genio ci aveva fatto guadagnare tempo prezioso.

«Magari è scappato dopo avere saputo che era nato il nostro torello.»

Gillecomghain non disse nulla, perso nei suoi pensieri.

«Be', grazie a Lulach, adesso finalmente la nostra posizione a Moray è assicurata» commentai.

«Conquistare il trono in questo modo non mi interessa. Inoltre, la nascita di mio figlio contribuirà soltanto ad aumentare le fissazioni di mio fratello.»

«Il solo fatto che tu esista lo angoscia.»

Vedendolo sussultare, decisi di cambiare tattica.

«Saresti un sovrano di gran lunga migliore di lui.»

«No, non posso aspirare a nessuna gloria. Dio ha in serbo altri progetti per me.»

«A causa di tuo fratello?»

Chissà, magari l'unica cosa che inibiva le ambizioni di Gillecomghain era proprio lui. Adesso che avevo eliminato quell'ostacolo, si sarebbe potuto godere la sua libertà, diventando il mormaer sicuro di sé di cui avevo bisogno al mio fianco.

«No, per via di...»

Andò alla finestra, troppo turbato per riuscire a guardarmi in faccia.

«Perché dovrei rinunciare ai miei desideri? Mael Colum si è sempre preso chi e cosa voleva, perché io non posso fare altrettanto?»

Dopo tutto quello che avevo dovuto sopportare il giorno prima, per non parlare dell'ultimo anno, la sua petulanza mi disgustava.

«Anch'io vorrei poter avere il privilegio di scoprire cosa mi piace e cosa no, invece devo accettare quello che passa il convento. Forse è ora che impari a fare altrettanto.»

«Non hai idea di cosa significa vivere giorno dopo giorno nella menzogna.»

«È da quando sono nata che mi ritrovo sballottata di qua e di là.» La freddezza della mia voce attirò la sua attenzione. «E ogni volta devo ricominciare da zero, risorgere dalle mie ceneri e inventarmi una nuova vita. Ormai sopravvivere è diventata una sfida contro chi avrebbe voluto uccidermi. Non posso permettermi il lusso di sapere chi o cosa desidero; posso solo andare avanti, un giorno dopo l'altro, come viene. Non saprei nemmeno da dove cominciare.»

«Hai dovuto affrontare parecchie difficoltà, non lo discuto, ma vedersi negata l'unica cosa che ti interessa davvero nella vita è... è insopportabile, ecco. Cerca di capirmi.»

Naturalmente lo capivo eccome, ma non gli avrei mai dato la soddisfazione di ammetterlo.

«Ti aspetti che provi compassione per te?» gli chiesi. «E per cosa? Perché sei un mormaer? Perché di nascosto puoi andare a letto con chi vuoi? Perché puoi viaggiare liberamente per tutto il regno e, se soltanto lo volessi, avere un grandioso destino? No, non ti compatirò. Anzi, se non fossi mio marito e il padre di mio figlio, ti disprezzerei.»

Gillecomghain emise un sospiro, come se lo avessi colpito sul vivo.

«Fin dove arriva la tua crudeltà?» mi domandò, ma senza livore, quasi fosse davvero curioso di scoprirlo.

«Io brindo alla tua vita e ti dimostro che, nonostante tutto, conduci un'esistenza privilegiata, e tu la chiami crudeltà? Il fatto che la pensi così conferma il mio sentore.»

«Basta, non ho intenzione di starti ad ascoltare un secondo di più!» esclamò, poi si avvicinò alla porta. Prima di uscire, si girò verso di me. «Pensavo che avremmo potuto costruire una famiglia insieme, basata su un'amicizia nata dalla reciproca comprensione. Pensavo che ci saremmo potuti ritagliare qualche piccolo momento di felicità insieme. Abbiamo perso molto entrambi. Pensavo che tu... che la nostra vita qui... insomma, pensavo che mi sarebbe bastato.»

Scorsi talmente tanto dolore nei suoi occhi che un lontano ricordo venne a bussare al mio cuore. Anche MacBeth mi aveva guardato così il giorno in cui avevo rifiutato la sua proposta di matrimonio.

«Se avessi saputo che eri così fredda e manipolatrice...»

Derisi la sua aria drammatica, ma lui continuò.

«Mi sarei dovuto trafiggere con la mia stessa spada quando Mael Colum ha insistito perché restassi a Inverness.»

Smisi di ridere all'istante. Se Gillecomghain si fosse ucciso, a me non sarebbe rimasto nulla. Re Malcolm avrebbe nominato un nuovo mormaer e io, a meno che non fossi riuscita ad avvisare mio padre, sarei rimasta senza alleati e senza casa. La mia battaglia, il mio sacrificio, sarebbero stati vani.

«Perdonami, ti prego. Sono stanca e distrutta dal parto. Non volevo...»

«Tranquilla, non ho intenzione di uccidermi» mi interruppe, capendo al volo quale fosse la mia reale preoccupazione. «Non mi sottrarrò ai miei doveri, adesso ho una moglie e un figlio a cui badare.»

E anche un amante, che renderà l'incombenza più sopportabile.

Dopo le sue minacce, però, non osai dare voce al mio pensiero. Nonostante quelle belle dichiarazioni di rispetto familiare, se fosse accaduto qualcosa al suo amante, il peso del dolore l'avrebbe schiacciato. Avevo ottenuto tanto, ma la mia vita restava ancora appesa a un filo.

Una delle cose che più mi davano sollievo era che Lulach assomigliasse tantissimo a Adair. Aveva gli stessi occhi azzurri di mio fratello e anche i suoi stessi fini capelli biondi, ereditati da mio padre, che di sicuro crescendo sarebbero diventati folti e ricci. Proprio come Adair, pianse solo i primi giorni e poi si tranquillizzò. Mi sembrava di riavere con me mio fratello. Oh, quanto mi mancava! Mi addolorava non potergli mandare un messaggero per avvisarlo della nascita di suo nipote ma, adesso più che mai, non potevo rischiare che MacBeth venisse a sapere della posizione di Gillecomghain e tentasse di riprendersi Burghead – sempre che non ne fosse già al corrente, ovvio. Mi rassegnai a sperare che Adair stesse bene, dovunque si trovasse, e a pregare che un giorno ci saremmo rincontrati.

Aspettavo di ricevere la notizia del ritrovamento del corpo di Mael Colum da un momento all'altro, ma i giorni passavano invano. Perché non era venuto nessuno da Burghead per denunciarne la scomparsa? Perché il suo cadavere non era ancora stato rinvenuto?

Mi tornò in mente un vecchio incubo infantile, e mi chiesi terrorizzata se non fosse riuscito a tornare incolume dal mondo dei morti. Esistevano racconti pitti su simili prodezze, di solito agevolate dall'intervento degli dèi. Ingenuamente mi ero aggrappata alla speranza che le nostre divinità, almeno quelle non spaventate dalla nuova religione, fossero dalla mia parte ma, considerato quanto avevo dovuto sopportare, non mi sarei stupita se qualcuna di loro avesse voluto distruggermi.

Alla fine, però, toccò a Gillecomghain comunicarmelo. Avevo insistito perché quella sera cenassimo tutti insieme, e lui, per dare credito alla messinscena del nostro felice matrimonio, aveva accettato. Mangiammo in silenzio, ogni traccia di cordialità tra noi svanita nel nulla dopo la nascita di Lulach.

«Ci trasferiamo a Burghead» mi informò, rompendo il pesante silenzio che era calato a tavola.

«Ah, sì?» esclamai, e il cuore prese a battermi più forte. «Mael Colum vuole che andiamo ad abitare insieme a lui?»

«Mio fratello è morto.»

«E come?» gli chiesi spalancando gli occhi e fingendomi sorpresa.

«Non lo sappiamo ancora» rispose, senza tradire nessuna emozione.

Ci studiammo da vicino entrambi.

«L'hanno trovato fuori Elgin» continuò.

«Davvero?» esclamai, stavolta sinceramente sbalordita. L'avevo attirato con l'inganno nel folto della foresta, ma non ci eravamo spinti fino a Elgin! «Non pensavo avesse dei nemici laggiù.»

«Non è detto che sia morto lì. A quanto pare, è stato pugnalato, e poi di sicuro qualche animale selvatico l'ha trascinato via.»

«Ah, può essere» dissi, mangiando del pane per nascondere il mio sollievo.

«Non mi sembri sorpresa.»

«E tu non mi sembri addolorato.»

Gillecomghain si abbandonò a una risata cupa e roca, e non riuscii a nascondere lo sgomento. Vedermi così sconcertata contribuì a farlo divertire ancora di più.

«Volevo solo un po' di onestà da parte tua.»

«Dunque sei felice che...?»

Sapevo che aveva sempre vissuto nel terrore di suo fratello, ma non mi aspettavo che si rallegrasse per la sua morte.

«No, ha fatto una fine orribile. Non se lo meritava.»

Per poco non mi ingozzai con la zuppa. Invece se lo meritava eccome, pensai, e anche peggio!

«Ammetto, però, che sono sollevato.»

Sfoggiò un sorriso talmente abbagliante che venni travolta da tanta bellezza. Oh, che peccato non poterlo avere come amante.

«Quando si parte?» gli chiesi.

«Io domani, tu puoi raggiungermi quando sarai pronta.»

«Verrò con te» risposi, emozionata all'idea di voltare pagina e tornare a Burghead come sua signora.

«Sono certo che hai bisogno di riposare.»

«Ho già riposato abbastanza.»

Era vero. Dalla nascita di Lulach dormivo sorprendentemente bene, o forse dipendeva dalla morte di Mael Colum – due eventi per me inscindibili tra loro.

Alzò le spalle. In effetti non aveva motivo di lasciarmi lì.

Partimmo il mattino seguente. Era una giornata stupenda e calda, e la brezza marina che proveniva dal fiordo ci tenne al fresco durante il viaggio. Mi sentivo il cuore leggerissimo: ero libera dalla tirannia di Mael Colum, adesso Gillecomghain era l'unico Mormaer di Moray, un titolo inferiore solo a quello del re, e un giorno mio figlio avrebbe potuto continuare la discendenza di Re Coinneach. Avevo corretto il corso che aveva preso la mia vita, e ancora una volta stavo inseguendo il destino che mi era stato promesso.

Per la prima volta da quando ero fuggita da Scone, mi concessi di sperare incondizionatamente che la profezia di mia nonna non fosse altro che un'inevitabile avanzata verso la gloria. Benché rimanesse un premio lontano, la corona non era più così inaccessibile. Mi sentii in colpa per avere dubitato di lei e, dovunque si trovasse, in questa vita o nell'aldilà, sperai non se ne fosse accorta.

Arrivammo a Burghead verso l'ora di cena e trovammo l'insediamento quasi deserto. Sapendo che Gillecomghain non avrebbe avuto bisogno di loro, i mercenari alle dipendenze di Mael Colum se n'erano andati. Anche i domestici erano scappati, portandosi via le provviste. Potevamo contare solo su chi era partito con noi da Inverness.

Vagai per le strade con Lulach su un fianco, sgomenta nel trovare Burghead in condizioni peggiori di quanto mi aspettassi. Alla notizia della morte di Mael Colum, qualcuno si era sentito abbastanza impavido da saccheggiare la fortezza. Dopo l'incendio, solo poche case erano state ricostruite. Nonostante Mael Colum avesse mantenuto il territorio in discreto ordine, mi ritrovai sopraffatta dalla commozione nel constatare quanto sembrasse tutto vuoto e spoglio, così diverso dal luogo vivace e indaffarato che conoscevo io.

Ci saremmo dovuti rimboccare le maniche.

Il giorno seguente, Gillecomghain insisté che fosse della massima importanza andare a Elgin, il centro abitato più vicino, e allertarli del nostro arrivo. Secondo me sarebbe stato meglio aspettare fino al mattino dopo, ma lui voleva assicurarsi che nessuno ci avrebbe attaccato durante la notte.

Volle una sola guardia con sé, anche se io gli avevo suggerito di portarne altre. Era convinto che, data la sua mancanza di ambizione, nessuno lo considerasse una minaccia, ma io sapevo che qualcuno avrebbe potuto sfruttare quella debolezza.

Non dovevo preoccuparmi, però. La guardia che aveva scelto era ben piazzata, la pelle color sabbia, piena di lentiggini in volto. Aveva un petto ampio quanto un barile e le gambe agili – un bel vantaggio in caso di attacco. Quando ci fossimo stabiliti al castello, magari avrei potuto impiegarla al mio servizio.

«Di' agli uomini di Elgin che, se volessero aiutarci a ricostruire Burghead, i loro sforzi verranno ricompensati con cibo e bevande!» gli gridai.

Quando partì, noi ci organizzammo per sistemarci negli alloggi che Mael Colum aveva fatto erigere al posto di quelli a cui aveva appiccato il fuoco. Ordinai alla servitù di ripulire due dei saloni più ampi, poi assegnai quello in fondo a mio marito, mentre quello più piccolo, vicino all'entrata della fortezza, lo tenni per me. Volevo essere al corrente degli spostamenti di chiunque, soprattutto dei suoi.

Mi rallegrai per l'efficienza con cui la servitù puliva, spazzava via le macerie e portava paglia e legno per accendere il fuoco contro il freddo della notte. Chi non aveva compiti da svolgere, soprattutto uomini e bambini, venne assegnato a portare i cavalli al pascolo e dopo riordinare le stalle.

Quando ordinai alle guardie di occuparsi della sala d'armi, li incoraggiai anche a decidere come sistemare il presidio. Perlopiù mi obbedirono, ma a quei pochi che risposero borbottando, infastiditi all'idea di ricevere disposizioni da me, diedi la libertà di andarsene e provare a rifarsi una vita come contadini.

Mentre supervisionavo il mio lavoro, tenendo Lulach nel suo posto preferito, cioè sul mio fianco, provai un'immensa soddisfazione. La facilità con cui interpretavo il mio ruolo di sicuro confermava che potevo aspirare a una posizione di comando ben superiore.

A tarda sera, quando Gillecomghain tornò, mi salutò di sfuggita e poi sparì nei suoi appartamenti. Cercai di impedire che la delusione rovinasse il nostro immenso lavoro, ma rimasi ulteriormente scoraggiata quando l'indomani non ricevemmo nessun aiuto da Elgin. Gillecomghain e la sua guardia trascorsero una settimana in giro per i diversi villaggi di Moray, ma nessuno venne in nostro soccorso. Una sera, vedendolo tornare particolarmente affaticato, cominciai a nutrire qualche dubbio sull'efficacia della sua missione e sulla natura dei suoi rapporti con la guardia.

Il giorno dopo, non appena mio marito se ne fu andato, mandai Bram, una giovane guardia che si era dimostrata molto utile nel riordinare il presidio, a Elgin, e tornò con ben dieci uomini. Chiesi loro se Gillecomghain fosse passato in città nei giorni precedenti e, vedendo che scuotevano la testa, trovai conferma ai miei sospetti: la guardia lentigginosa era il suo nuovo amante. Oh, che vergogna!

La sera, una volta rincasato, cercai di affrontarlo, ma lui si innervosì e schivò le mie domande.

«Abbiamo sprecato sei giorni a sfacchinare da soli! Se mi avessi detto cosa stavi facendo, avrei mandato dei messaggeri.»

«Sì, certo, perché me lo avresti permesso?»

«Ho forse il potere di impedirti di fare i tuoi porci comodi?»

Mentre parlavo, mi resi conto che in realtà avevo il coltello dalla parte del manico, proprio come suo fratello. Io, però, non ero Mael Colum. Non avevo la sua forza bruta né il diritto incontestabile di assumere il comando che spettava a un uomo. Ci sarebbe voluto tempo prima che gli uomini di Burghead mi accettassero, e comunque senza Gillecomghain non ce l'avrei mai fatta.

«Se incoraggerai a rispettarmi quelli che, per natura, faticano a prendere ordini da una donna, in cambio ti concederò una certa libertà.»

Sembrò sul punto di abbracciarmi, ma io sollevai un sopracciglio perché gli fosse chiaro che non l'avrei gradito.

«D'accordo, parlerò con loro.»

Alla fine il suo aiuto non mi servì. Ogni giorno arrivavano sempre più sudditi per porgere i propri rispetti e partecipare alla ricostruzione dell'insediamento, e piano piano Burghead tornò alla gloria di un tempo. Riconobbi tante facce che ricordavo dalla mia infanzia, tutti apparentemente contentissimi di non essere più sotto il comando di Mael Colum ed entusiasti che adesso al potere ci fosse una principessa pitta.

Quando spostai la forza lavoro nel salone principale del castello, erano così numerosi che finimmo in soli due giorni. Poi toccò alle scorte che Mael Colum aveva depredato. A causa della sua cattiva gestione, sapevo che sarebbe stato un magro raccolto, e cercai di rassicurare i villaggi vicini che avremmo preso soltanto il necessario per sopravvivere durante l'inverno.

L'estate ci regalò cene deliziose consumate durante calde serate. Mentre mangiavamo tutti insieme nel salone principale, mi piaceva la rigida impostazione che avevo dato all'insediamento. Crinan imponeva la propria autorità occupando una posizione soprelevata rispetto a chiunque altro, inoltre favoriva chi avrebbe potuto assicurargli vantaggi strategici nel commercio. Io, invece, optai per una soluzione migliore: a differenza sua, infatti, scelsi di ricompensare la fedeltà e il duro lavoro.

Chi aveva dato un contributo minore, infatti, stava seduto nelle retrovie o addirittura fuori. Chi, invece, aveva svolto il proprio compito giorno per giorno con un eccezionale impegno, occupava i posti migliori, appena dietro chi avevo nominato come supervisori. Infine, eventuali thane locali in visita al castello cenavano insieme a me al tavolo d'onore rialzato. All'inizio tenevo sempre una sedia libera per Gillecomghain, ma ci raggiungeva così di rado che alla fine, in sua assenza, permisi a Sinna di sedersi accanto a me.

Al loro arrivo, gli uomini e le donne di Moray si erano mostrati taciturni e ossequiosi ma, con il passare delle settimane, divennero sempre più loquaci. Restavamo seduti a chiacchierare finché non diventava buio, condividendo del buon cibo e raccontandoci vecchie storie. Mentre ricordavamo Donalda e Findlaich, alcuni di loro piangevano, invece ridevano quando si parlava della guardia vichinga stagionata che costituiva l'unico seguito di Findlaich. Tornavano sempre tardi nell'insediamento che cresceva a vista d'occhio, e io riprovai di nuovo il calore e l'affetto che avevo suscitato nei bambini del Fife prima e in quelli di Burghead dopo.

Lulach ci osservava con i suoi occhioni azzurri, ed ero felice che assistesse allo sviluppo dei nostri possedimenti. Era come se la sua vita scorresse in parallelo a quella di Burghead: crescevano e prosperavano entrambi di pari passo.

Pensai di chiedere a Gillecomghain di darmi un secondo figlio, ma temetti che avrebbe sottratto affetto a Lulach, dunque decisi di aspettare finché non fosse più grandicello, così mi sarei goduta quei primi anni con lui. I primi mesi, a mano a mano che mi sistemavo a Burghead, ripensai all'eventualità di trovarmi un amante ma, per quanto desiderassi avere compagnia, non potevo permettermi di essere vulnerabile, non dopo Thamhas. Perciò mi accontentai del considerevole piacere che davo a me stessa e dedicai il resto delle mie energie all'insediamento.

Il primo inverno fu una gioia per tutti. Nonostante lo scarso raccolto, la gente aveva di che sfamarsi e, quindi, era contenta. Dopo la morte di Findlaich, alcuni vichinghi rimasero nei paraggi e continuarono a commerciare ciò che potevano. A ogni nave che attraccava a Burghead, chiedevo informazioni su mio padre, Adair e MacBeth. I mercanti erano ferratissimi sulle guerre in corso nel regno meridionale, ma ben poco sui singoli guerrieri. Prima che veleggiassero verso nord per l'inverno, li ricoprivo di attenzioni e li incoraggiavo a mantenere il segreto sulla rinascita di Moray.

In primavera, quando Lulach aveva quasi un anno, Re Malcolm mandò un inviato a porgerci le sue condoglianze per la tragica morte di Mael Colum, anche se sospettavo che il suo vero intento fosse scoprire come se la cavasse Gillecomghain nel ruolo di mormaer. Si trattenne due notti e, nonostante morissi dalla voglia di avere notizie su Duncan e la Principessa della Northumbria, non osai chiedergli nulla. Dal canto suo, lui non ci diede nessuna informazione, e se ne andò con la stessa velocità con cui era arrivato, soddisfatto nel constatare che a Gillecomghain non interessava avere più autorità di quella che gli garantiva il suo titolo.

Sotto la mia attenta guida, l'anno successivo Burghead si sviluppò ulteriormente. In primavera i mari traboccavano di mercanti che preferivano fermarsi a Moray piuttosto che spingersi a sud. Andarono e venirono per tutta l'estate, e il mio popolo aveva i mezzi per comprarsi ciò che voleva. Il secondo anno il raccolto fu più propizio e le reti dei nostri pescatori più piene.

Benché non mi piacesse ammetterlo, ero fortemente influenzata da quanto avevo imparato da Crinan. Istituii anch'io il mio Gran Consiglio e feci il possibile per dirimere le varie questioni con equità. Ma, differenza sua, trascorrevo gran parte del tempo in giro per il contado. Insegnai a Sinna a compilare i libri mastri e a supervisionare i mercanti in modo da potermi assentare e andare con Lulach a Inverness, Elgin e Ballindoch, l'ultimo insediamento di Moray, la via d'accesso alle montagne da cui eravamo fuggiti anni addietro – era passato così tanto tempo da allora che mi pareva appartenesse alla storia di qualcun altro.

Nonostante sembrasse regnare la pace nel nostro angolo di Alba, sapevo che il pericolo era sempre in agguato: da parte di Re Malcolm se gli fosse giunta notizia della nostra prosperità, o di Duncan se avesse voluto portare a termine ciò che aveva iniziato, oppure di MacBeth se fosse stato pronto a vendicare suo padre. Se davvero era diventato il grande guerriero che avevo predetto, non appena ne avesse avuto anche la minima possibilità, avrebbe attaccato Burghead con il suo potente esercito. Per quanto desiderassi avere sue notizie e vederlo, sapevo che era più sicuro evitare.

In segreto radunai anch'io il mio piccolo esercito, composto dalle guardie di Gillecomghain e dagli uomini degli insediamenti vicini che mi veneravano come la salvatrice delle loro terre. Nominai Bram mia guardia personale; in mia assenza, si incaricava lui della sicurezza di Lulach e Sinna.

Forgiammo una solida scorta di armi, che poi distribuimmo per tutto l'insediamento. Riproposi i falò di segnalazione che usava Findlaich, in modo da essere allertati con largo anticipo in caso di attacco.

Trascorsero così quattro anni.

Pensavo che la morte del fratello avrebbe infuso coraggio in Gillecomghain, e che la mia unica preoccupazione sarebbe stata mantenere segreto il nostro accordo. Invece lui si chiuse ancora di più in se stesso, al punto che anche la presenza di altre persone lo innervosiva.

Conoscevamo entrambi la fragilità di quanto ci eravamo conquistati: l'affermazione della mia autorità, intanto che lui oziava tra le braccia del suo amante. Mentre io sfruttavo tale precarietà per rafforzare la mia posizione, mio marito la usava come scusa per nascondersi chissà dove. A volte non lo si vedeva per settimane, e poi ricompariva quando litigava con il suo soldato lentigginoso.

Smisi di chiedergli di presenziare ai miei consigli. La gente non gli tributava lo stesso rispetto che riservava a me, e la sua presenza spesso creava imbarazzo. Temendo che un giorno non sarebbe più tornato, pensai addirittura di farlo pedinare, ma non c'era nessuno di cui mi fidassi tanto da affidargli un simile incarico.

All'inizio la distanza tra noi mi andava benissimo, ma cominciai ad avere il sospetto che mi odiasse. A volte lo beccavo a fissarmi, e aveva sempre uno sguardo dolente e arrabbiato.

Una sera, sentendomi in vena, provai ad affrontarlo. Quel giorno Lulach aveva sfidato con le spade di legno, sconfiggendolo, un bambino molto più grosso di lui, inoltre avevamo saputo che Re Malcolm stava male. Nulla di grave, anzi di sicuro ormai si era già ripreso, ma mi divertiva immaginarlo in difficoltà.

Gillecomghain se ne stava da solo nei suoi alloggi, dunque significava che era innamorato e infelice. Bussai piano ed entrai, anche se non mi aveva invitato. Lo trovai seduto su una sedia di legno, le pupille che riflettevano la luce del fuoco mentre fissava inebetito le fiamme.

«Che c'è?»

«Immagino che tu abbia trascorso una bella giornata» dissi, cercando di assumere un tono di voce spensierato e per nulla conflittuale.

«Allora, cosa vuoi?»

Ah, era in vena di litigare? Benissimo, allora.

«Perché tieni il broncio come un bambino? E, a vederti, sembra che la mia sola presenza ti faccia soffrire.»

Non rispose.

«Come puoi avercela con me dopo tutta la libertà che ti ho concesso?»

«Non ce l'ho con te» ribatté, ma intuii che era una menzogna, evidente quanto un falò che fendeva l'oscurità.

«Se mi spieghi che ti succede, magari posso aiutarti.»

Scoppiò a ridere. «Oh, no, sei proprio la persona meno indicata.»

Chiaramente non era dell'umore adatto per ragionare. Decisi di lasciar perdere e mi diressi verso la porta.

«Mael Colum mi aveva promesso che, se gli avessi dato una mano a conquistare Burghead, sarei potuto tornare in Irlanda. Laggiù... sì, laggiù vive una persona a me molto cara.»

Rimasi di sasso.

«Anche qui hai delle persone a te care» gli feci notare.

Scosse il capo e continuò, anche se adesso non riusciva a guardarmi in faccia.

«Se non fosse stato per te e Lulach, quando Mael Colum è stato ucciso, sarei potuto tornare da lui.»

«Se non fosse stato per me, tuo fratello ti terrebbe ancora al guinzaglio. Non hai idea di quello che ho fatto per te. Per *noi*» rimarcai furibonda.

Alzò la testa di scatto, e mi venne il panico. Avevo pensato spesso di confessargli l'accaduto per garantire la sicurezza di entrambi, ma non ero sicura di come avrebbe reagito. In quel momento, infatti, mi chiesi se non fossi stata troppo avventata. Lui, però, girò la testa. Gli si leggeva in faccia cosa stava pensando, neanche l'avesse pronunciato a chiare lettere.

Nemmeno tu arriveresti a tanto.

«Ti concedo molte cose, e chiudo un occhio su tante tue indiscrezioni. Se, però, dovesse giungermi all'orecchio che stai andando in Irlanda, manderò i miei uomini a riprenderti e rivelerò a tutti chi sei.»

«Credi davvero che questa gente ti lascerebbe governare Moray da sola?» rispose, ma non era esperto di minacce quanto me.

«Sì, il popolo mi è fedele. Se glielo domandassi, scenderebbero perfino in guerra per me.»

Scoppiò a ridere di nuovo.

«Sei un'ingenua se credi che, in cambio di qualche anno di prosperità, rischierebbero la vita per te. Accettano la tua autorità solo perché sei mia moglie. Nonostante rimanga nelle retrovie, è la mia presenza a garantirti la loro obbedienza. Senza di me, vedrai con quanta velocità si sgretolerà il tuo potere.»

Non era la rabbia a parlare per lui, bensì l'equilibrata voce della verità, che toccò le mie più profonde insicurezze e mi sbatté in faccia tutta la fragilità della mia posizione. Non sarei stata al sicuro finché non avessi avuto la corona ben salda sulla testa, e il solo pensiero mi faceva infuriare.

«Dobbiamo piegarci entrambi al nostro destino. Non ci accetteranno mai per quello che siamo davvero» aggiunse.

«Ti sbagli» risposi, e corsi via.

Successivamente raddoppiai i miei sforzi per consolidare prosperità e sicurezza a Burghead, concedendo un'attenzione particolare ai miei guerrieri. Era giunto il momento di espandere la mia influenza oltre i confini dell'insediamento e del contado.

Informai tutta Moray che chiunque avesse voluto arruolarsi al nostro servizio avrebbe ricevuto vitto e alloggio e l'opportunità di partecipare a gloriose imprese. Costruimmo un immenso presidio nell'insediamento sottostante la fortezza, e difatti arrivarono a frotte.

Saremmo stati pronti.

21

L'allarme giunse nel pomeriggio, mentre io e Lulach ce la spassavamo al fresco di un'ombrosa foresta non lontano dal punto in cui il fiume Spey si riversava nel fiordo, trovando sollievo dal gran caldo estivo nelle sue gelide correnti. Lulach aveva tanti amici a Burghead e si divertiva insieme a loro, ma a quell'età preferiva comunque la compagnia di sua madre. Mentre io me ne stavo distesa nell'erba, lui giocava con l'acqua e parlottava tra sé.

Adoravo portarlo lì; quella pace e quel silenzio mi infondevano una serenità che di rado provavo a Burghead. Non dovevo dedicare la maggior parte delle mie giornate a rispondere alle tante richieste del mio popolo, dunque ero libera di pianificare il mio futuro.

Di recente, da quando avevo incoraggiato alcuni dei nostri mercanti a spostarsi verso le sue terre, nel sud-est del regno, il Mormaer di Aberdon era diventato un mio fedele alleato. A Caithness imperversava la contesa ma, una volta risolta, avrei sconfitto il suo sovrano. Altri cinque anni, pensai, poi saremmo stati pronti. Avrei riportato a casa Adair e mio padre dalla corte di Re Cnut, per consegnare loro le terre che gli erano state promesse. Inoltre Lulach avrebbe avuto quasi dieci anni, l'età perfetta per diventare principe.

«Madre, cos'è quella riga color argento laggiù?» chiese, interrompendo i miei piani.

«Sarà il mare» riflettei, mentre osservavo le chiome degli alberi sopra di me.

«No, il mare è da quella parte» insisté. «E poi quella riga sale verso il cielo.»

Mi misi a sedere. In lontananza, lungo la costa, qualcuno aveva acceso un falò, un pennacchio di fumo argento che si levava verso l'alto. Di tanto in tanto mandavo di nascosto un gruppo di guardie a cavallo al confine di Moray per provare l'efficacia delle nostre sentinelle, che non mi deludevano mai.

Ultimamente, però, non avevo dato nessun ordine.

Afferrai Lulach e tornai di corsa a Burghead in sella ad Allistor.

Al nostro arrivo, trovammo un messaggero ad aspettarci. Benché fossero ancora lontani, un gruppo di uomini con la livrea viola reale erano stati visti entrare a Moray lungo la costa. Erano in dieci, pochi per essere un esercito ma abbastanza da attirare l'attenzione. Magari ne erano arrivati altri in segreto, che adesso se ne stavano nascosti nelle foreste e sulle colline. Ci avrebbero messo almeno un giorno o due a raggiungerci ma, finché non avessimo scoperto il motivo della loro visita, decisi di prepararmi per un eventuale attacco.

Mandai Sinna a cercare Gillecomghain. Mi assicurai che tutti gli uomini di Elgin e Inverness fossero armati e pronti a correre in nostro aiuto se necessario. Nascosi le armi di cui disponevamo intorno alla fortezza e consegnai un pugnale a ogni donna. Se gli uomini del re ci avessero attaccato, gli avremmo dato del filo da torcere.

Come previsto, impiegarono due giorni per arrivare. Nel frattempo, non ricevendo notizie di rinforzi, decisi di dare loro il benvenuto come ospiti. Volevano convincermi di essere venuti in pace, era chiaro. Be', avrei risposto con la stessa moneta.

Alla fine andò ad accoglierli Gillecomghain. Avevo provato a trattenerlo a Burghead per dimostrare che insieme costituivamo un fronte unito e potente, come avevano fatto Findlaich e Boedhe in occasione della visita di Crinan. Non mi degnava della minima attenzione, però.

«Qui c'è il tuo zampino» disse.

«Sì, certo, ho convocato le guardie del re solo per darti fastidio.»

Mi fulminò con lo sguardo e poi montò a cavallo, ma io gli afferrai le redini.

«Attento a non provocarli» lo misi in guardia.

«Sono molto più diplomatico di quanto pensi» mi rispose, dopodiché se ne andò.

Almeno aveva avuto il buon senso di portarsi dieci guardie, una per ciascun cavaliere del re.

Attesi con ansia tutta la mattina, cercando invano di restare calma. Rimproveravo Sinna per ogni minima bazzecola, tanto che corse a rifugiarsi nelle nostre stanze. Il resto della servitù seguì il suo esempio, e si tenne alla larga da me. Mi ricomposi solo quando mi resi conto che il mio pessimo umore spaventava Lulach; gli domandai scusa e lo presi in braccio, poi gli raccontai una storia.

Distinsi il suono di voci maschili trasportato dal vento prima che la mia sentinella facesse ritorno, dunque corsi nella sala del trono con Lulach. Volevo sembrasse che avevamo appena terminato di pranzare, perciò aspettai lì finché non sentii portare i cavalli nelle stalle. Poi mi palesai, tenendo mio figlio per mano.

«Benvenuti, uomini di Scone!»

Le guardie di Re Malcolm mi guardarono, e io sorrisi soddisfatta nel vedere la loro meraviglia. Quella mattina avevo un aspetto particolarmente gradevole, in effetti. In segno di ringraziamento per aver nominato suo marito signore di una delle terre vicine, infatti, una delle donne di Elgin mi aveva regalato un vestito color verde muschio, e i capelli ramati mi ricadevano a onde sulla schiena, come li portava mia madre, scintillando al sole estivo.

Corrispondevo esattamente all'immagine che si erano costruiti della moglie di un grande mormaer: bella, materna, ospitale. Fecero un cenno del capo a Gillecomghain in segno di approvazione ma lui mantenne la stessa aria abbacchiata di sempre mentre ordinava di portare il suo cavallo nelle stalle. Apprezzai le loro attenzioni, e le ricambiai con un sorriso ancora più dolce.

«Permettetemi di offrirvi da bere e da mangiare per rifocillarvi. Se per caso mio marito non l'avesse specificato, tutto quello che abbiamo è a vostra disposizione. Servitevi pure, dunque.»

«Grazie, mia signora, ce l'ha detto» mi rispose una delle guardie.

Gillecomghain fece una smorfia, ma lo ignorai.

«Posso chiedervi il motivo di un così lungo viaggio?» gli domandai poi educatamente.

«Certo, mia signora, anche se temo si tratti di una triste incombenza» rispose lui. Mentre parlava, lo sorpresi a fissarmi il seno; si capiva che avesse provato e riprovato a mente quella battuta, il tono di voce per nulla affranto.

«Re Malcolm il Grande è morto. Siamo stati mandati per accompagnare Gillecomghain a Scone, così che possa piangere il sovrano e giurare fedeltà al suo erede Duncan.»

«Oh!» esclamai, attenta a non lasciar trapelare il mio turbamento. Re Malcolm, l'uomo che odiavo da una vita, era morto! I suoi uomini non erano venuti ad attaccarci, allora. Invece di gioia o sollievo, però, provai solo amarezza perché presto Duncan sarebbe stato incoronato re. Non mi avesse abbandonato, adesso sarei stata lì accanto a lui, pronta a diventare la Regina di Alba.

«Che nostro Signore benedica la sua anima» aggiunsi, dopodiché li invitai a entrare.

Accogliemmo i messaggeri del re dando una cena in loro onore, e Gillecomghain ci degnò della sua presenza. Avrei dovuto essere sollevata, invece non riuscivo a smettere di pensare a Duncan. Cercai di distrarmi interpretando il ruolo della perfetta padrona di casa e mi informai su come stavano loro e le loro famiglie. Apprezzarono tanta premura, tuttavia mi accorsi che ci tenevano d'occhio.

Nonostante facessimo del nostro meglio per nasconderlo, sapevo che avrebbero fiutato discordia, dunque mi affannai per convincerli del contrario. Se avessero sospettato che le cose tra noi non funzionavano, mio marito avrebbe dovuto solo incolpare se stesso.

Certa che le guardie fossero di buonumore, affrontai un argomento di cui sapevo sarebbe stato meglio discutere davanti a Gillecomghain, così non avrebbe avuto nulla da obiettare.

«L'invito a Scone comprende anche me?» chiesi a Erroll, il messaggero che sembrava al comando.

«Duncan pensava che forse non avreste avuto piacere a venire» mi rispose, soppesando le parole.

«Oh, che motivi avrei per non voler andare a porgere i miei rispetti al nostro futuro re?»

Erroll guardò i suoi compagni. Era chiaro che avessero discusso a lungo della faccenda.

«Abbiamo saputo che voi e Duncan dovevate sposarvi, ma che siete fuggita dopo l'attacco del Re della Northumbria.»

Gillecomghain stava per intervenire, ma io scossi la testa. Per fortuna se ne accorse in tempo e corrucciò le labbra. Ci stavamo addentrando in un terreno impervio, non potevo contraddire la versione di Duncan.

«Pensava che non foste pronta a incontrarlo dopo essere caduta così in basso» continuò goffamente.

Scoppiai a ridere, forse un po' troppo di gusto. «Ah, vi sembro tanto malmessa?»

Erroll si guardò intorno nel salone riccamente addobbato. L'avevo fatto ingrandire perché apparisse ancora più maestoso rispetto ai tempi d'oro. Fungeva da monito per Mael Colum, Duncan e chiunque mi avesse trattato ingiustamente.

«In effetti no, per niente» replicò divertito.

Felice, trovai il coraggio per continuare.

«In realtà io conservo un ricordo diverso degli eventi» azzardai cauta, «però Duncan mi ha salvato la vita, e per questo sarò eternamente in debito con lui.»

Erroll inarcò le sopracciglia, sorpreso, e forse anche un filo insospettito.

«Quando siamo arrivati a Scone, infatti, ci hanno informato che il Re della Northumbria era a un passo da noi e avrebbe potuto attaccarci da un momento all'altro. Duncan è venuto ad avvisarmi in piena notte e mi ha messo a disposizione le sue guardie per aiutarmi a fuggire.»

«Le *sue* guardie?» ripeté, ancora sospettoso.

«Perdonatemi, intendevo le guardie del re. Però sì, altrimenti come avrei fatto a ritrovare la strada per tornare a Moray?»

Mi accorsi che ci stava riflettendo.

«Se avessi provato a scappare, sarei morta di sicuro. Grazie alla gentilezza di Duncan, invece, adesso mi ritrovo sposata con il Mormaer di Moray, un sovrano buono e gentile che amo profondamente, da cui ho anche avuto la benedizione di un figlio. E di molti altri, ne sono certa» aggiunsi, crogiolandomi in quella fantasia pur sapendo che era solo una menzogna. Ah, che gioia vedere Gillecomghain fare una smorfia!

«Duncan sarà felicissimo di saperlo.»

«Non vedo l'ora di comunicarglielo di persona» dissi, ed era la pura verità.

Gillecomghain muoveva la gamba a scatti e tamburellava con le dita sul piano del tavolo. Ero sicura che mi avrebbe redarguito davanti a quegli uomini, invece se ne uscì con una domanda a cui non avevo pensato.

«Presenzierà anche MacBeth?»

Nella sala calò il silenzio; il suo nome suonò come una maledizione, dato che eravamo seduti in quella che avrebbe dovuto essere la sua sala del trono e stavamo discutendo di una corona che aveva tutti i diritti di reclamare per sé.

«No» rispose Erroll. Avrei dovuto provare sollievo, ma al contrario mi si strinse il cuore.

Dopo, mio marito sembrò rilassarsi. Quando i nostri ospiti si furono coricati, pensai che sarebbe sgattaiolato via anche lui, invece mi seguì nelle mie stanze e rimase sulla soglia mentre io e Sinna cominciavamo a preparare i bagagli.

«Sotto il tuo comando, Burghead è diventata più forte, ma sei tu a fungere da collante» mi disse. «La tua assenza a ridosso del raccolto potrebbe risultare dannosa.» Il suo goffo tentativo di fare appello alla mia vanità mi irritò.

«Non mi pare che la nostra posizione sia così precaria.»

Mentre Sinna mi aiutava in silenzio, Gillecomghain prese ad andare avanti e indietro per la stanza.

«Perché ci vuoi andare? Qual è il vero motivo?»

«Duncan diventerà re, e mi pare saggio...»

«Non mentirmi!» mi interruppe secco. «Non sei brava a dire bugie, inoltre comincio a stancarmi.»

Lo fulminai con lo sguardo.

«Forse sarebbe opportuno che ci andassi solo io. Ultimamente sei inquieto, e potresti mettere a repentaglio la nostra posizione.»

«Non è della mia inquietudine che dovremmo preoccuparci...»

Poi se ne andò di corsa, senza nascondere la propria agitazione. Forse aveva litigato di nuovo con il suo amante. Di recente era sempre permaloso, ma i suoi battibecchi d'amore non mi riguardavano.

Sinna stava piegando i miei vestiti con cura. Mi accorsi che era pensierosa.

«Oh, ti ci metti anche tu adesso?» le dissi.

«Sono preoccupata per te.»

«Duncan non oserà farmi del male sotto gli occhi di tutti» le risposi, sminuendo i suoi timori.

«Non è questo che mi assilla» continuò, posando una mano sulla mia. «Ogni anno che passi senza la corona di Alba in testa, il tuo odio per lui aumenta. Adesso che diventerà re, temo tu possa dire o fare qualcosa di cui ti pentirai.»

Ritrassi la mano ma sostenni il suo sguardo. Aveva ragione. E anche Gillecomghain. In effetti la decisione più saggia sarebbe stata non partire. Sinna diceva sempre cose sensate, invece io no, men che meno in un momento simile.

«Cosa speri di ottenere?» mi chiese.

«Voglio vedere che faccia farà Duncan quando mi vedrà, raggiante per l'amore del mio popolo, orgogliosa per la nascita di mio figlio, sposata con il secondo uomo più potente di Alba. Serve che dica o faccia altro? La mia sola presenza cancellerà tutto quanto ha detto su di me. Tu fa' come vuoi, io vado» conclusi.

Alla fine mi accompagnò, riluttante a lasciarmi da sola. In segreto ero felice, perché dipendevo dai suoi consigli, anche se speravo di non averne bisogno a Scone. Governare Moray e nel frattempo crescere mio figlio mi aveva dato quella pacata autorità che avevo sempre desiderato. Non dovevo sottomettere nessuno con la forza, come Bethoc, né vantarmi per la mia influenza, come mia madre.

E soprattutto il mio non era un potere fatuo, che mi avrebbe portato soltanto a essere esiliata su un'isoletta remota, cioè il destino che era toccato a mia nonna. Io ero radicata nella mia terra, legata al mio popolo. Ecco, volevo che Duncan lo vedesse.

Partimmo per Scone il mattino seguente, e cavalcammo verso sud-est fino ad Aberdon, un insediamento fondato intorno alla bocca del fiume e chiamato come la divinità che la benediva. Poi seguimmo la costa verso sud, percorrendo le antiche strade che portavano a Scone.

Avevo concesso a Gillecomghain di scegliere la guardia che ci avrebbe scortato, ma insistei per portare anche Bram. Mi era diventato indispensabile, e l'affetto che provava per Lulach me lo ingraziò ulteriormente. Eppure di giorno in giorno mio marito diventava sempre più nervoso, benché ignorassi il motivo.

Se ne accorsero anche le guardie reali, che finirono per ignorarlo completamente, addirittura a disagio in sua presenza.

Fu Lulach a venire in mio soccorso. A differenza di suo padre, non vedeva l'ora di intrattenerle con rocamboleschi aneddoti su Burghead raccontati nel suo tipico farfugliare infantile; poi li supplicava di narrargli le loro gloriose imprese, entusiasta quanto me alla sua età, e li trovava sempre ben felici di accontentarlo.

Il decimo giorno raggiungemmo Scone che era già buio. Più ci avvicinavamo alle mura di pietra, più una parte di me temeva che ci avrebbero cacciato. Era da una vita che aspettavo di entrare in quella magnifica città, la sede del potere di tutta Alba, che tra l'altro adesso sarebbe stato mio se non me l'avessero strappato di mano all'ultimo momento. Stavolta, però, non incontrammo ostacoli.

Attraversammo i cancelli e passammo sotto l'imponente arco. Quando l'impressionante saracinesca si chiuse alle nostre spalle, ebbi un tuffo al cuore. L'insediamento, da fuori enorme, si stendeva ancora più di quanto immaginassi e brulicava di gente.

No, non mi aspettavo che Scone fosse così ricca. Perlopiù le persone indossavano abiti eleganti e avevano l'aria di consumare lauti pasti. Nonostante fosse poco affidabile, a quanto sembrava Re Malcolm era un sovrano generoso.

All'estremità più remota si ergeva la fortezza. Avevo sentito dire che fosse una meraviglia, ma non ero preparata all'immenso complesso che mi ritrovai di fronte. Era più alta e più grande dell'abbazia di Dunkeld. Quando smontammo, i cavalli vennero portati in stalle talmente vaste che mi domandai se vi accogliessero l'intera Alba. Percorremmo tortuosi corridoi e attraversammo ampi cortili. C'era gente ovunque: thane e consorti, servitori, cortigiani.

Qualcuno si accorse del nostro arrivo tardivo, ma perlopiù erano troppo impegnati in fitte conversazioni per badare all'ennesimo mormaer con la moglie al seguito. Non sapevano chi fossimo. Riconobbi qualcuno del seguito di Crinan, che però ricambiò i miei cenni di saluto con un'espressione confusa; ero cresciuta ormai, e forse non mi avevano riconosciuto.

Ero così angosciata all'idea di veder comparire Duncan da un momento all'altro che mi venne la nausea. Esaminai da vicino il volto di ogni donna che incontravamo alla ricerca di qualche traccia di regalità, chiedendomi se fosse lei la bella Principessa della Northumbria. Erano tutte piuttosto ordinarie, però, anche se la loro eleganza contribuiva parecchio a dissimularlo.

Fummo accompagnati in un'immensa stanza, dove avremmo dovuto condividere il letto. Sinna sarebbe stata negli alloggi della servitù. Avrei preferito lei a mio marito, ma con tutto quello spazio di sicuro avremmo trovato un accordo.

Gillecomghain si trattenne solo qualche istante e poi, con il pretesto di assicurarsi che i cavalli venissero accuditi al meglio, si allontanò. Finsi di credere a quella piccola bugia e lo lasciai andare. Non gli diedi peso, piuttosto pensai a riprendermi dal lungo viaggio.

Chiesi che mi venisse preparata la tinozza per il bagno, e mi ripulii dalla polvere accumulata. Nel frattempo Sinna intratteneva Lulach, che correva in giro per la camera eccitato e saltava sulle pellicce, seminando disordine ovunque passasse. Lo osservavo immersa nell'acqua al profumo di lavanda che le cameriere mantenevano meravigliosamente calda.

Mentre Sinna mi stava intrecciando i capelli bagnati, udimmo bussare. Restammo entrambe di sasso. Lulach stava giocando con un cavallo di legno e alzò la testa.

«Vieni qui» gli dissi, e lui corse subito al mio fianco, anche se capii immediatamente di essermi preoccupata per nulla.

«Donalda!» esclamai quando Sinna aprì la porta. Balzai in piedi e corsi ad abbracciarla. Mi abbandonai a lei non appena sentii che ricambiava con forza.

«Fatti guardare, Gruoch!» disse, staccandosi da me ma senza mollare la presa. Le sorrisi, sperando di piacerle. «Bontà divina, come sei bella!» Voleva essere un complimento, ma si accigliò.

Poi le cadde l'occhio su Lulach, e allora si allontanò.

«E lui chi è?» chiese, sempre più incupita, benché facesse del suo meglio per nasconderlo.

«Ti presento Lulach, mio figlio» le risposi, prendendolo in braccio. «Lei è tua zia Donalda.»

«Sei troppo vecchia per essere mia zia, ti chiamerò nonna» precisò lui.

Le sorrisi, convinta che quel commento l'avrebbe divertita, invece notai che aveva uno sguardo sofferente. Passai una mano tra i capelli di Lulach, sperando non si accorgesse del suo evidente disagio.

«Perché non vai a perlustrare la corte con Sinna?» lo incoraggiai. Eccitato all'idea, le diede subito la mano. «Non allontanatevi da Bram, mi raccomando» le ordinai. Di sicuro Bethoc e Crinan erano nei paraggi, e non volevo che Lulach vagasse indifeso per i corridoi della fortezza.

Quando se ne andarono, invitai Donalda a sedersi e cercai di intrattenerla dandole notizie di Burghead.

«Negli ultimi anni il commercio è prosperato, sai? Inoltre si prevede che il prossimo raccolto sarà più abbondante che mai.»

«Gillecomghain ha fatto un buon lavoro...»

«Oh, lui non c'era quasi mai, è stato solo merito mio. Ho adottato la stessa tattica di Findlaich: per conquistare l'affetto del popolo, mi sono mostrata generosa e ospitale.»

«La sua non era una tattica, ma...» tentò di interrompermi, però io continuai, ansiosa di dimostrarle che non ero una sprovveduta.

«Da Crinan, invece, ho imparato a gestire le persone e a sedare eventuali dispute. Ho preso il meglio di entrambi, insomma. E siccome mio padre diceva sempre di non fidarsi della propria posizione, Burghead è costantemente ben protetta. Il nostro esercito, infatti, cresce di settimana in settimana.»

Donalda mi ascoltava sorridente, ma mi accorsi che diventava sempre più tesa, tanto che smisi di parlare.

«Pensavo saresti stata contenta.»

«Infatti.»

«Be', allora la tua soddisfazione è più contenuta di quanto immaginassi.»

«Piccola mia, perdonami se mi rattrista pensare che Burghead dovrebbe appartenere a mio figlio.»

Rimasi sconvolta da quel suo amaro sfogo e mi scostai. In preda al rimorso, lei si rabbuiò.

«Credevo che saresti rimasta stupita... sollevata» le dissi. «Re Malcolm avrebbe voluto vedermi morta, ma sono sopravvissuta. Ho reso Burghead più forte, e le ho anche dato un erede...»

«Che appunto erediterà le terre che appartengono di diritto a *mio* figlio» rispose piano. «Sei madre anche tu, dunque sono sicura capirai come mi sento.»

Fui travolta da un'ondata di delusione. Pensavo fosse la mia unica alleata lì a corte, invece avevo contro pure lei. Inoltre mi aveva ricordato che avrei potuto perdere tutto in un batter d'occhio.

«Mi spiace che MacBeth non possa venire al funerale del re. Mi avrebbe fatto piacere vederlo» affermai.

Lei sussultò.

Poi mi alzai di scatto e mi diressi alla finestra, voltandole le spalle. Non le avrei dato la soddisfazione di vedere quanto mi avesse ferito.

«Non fraintendermi» mi disse con voce gentile e supplichevole, come se fossi ancora una bambina a cui doveva spiegare tutto. «Sono felice che le cose ti vadano a gonfie vele, per me sei come una figlia. MacBeth sarebbe stato un grande mormaer, invece ha perso il titolo ed è costretto a vivere alla corte di un re straniero, senza poter tornare nella sua madrepatria. I suoi possibili alleati hanno giurato fedeltà a te e a Gillecomghain. E adesso, con la morte di mio padre, posso contare soltanto sull'ospitalità di mio nipote, che considera una minaccia la sola esistenza di mio figlio.»

Mi lasciò il tempo di assimilare le sue parole.

«Cerca di capire, la tua felicità è per me motivo di gioia ma anche di dolore.»

«Mael Colum è morto. Riesci almeno a essere contenta per quello?»

«Sì, e senza indugi, anche se avrei preferito che MacBeth avesse potuto vendicare suo padre.»

Un tempo avevo pensato di rivelarle cos'avevo fatto per lei e per Findlaich, ma in quel momento cambiai idea. Cercai di prendere un bel respiro e di placare la rabbia che mi stava montando dentro – il suo tradimento era troppo.

«Il giorno in cui Crinan è venuto a Burghead con la sua proposta di matrimonio, hai detto a Bethoc che ero brava quanto te e che mi consideravi tua figlia...»

«E lo sei, infatti.»

«Sei stata come una madre per me.»

«Lo sono ancora.»

«Una madre gioirebbe per i successi della propria figlia.»

Rimase di sasso, incapace di rispondere.

«Grazie per essere venuta a salutarmi» aggiunsi, sforzandomi di mantenere un tono di voce cordiale. Sapevo che, come sempre, avrebbe capito al volo che si trattava solo di una facciata, ma non mi importava.

«Andiamo a cena insieme?» mi propose, porgendomi la mano in segno di pace.

«No.»

A quel punto lasciò cadere il braccio lungo il fianco. Pensai che sarebbe scoppiata a piangere, e mi si spezzava il cuore a vederla così. Mi salirono le lacrime agli occhi, ma le sorrisi. Prima di allontanarsi e di chiudersi la porta alle spalle, mi lanciò un'occhiata dolente.

Arrabbiata, mi asciugai quelle lacrime traditrici e tentai di calmarmi, anche se a fatica. Non avrei dovuto essere tanto crudele con lei, ma come poteva dirmi certe cose? Non era colpa mia se soffriva. Se il suo amore per me fosse stato più forte, non avrebbe centellinato la propria felicità e io non sarei stata costretta a trattarla in malo modo.

Mi ricomposi e inspirai profondamente, finché non fui sicura di riuscire a nascondere la mia inquietudine dietro un'espressione gioiosa. Terminai di sistemarmi i capelli, volevo apparire il più bella possibile. In tutta onestà, i miei vestiti non erano elegantissimi, e soprattutto non riflettevano la mia posizione sociale. Mi fidavo del mio potere interiore, però. Lo sentivo, e anche Donalda l'aveva visto. Ben presto se ne sarebbero accorti tutti a Scone.

Duncan si pentirà della sua scelta.

Chissà, forse voleva condannarmi a morte, o magari semplicemente ci teneva a sposare la Principessa della Northumbria. Be', non era affar mio. Non in quel momento, almeno. Di una sola cosa ero sicura: non appena si fosse reso conto di quello a cui aveva rinunciato senza riflettere, sarebbe annegato nella propria meschinità.

Presi a camminare avanti e indietro per la stanza finché Sinna non tornò con Lulach, poi ci dirigemmo verso il salone delle cerimonie. Seguimmo un servitore lungo il dedalo di corridoi, ma l'unica cosa a cui pensavo era che di lì a breve avrei incontrato Duncan e sua moglie.

Quando entrai in quella gigantesca stanza con i soffitti alti affollata di nobili riccamente vestiti, per un momento la rabbia lasciò il posto alla meraviglia. Ignoravo che ad Alba ci fosse tanta gente importante.

Sinna e Lulach andarono a giocare con gli altri bambini accanto all'immenso focolare, adesso spento dato il caldo estivo, mentre io venni scortata al tavolo d'onore. Al centro vidi due posti liberi, presumibilmente per Duncan e la moglie. Gillecomghain era già alla sinistra del futuro re, mentre io fui condotta accanto alla sedia della principessa. Occupare un simile posto d'onore era da considerarsi un immenso privilegio, ma mi pizzicavano le dita dalla voglia di toccare il trono che mi spettava di diritto, ossia quello della regina.

Manca poco, nonna.

Il mio ingresso era passato inosservato ma, dopo avere preso posto al tavolo d'onore su una piattaforma rialzata, mi ritrovai di un paio di teste più in alto rispetto al resto della folla, e allora sì che mi notarono. Attirare l'attenzione dei presenti mi gratificò. Gillecomghain sembrava sconvolto da tutti quegli occhi addosso, invece io me la stavo godendo.

Lo osservai attentamente per vedere se si fosse calmato nelle ore che avevamo trascorso separati, ma notai che aveva un'espressione cupa in volto e continuava a muoversi, incapace di contenere l'agitazione. Che non fosse adatto a ricoprire una posizione di autorità era risaputo, ma lì a corte le sue mancanze si amplificavano. Grazie al suo adamantino autocontrollo, MacBeth avrebbe assunto quel ruolo con dignità, invece lui appariva sotto pressione, schiacciato dall'attenzione dei presenti.

Be', almeno era un bell'uomo. Nonostante quanto accaduto tra noi, e anche se il nostro matrimonio si reggeva su una menzogna, ero orgogliosa di avere un marito così attraente.

Donalda andò a sedersi a un tavolo vicinissimo al nostro. Mi guardò, e il suo sorriso tirato mi fece venire rimorsi di coscienza. In qualità di nuova Signora di Moray, occupavo il posto che un tempo spettava a lei. Mi conficcai le unghie nei palmi e mi costrinsi a girare la testa.

Sulla soglia, una guardia annunciò a gran voce l'arrivo della famiglia reale. Mi scostai le trecce dal viso e assunsi un'espressione rispettosa, come si conveniva. Qualche nobile continuava a guardarmi, forse curioso di vedere la mia reazione. Di sicuro ormai in tanti avevano capito chi ero.

L'immenso portone si spalancò e, non appena la famiglia reale fece il suo ingresso, calò il silenzio. Per primi arrivarono Bethoc e Crinan. Provai una certa soddisfazione, perché dal mio posto al tavolo d'onore potevo guardarli dall'alto in basso.

Nonostante temessi l'inevitabile confronto con Bethoc, cominciai a pensare a come umiliarla, dato che adesso ero una dama di rango superiore al suo.

Duncan li seguiva a ruota insieme a sua moglie. Mentre si aprivano un varco tra la folla, allungai il collo per vedere la principessa, ma era troppo bassa. Continuavano a fermarsi per dare il benvenuto agli ospiti, e dall'agitazione presi a pestare il piede sul pavimento, poi intrecciai le mani per nascondere la mia impazienza.

Avevo trascorso tutto il viaggio a provare e riprovare velati insulti contro la Principessa della Northumbria, piccoli commenti sulla cultura sassone, sottili ammiccamenti a Duncan, cose del genere. Quelle taglienti insinuazioni, però, mi erano svanite dalla mente, dunque non mi restava che osservare impotente mentre il gruppo avanzava a rilento. Come se non bastasse, Duncan era un'altra persona. Il giovanotto ossequioso di un tempo, sempre alla disperata ricerca di affetto, non appariva affatto inetto e fallito come credevo di trovarlo. Anzi, con mia grande sorpresa notai che la corte lo adorava.

Era cresciuto, e si muoveva con grazia e compostezza. Se a Dunkeld si sforzava, adesso gli veniva naturale sorridere. Al suo passaggio, i sudditi sgomitavano tra loro per raccontargli un aneddoto divertente, e lui li ricompensava tutti, l'uno dopo l'altro, ridendo se necessario. Rispetto agli amoreggiamenti a cui si abbandonava con cupidigia un tempo, ora conquistava le donne con il suo fascino innato – e senza indispettire i mariti.

Prima di partire da Burghead, il mio unico desiderio era sbattergli in faccia il mio potere e indurlo a pentirsi della sua scelta, magari anche mostrare ai nobili di Alba che ero una regina nata. Ero stata un'ingenua a pensare che non sarebbe cambiato in tutti quegli anni.

Mentre ero persa nei miei pensieri, emerse dalla folla insieme a sua moglie. Quel minimo di contegno che ero riuscita a darmi, evaporò all'istante.

Per poco non cacciai un urlo.

Accanto a lui non c'era la Principessa della Northumbria, ma quell'oca bionda per cui era stato sacrificato un giovane innocente dai capelli color sabbia!

Sì, Suthan sarebbe diventata la nuova Regina di Alba.

22

Non sopportavo più il vestito da quanto lo sentivo pesante. Avevo i palmi delle mani sudati e appiccicosi. La sala era troppo affollata. Mentre Duncan e Suthan si avvicinavano, mi aggrappai al bordo del tavolo, persa.

All'improvviso lui venne distratto da qualcuno, e per fortuna approfittai di quei pochi attimi per ricompormi. Mi accorsi che, prima di sedersi accanto alla sorella, Bethoc mi stava guardando con quei suoi occhi rapaci color erica, un impercettibile sorriso compiaciuto agli angoli della bocca.

Gillecomghain si schiarì la voce per attirare la mia attenzione. Aveva notato il mio turbamento. Con un'occhiata mi mise in guardia, anche Duncan avrebbe potuto vederlo.

Mi sforzai di inspirare a fondo e sorridere. Quando Duncan e Suthan arrivarono al nostro tavolo, chinai il capo in segno di rispetto. Non appena rialzai la testa, rimasi sconvolta nel notare che lui mi stava fissando, incapace di nascondere la propria ammirazione. Com'era prevedibile, non si era accorto del mio sgomento – del resto chi aveva motivo di essere turbato alla sua corte?

Distolsi subito lo sguardo, sicura che, altrimenti, avrei rischiato di perdere il controllo e strozzarlo.

La coppia reale si accomodò accanto a noi.

Stavo per sedermi, come i tanti altri ospiti, quando Duncan alzò una mano, e allora calò di nuovo il silenzio.

«Finalmente ci ritroviamo tutti insieme. Do il benvenuto al Mormaer di Moray, Lord Gillecomghain, e a sua moglie.» Gli era venuta una voce più profonda, delicata e calda, identica a quella di suo padre.

Concentrata com'ero sul non perdere l'equilibrio, a malapena sentivo cosa diceva.

«Siamo qui riuniti per piangere la dipartita di un grande re. Un re amato e ben voluto, che non era secondo a nessuno» continuò, affascinato dal suono della propria voce. Era un discorso ridicolo, ma i presenti ascoltavano rapiti. Avvertivo una certa tensione nel petto, che mi impediva di respirare; oh, non vedevo l'ora di liberarmi di quel vestito!

«Spero che, dopo il lutto, ci sarà occasione di festeggiare e rallegrarci come si deve.» Poi sorrise e annuì verso la folla come un padre orgoglioso. In tanti ricambiarono. «E durante le nostre gioiose celebrazioni» aggiunse, tornando malinconico, «ricorderemo mio nonno, Re Malcolm, di cui piangiamo la dipartita.»

Terminato il discorso, per poco non crollai sulla sedia. Non appena gli invitati ripresero a chiacchierare tra loro, nel salone si diffuse un lieve brusio, ma io ero decisa a trascorrere la serata senza rivolgere la parola né a Duncan né a Suthan. La sentivo muoversi accanto a me, e capii che era a disagio. Più di una volta, la udii prendere fiato come se volesse dirmi qualcosa.

Ci servirono la cena, ma io non avevo appetito; pensavo alla coppa di vino che avevo davanti e che un sollecito domestico continuava a rabboccarmi. Avevo assaggiato per la prima volta quella dolce bevanda a Dunkeld, ma se laggiù la centellinavano, a Scone sembrava che, invece, ne avessero scorte infinite. A poco a poco, molto lentamente, il peso sul petto cominciò ad alleviarsi. Anche Suthan ricorse allo stesso stratagemma e, come me, se ne scolò una coppa dopo l'altra.

«Gruoch, quasi non ti riconoscevo» mi disse infine. Mi domandai se non fosse una velata offesa e mi girai, pronta a rimproverarla, invece, sul suo viso vidi solo dolcezza. Era troppo stupida per fingere, la solita Stupidan di sempre, insomma.

«Invece tu sei esattamente come mi ricordavo» le risposi, aprendo e chiudendo i pugni sotto il tavolo per tenere a bada le emozioni, uno sforzo reso più difficile dall'ebbrezza. Non appena Duncan udì la mia voce, si girò verso di noi, ma io rivolsi subito lo sguardo verso gli ospiti festosi, incapace di sostenere la vista della sua faccia.

Suthan attese che suo marito riprendesse a chiacchierare con Gillecomghain, poi riprovò ad attaccare bottone.

«Duncan ti ha cercato, sai?»

Ah, dunque saremmo andate dritte al sodo.

«Davvero?» le chiesi, lanciandole una fugace occhiata, timorosa di rivelare la confusione che avevo in testa.

«Sì. Quando Re Malcolm e il Re della Northumbria hanno raggiunto un accordo che non implicava necessariamente un matrimonio tra i rispettivi figli, Duncan ha mandato le sue guardie a cercarti, ma poi ha scoperto che avevi sposato Gillecomghain e allora...» Non terminò la frase.

Parlava a raffica, e mi resi conto che aveva paura di me. Non le risposi, dunque il silenzio la inghiottì. Ero ansiosa di mettere a segno almeno una piccola vittoria contro di lei. Speravo che Bethoc ci stesse guardando.

Mi portai un pezzetto di carne alla bocca e mi sforzai di masticare e deglutire, poi di sorridere.

«Mi dispiace» aggiunse goffamente, e la disprezzai ancora di più per essersi arresa con tanta facilità.

«E di che cosa?» replicai. «Sono fuggita per salvarmi, ignorando cosa ne sarebbe stato di me, eppure eccomi qua, seduta al tavolo d'onore insieme a mio marito, un grande mormaer, mentre mio figlio, l'erede al trono di Moray, sta giocando nella corte del re.»

«Hai un figlio?»
Venni ricompensata da una punta di gelosia nel suo tono di voce. Piano piano, stavo riprendendo il controllo.
«Sì. Lulach, il nostro torello.»
«È un bambino forte?»
Strano che me lo chiedesse.
«Sì. Anche tu hai avuto un figlio, giusto? Da Thamhas, se non sbaglio.»
Quando pronunciai il suo nome, trasalì, una reazione gratificante e al contempo fastidiosa. Se la turbava che fosse stato sacrificato un innocente, all'epoca non aveva fatto nulla per fermare Crinan e Bethoc dal mozzargli la testa. Una dimostrazione di rimorso tardiva, la sua.
«Esatto, una bambina.»
«Ah, niente maschi?»
«Ecco... sì, ma sono morti poco dopo la nascita.»
«Mi dispiace» le dissi mio malgrado, però ero sincera. Il pensiero di perdere Lulach mi risultava intollerabile, e poi, nonostante fossi furibonda, il vino mi addolciva.
Cominciò a piangere sommessa. Aveva mandato a morire un innocente, eppure non sembrava avere la forza di arrivare a fine pasto senza scoppiare in lacrime. La guardai, e la vidi per quello che era, una donna sola e schiva, sofferente. In quel momento mi apparve fragile, e mi domandai se sarebbe stata in grado di occupare il ruolo di regina. E anche come Duncan avesse potuto preferire lei a me.
«Grazie» mi rispose. «E guarda che sono desolata per Thamhas» aggiunse, prendendomi la mano. Non mi aspettavo affrontasse la questione apertamente e in modo così diretto. Sentii lacrime di rabbia pizzicarmi gli occhi, ma non feci in tempo ad asciugarle.
«Oh, Gruoch!»
Allontanai la mano di scatto, furiosa per la sua compassione. Mi aveva ingannato e indotto a essere solidale con lei. L'unica cosa che contava per me in quel momento era che su

quel trono non ci stavo io, nonostante l'avessi già pagato a caro prezzo e mi spettasse per diritto divino.

«È successo tanto tempo fa» risposi. «Voltiamo pagina e guardiamo al futuro.»

«Sì» convenne abbacchiata.

Mi infastidiva tutto di lei: quella vocina pacata, gli occhi da cerbiatto, la sua dolcezza, la sua debolezza, il suo senso di colpa... Volevo andarmene da lì, e il più velocemente possibile.

Mi alzai troppo in fretta, però, e dovetti reggermi al tavolo per non perdere l'equilibrio. Sia Gillecomghain sia Duncan balzarono in piedi, quest'ultimo pronto a venire in mio aiuto, o almeno così sembrava. L'espressione di mio marito, invece, lasciava intendere che si aspettava che avrei sguainato il pugnale e ucciso l'erede al trono. Sollevai la mano, pregandoli di rimettersi comodi.

«Sono esausta, posso ritirarmi?» chiesi. «Abbiamo affrontato un lungo viaggio.»

«Ma certo» rispose Duncan. «Ti accompagno nella tua stanza.»

«Preferirei andare da sola» risposi maleducata, ma non avevo la lucidità mentale per perdermi in convenevoli.

Avevo bevuto troppo e mi tremavano le gambe, dunque dovetti camminare lentamente per evitare di incespicare. Scesi dal palco d'onore e mi unii alla folla, dirigendomi verso il grande focolare dove Lulach e Sinna stavano giocando. Avevano un'aria così felice che non ebbi cuore di disturbarli. A ogni modo, Bram non li perdeva mai di vista. Avevo pensato di chiedergli di accompagnarmi nella mia stanza, ma alla fine decisi che proteggere mio figlio sarebbe stato un incarico migliore.

Al mio passaggio, nessuno mi degnò della minima attenzione, in fondo ero l'ennesima nobildonna venuta a rendere omaggio a Re Malcolm. Camminando tra i cortigiani – uomini e donne che di lì a qualche giorno avrebbero dovuto giurare fedeltà a *me* – mi resi conto di essere invisibile per loro, e tale consapevolezza mi distrusse. Oh, perché non me ne ero rimasta a casa mia?

A Burghead tutti mi veneravano, mi rispettavano, mi elogiavano. Lì a Scone, invece, non ero nulla. Nessuno dei presenti sarebbe mai sopravvissuto a quello che avevo dovuto affrontare io. Anzi, invece di riverirmi per la mia resistenza, sarebbero inorriditi anche solo ascoltando il resoconto delle mie imprese. Pensavo di avere attirato la loro attenzione grazie al potere segreto che emanavo, ma mi resi conto di essere soltanto una bella faccia nuova di cui si sarebbero dimenticati in fretta. E io che ero convinta di ottenere chissà quali favori lì a corte, povera illusa...

Raggiunsi la mia stanza per miracolo. Entrai barcollando e poi chiusi la porta a chiave. Aprii la finestra e respirai a pieni polmoni l'aria della sera. A poco a poco riuscii a fare ordine nei pensieri; al posto della confusione di prima, adesso provavo solo rabbia, una rabbia cocente, fastidiosa, che continuò a montarmi dentro finché non riuscii più a trattenermi.

Cacciai un urlo.

Quel suono mi uscì da chissà dove. I miei lamenti riecheggiarono per tutto il castello, ma non mi importava se anche mi avessero sentita. Presi la sedia accanto al focolare e la scaraventai contro la parete, mandandola in mille pezzi.

Volevo che morissero tutti. Affogati, come mia madre umiliata. Decapitati, come Thamhas. Bruciati vivi, come Findlaich, ucciso da Mael Colum per ordine di Re Malcolm. Sì, dovevano morire tutti, l'uno dopo l'altro. Volevo che la sala del trono venisse inondata dal sangue di Duncan, Suthan, Bethoc, Crinan e di ogni cortigiano piagnucolante caduto vittima del loro incantesimo. Tirai fuori il pugnale, ma mi tagliai una gamba.

Fissai il punto in cui la lama aveva strappato la stoffa del vestito. Mi sollevai la gonna e guardai la ferita sulla coscia, da cui già sgorgava sangue.

La sentivo pizzicare.

Osservai il sangue che colava.

Prima che potessi chiamare aiuto o coprirmi, la porta si spalancò. Mi voltai, in modo da non farmi vedere.

«Un attimo, prego» squittii, cercando di nascondere le lacrime tra le pieghe dell'abito. Il dolore stava aumentando.

«Gruoch?»

Alzai la testa e rimasi di sasso.

Ardith!

Mi stava fissando a bocca aperta – non era da lei – e all'istante mi sembrò di essere tornata a quel giorno in cui mi aveva scoperto insieme a Thamhas, anche se allora sulla gamba avevo un altro tipo di sangue. Le cadde l'occhio sul pugnale e la sentii trattenere il fiato.

«Gruoch, ti sei...?»

«È stato un incidente.»

Continuò a fissarmi, senza dire nulla, senza tradire alcuna emozione.

«Non mi aspettavo di trovarti a Scone» le dissi.

«Non volevo venire, infatti.»

Negli anni, le si erano affilati la mascella, le guance e gli occhi. C'era anche qualcosa di diverso nell'espressione del volto, quasi stesse combattendo una sorta di guerra interiore contro se stessa a cui non riusciva a porre fine. Mi aspettavo che da un momento all'altro se ne sarebbe andata, invece si trattenne. Avrei voluto studiarla più da vicino, ma per l'agitazione il dolore alla gamba si stava intensificando. Non appena mi mossi, la stoffa del vestito mi sfiorò la ferita e sussultai.

In men che non si dica, Ardith mi soccorse e mi aiutò a sedere sul bordo del letto, poi mandò a prendere un panno e dell'acqua, infine mi sollevò la gonna e mi curò la ferita. Trascorremmo diversi minuti in silenzio, entrambe concentrate sulla situazione.

Fu lei a parlare per prima. «Il tempo non è stato clemente con te.»

«Al contrario, adesso comando tutta Burghead. Ho un figlio e un marito che si fa i fatti suoi. Moray è la seconda contea più grande di Alba, e sotto il mio comando è prosperata.»

A mano a mano che tessevo le mie lodi, mi rendevo conto

di quanto suonassero vane. Lì a corte, i miei successi parevano insulsi.

«Ma non ti basta» rispose lei, leggendomi nel pensiero.

Scossi la testa.

«Pensavo di sì, invece poi Duncan ha sposato Suthan...»

Si limitò ad annuire in segno di comprensione.

Finì di fasciarmi la coscia e, quando si chinò in avanti per verificare la medicazione, finalmente riconobbi la giovane che allora si era avvicinata a me in un calcolato gesto di amicizia. Sapevo che, anni addietro, grazie a quello aveva ottenuto non pochi vantaggi.

Negli ultimi istanti, però, mentre se ne stava lì inginocchiata, avevo notato qualcosa di cui non mi ero mai accorta. Si occupava di me con gentilezza, preoccupata. I suoi movimenti e il suo sguardo mi ricordarono quelli che Gillecomghain riservava al suo amante lentigginoso quando pensava di non essere visto.

«Mi hai perdonato?» le chiesi.

La mia domanda ci riportò al passato, mandando in frantumi la pace e l'intimità di quel momento tra noi. Si alzò, senza rispondere.

«Nessuno più di te riesce a ingannarmi, quindi, se anche mi dicessi che sei mia amica, non saprei se crederti o meno. Al contempo, però, te lo chiedo perché non so a chi altri rivolgermi. Se mi abbandoni anche tu, sarò perduta.» Quello sfoggio di debolezza puntava a toccare la sua umanità: volevo sentisse che avevo bisogno di lei come una volta. Ci era sempre cascata. Stavo rischiando molto, ma del resto non avevo nulla da perdere.

«Hai Gillecomghain» mi disse.

«No, invece.»

Oh, no, si stava chiudendo in se stessa...

«Muoio dalla voglia di sapere come hai trascorso questi ultimi sei anni» proseguii. «E io ho tante cose da raccontarti su Burghead. Resta qui, parliamo un po'.»

«A suo tempo. Ho altre faccende di cui occuparmi, e tu devi riposare» replicò, poi si diresse alla porta.

«Non hai altro da dirmi?» le gridai.

Si fermò e si girò verso di me, e colsi di nuovo quell'insondabile conflitto interiore nelle rughe intorno agli occhi e alla bocca.

«Cosa vuoi sapere?»

Pensai a cosa si sarebbe voluta sentir dire.

«Se fossimo ancora amiche, cosa mi consiglieresti di fare? Che perla di saggezza mi regaleresti?»

Ci rifletté su.

«Ti direi che devi portare Duncan dalla tua parte.»

Di sicuro voleva tormentarmi.

«Duncan è un buffone, e lo sai bene.»

«Piace a tutti, però.»

«Può contare non sul rispetto dei suoi sudditi, ma sulla loro cieca adorazione, che però svanirà non appena prenderà il suo posto qualcuno più capace di lui.»

«Chi, Gillecomghain?»

«No, io.»

Sghignazzò. Capii che si stava spazientendo, come una bambina capricciosa che andava messa in riga. Cercai di mantenere la calma, ma non riuscii a evitare un moto di irritazione.

«Io sono nata per diventare regina.»

«Evidentemente tua nonna non era la grande druida che pensava di essere.»

Avvampai in volto.

«Sai bene fin dove sono arrivata da sola, senza l'aiuto di nessuno, e basta questo per provare la mia determinazione. Comprendo che tu sia arrabbiata con me, ma non puoi negare che sono destinata a più grandi successi.»

Alzò le spalle. Se non vedeva alcun beneficio per sé, non l'avrei mai riconquistata. Dovevo pungolarla, far uscire la fame di potere che c'era in lei.

«Però, come sei cambiata in questi anni! Non pensavo saresti diventata così condiscendente. Ma forse la vita dell'abbazia ti si addice. Sai, a lungo andare l'ambizione stanca. Non mi sorprende che tu vi abbia rinunciato.»

Avevo commesso un grave errore di valutazione, perché mi aggredì.

Per fortuna arrivò in mio soccorso Duncan, quasi fosse stato invocato da qualche divinità.

23

Ardith si voltò e abbozzò un inchino. Io feci altrettanto, il cuore che mi batteva all'impazzata.

«A quanto vedo, alla fine vi siete ritrovate.»

Duncan nascose bene il proprio disagio, seppellendolo sotto una coltre di buone intenzioni, ma la sua occhiata in tralice ad Ardith mi confermò che era ancora a disagio in sua presenza.

«Sì, non dovevamo?» gli chiese.

«Ma certo! Sono davvero felice che Gruoch avrà un'amica qui a corte. Chissà che cambiamento per lei rispetto al selvaggio Nord.»

Non mi venne in mente nulla da dire, dunque lo lasciai continuare.

«Spero sia soddisfatta della tua stanza» aggiunse, spostando la conversazione da Burghead.

«Molto.»

«Splendido!» commentò lui, battendo le mani.

Il suo atteggiamento mi lasciava perplessa. Pensavo non gradisse avermi lì.

«Ardith, io e Duncan abbiamo molte cose di cui parlare. Ti spiace lasciarci soli?»

«Ma certo, Lady Gillecomghain.»

Fece un altro inchino, benché ancora meno pronunciato dell'altro, e se ne andò. Avrei provato a riconciliarmi con lei in un secondo momento; non potevo permettermi di avere altri nemici a Scone.

Credevo che, nell'istante in cui Ardith fosse uscita dalla stanza, la galanteria di Duncan sarebbe svanita, invece rilassò le spalle sollevato e non mostrò la minima apprensione nel ritrovarsi da solo con me.

Avevo trascorso anni a sognare quell'incontro ma, data l'inaspettata posizione di Suthan a corte, non sapevo come procedere.

«Allora, cosa volevi dirmi?» mi chiese.

«Ti confesso che non mi aspettavo di essere ricevuta con tanta cortesia» risposi, per testare la sua reazione.

«Perché, cosa credevi? Se ti ho mancato di rispetto in qualcosa, sarò felice di rimediare.»

«Rimediare?»

Mi rivolsi a lui con un tono più duro del previsto. Date le circostanze, mi sembrava ridicolo che usasse quel verbo.

«Sì, voglio che vi sentiate a vostro agio qui.»

Colsi una punta di infantile disperazione nella sua voce; in fondo voleva solo essere amato.

«Intendo dire tu e Gillecomghain.»

Menzionò mio marito quasi se ne fosse ricordato solo in un secondo momento.

Rimasi sbalordita. Possibile che cercasse la mia approvazione? Non era forse stato lui che, all'ultimo secondo, mi aveva condannata a un destino a cui, con ogni probabilità, non sarei sopravvissuta?

«Non mi riferivo a quello» ribattei. «Pensavo non ti facesse piacere avermi qui, ecco.»

«Cosa te lo fa pensare, scusa?» mi domandò con irritante sincerità.

«I tuoi messaggeri avevano una versione totalmente diversa dalla mia della notte in cui mi hai allontanato da Scone, dunque ho immaginato non saresti stato ansioso che venissi qui a raccontare la verità.»

«Oh, quello» disse, facendo un gesto della mano come per sminuire un piccolo sgarbo. «Se l'è inventata mia madre quella storia, era preoccupata che qualcuno non avrebbe capito la situazione.»

«Quale, che hai provato a uccidermi? Scommetto che in molti non faticherebbero a comprenderlo.»

«Lungi da me fare una cosa simile! Chi te l'ha raccontato?»

«Nessuno, non era necessario, perché l'ho vissuto sulla mia pelle. Pur sapendo che Mael Colum e Gillecomghain avevano ucciso Findlaich, mi hai mandato a Burghead.»

«Ne ero all'oscuro!» In effetti appariva davvero mortificato.

«Che non fossi a conoscenza dei piani di tuo nonno dimostra che sei inadeguato al tuo ruolo, oppure che mi hai spedito da Mael Colum perché mi desse una bella lezione. E sappiamo tutti come tratta le persone lui...»

Sulle prime non rispose. Avrei dovuto cercare di blandirlo con dolci paroline, lo sapevo, ma riuscii a riservare solo un'aperta ostilità all'uomo che mi aveva rubato il destino.

«Vada per la prima ipotesi, allora» disse, con un tono di autoaccusa che magari qualcuno avrebbe trovato affascinante ma che a me dava il voltastomaco.

«Ero convinto di salvarti. Dopo tutto quello che avevi fatto per me, pensavo fosse la cosa giusta.»

Sapevo che non era un maestro dell'inganno – non ne aveva bisogno, del resto – tuttavia non ero sicura di essere disposta ad accettare quel Duncan benevolo, anche se credevo nella sua mancanza di lungimiranza.

«Quando ho capito che mio nonno si era rappacificato con il sovrano della Northumbria senza che fossi costretto a sposare sua figlia, ho provato a cercarti, ma lui mi ha detto che... oh, non trovo le parole per esprimerti il mio turbamento nell'apprendere che...»

«E Suthan?»

Sbuffò irritato.

«Mio nonno ha scoperto della gravidanza e delle mie responsabilità. Non essendoci altre candidate papabili, ha deciso che tanto valeva sposassi lei. Suo padre ha parenti alla lontana in Inghilterra, e mio nonno era ansioso di allearsi con Re Cnut da quando MacBeth...» Non terminò la frase.

Dovetti fare appello a tutto il mio autocontrollo per trattenermi dal chiedergli di lui. Qualcosa nel modo in cui aveva parlato del suo matrimonio attirò la mia attenzione.

«Non sei felice insieme a lei?»

«È stato soltanto un diversivo, Gruoch, non ho mai pensato di sposarla.»

Sorrisi, contenta che, in qualche misura, la stesse pagando per la sua dissennatezza.

«Stasera, però, non appena ti ho visto, avrei voluto non essere stato tanto precipitoso nel mandarti via» aggiunse a bassa voce.

Parlò con un tale desiderio che mi colse alla sprovvista. Sentii accelerare il battito del cuore, e all'improvviso mi resi conto di quanto fossi diventata vulnerabile. Di sicuro sarebbe stato per lui motivo di orgoglio che una donna scegliesse volontariamente di accettare le sue profferte, dunque immaginai non mi avrebbe forzato in alcun modo. Era un calcolo rischioso, però. Mi misi subito sulla difensiva.

«Gentile da parte tua.»

«Oh, al mio fianco avresti fatto un figurone, sai? Inoltre la tua compagnia sarebbe stata molto piacevole» mi sussurrò avvicinandosi, e io dovetti compiere uno sforzo immane per non allontanarlo.

«Saresti stata una splendida regina...» Mi accarezzò il viso, il palmo della mano morbido.

A quelle parole, il mio cuore smise di battere.

Non poteva sapere che stava parlando al mio più grande desiderio. Chissà se tanto struggimento era sincero o se voleva soltanto conquistarsi i miei favori... Poi, però, mi prese la mano e se la portò alle labbra, l'offerta della corona che ancora fluttuava incerta nell'aria, e fu allora che compresi la portata del suo fascino.

Quando la porta si aprì cigolando, mi ritrassi di scatto per paura che qualcuno ci vedesse. In realtà non stavamo facendo nulla di male, ma non potevo rischiare che la corte mi considerasse l'ennesima conquista dell'erede al trono.

Anche Duncan si immobilizzò ma, vedendo che non entrava nessuno, sorrise e si chinò verso di me. Stavo per protestare, però si limitò a sfiorarmi la guancia con le labbra.

«Buonanotte, Gruoch.»

Poi se ne andò, chiudendosi delicatamente la porta alle spalle.

No, impossibile. A quanto sembrava, avevo la strada spianata verso il trono, ma con che coraggio potevo sedurre quell'uomo, che mi ero ripromessa di odiare, e poi vivergli accanto da moglie? Durante il nostro fidanzamento, non avevo mai dubitato del potere che avrei avuto da regina, ma sposare Gillecomghain mi aveva garantito un'ineguagliabile libertà a Burghead. Sarebbe stato così anche con Duncan? Non me lo immaginavo a invitarmi nel suo consiglio o a permettermi di suggerirgli come rafforzare al meglio il nostro dominio.

Magari all'inizio sarei anche riuscita a limitare il disgusto che nutrivo per lui, ma per quanto tempo avrei potuto tenere a bada il mio risentimento? Mi disgustava che avesse ottenuto quella posizione di autorità senza dover sacrificare nulla né pagarla a caro prezzo. Il mio scontro con Ardith mi aveva fatto capire che dovevo ancora faticare parecchio per riuscire a contenere le mie emozioni.

Continuai a rimuginare senza sosta su quelle domande, ma senza trovare risposte.

Il mattino seguente, quando mi svegliai, trovai Sinna accanto a me, con Lulach accoccolato in mezzo a noi due. Gillecomghain non c'era, e mi venne un tuffo al cuore al pensiero di dove fosse andato. Mi girai sull'altro fianco e sentii lo stomaco sottosopra.

Convinta che stessi per vomitare, corsi alla finestra aperta e cercai conforto nell'aria fresca. Rimasi lì a lungo a fissare la luce di prima mattina, le tempie che mi pulsavano leggermente. Giurai di non toccare più nemmeno una goccia di alcol finché fossi rimasta a Scone; dovevo avere il pieno controllo delle mie facoltà mentali per affrontare la complessa evoluzione delle circostanze.

La porta si aprì cigolando e scorsi mio marito entrare di soppiatto. Non si era accorto di me; forse, vedendo qualcuno raggomitolato accanto a Lulach, mi aveva confuso con Sinna. Lo osservai in silenzio mentre prendeva il mantello. Aprii bocca solo quando se lo mise sulle spalle, pronto per andarsene.

«Non sei venuto a letto ieri notte.»

Fece un balzo all'indietro e sguainò il pugnale, che non abbassò nemmeno dopo avere visto che ero io.

«No.»

Per il rumore, Lulach e Sinna si mossero ma non si svegliarono: avevano entrambi il sonno pesante. Gillecomghain era così concitato che mi allarmai, e mi chiesi se anche lui avesse bevuto troppo la sera prima. Lo trascinai in corridoio per non disturbare il riposo di nostro figlio. Teneva ancora la mano stretta sull'impugnatura della sua arma.

«Che ti ha preso?»

«Credi davvero che Duncan si sbarazzerebbe di sua moglie per te?»

Allarmata che avesse intuito i miei pensieri più intimi, non riuscii a rispondergli.

«L'ho visto uscire dalla nostra stanza, ieri sera.»

Allora il rumore che avevo sentito alla porta era lui. Non fosse stato per il suo sguardo spiritato, sarei stata sollevata.

«È venuto solo per darmi – anzi, *darci* – il benvenuto a Scone. E l'avresti ascoltato con le tue orecchie se fossi entrato anche tu, invece di nasconderti come un...»

«Sei una stupida! Non prendermi per un babbeo!» gridò.

«Se vogliamo vivere tranquilli a Burghead, dobbiamo averlo dalla nostra parte» gli spiegai. Ardith era tornata nella mia vita da un giorno soltanto, e già mi esprimevo come lei.

«Ho parlato con lui, e mi ha assicurato che, se gli giuriamo fedeltà, possiamo continuare il nostro lavoro indisturbati.»

«Perdonami, ma non mi fido della sua parola.»

«Ti stai preparando a un attacco da parte della corte reale fin da quando ci siamo trasferiti a Burghead, invece adesso, al ritorno, potremo rassicurare il nostro popolo che non succederà. Dovresti ringraziarmi, ti sto evitando di diventare la sua sgualdrina.»

«E MacBeth?» gli chiesi, ignorando di proposito quell'insulto alla mia persona. Chi era lui per dirmi certe cose?

Non appena pronunciai il nome di colui che non doveva mai essere menzionato, sussultò.

«Prima o poi proverà a riprendersi Moray» aggiunsi.

«È al servizio di Re Cnut.»

«Sì, per ora, ma tra cinque o dieci anni? Che succederà allora?»

«Cos'altro vuoi?»

«Assicurarmi l'appoggio di Duncan in eterno.»

Be', avrei sorvolato su come pensavo di ottenerlo... Se Duncan desiderava che diventassi la sua regina, era meglio scoprirlo lontano da eventuali occhi indiscreti. Non vedevo l'ora di tornare a Burghead, così avrei potuto riflettere su come procedere nella pace della mia città.

«Forse, finito il funerale, dovrei tornare a casa. Tu potresti raggiungermi subito dopo la cerimonia di incoronazione e invitare Duncan a farci visita. A Burghead avremmo più possibilità di convincerlo.»

Annuì, ma mi accorsi che stava fissando qualcosa alle mie spalle. Mi voltai e notai un giovane servitore che ci guardava, gli occhi luccicanti di curiosità.

«Che c'è?» gli chiesi.

«Donalda vi manda questo» disse e mi allungò un grosso fagotto nero. Lo presi e poi, vedendo che indugiava, lo congedai.

«Vai a cercare Duncan e invitalo da noi a Burghead, spiegandogli che si tratta di una questione della massima urgenza» ordinai a mio marito.

Obbedì. Non mi piaceva l'effetto che aveva Scone su di lui, dunque decisi di informarmi meglio sui suoi spostamenti.

Tornata nella mia stanza, aprii il fagotto. Donalda mi aveva inviato uno splendido vestito nero completo di mantello dello stesso colore, entrambi suoi. Da un lato avrei preferito rifiutare la sua offerta di pace, ma dall'altro il mio modesto abbigliamento impallidiva in confronto alla magnificenza di quelle vesti.

L'abito mi calzava a pennello e aveva un collo insolitamente alto. Due grosse spille d'oro, che scintillavano alla luce, servivano a fissare il mantello sulle spalle. Niente torque, purtroppo, mi sarei dovuta accontentare. Quando si svegliò, Sinna mi intrecciò i capelli.

Vedendomi riflessa nello specchio, non potei fare a meno di sorridere. Sì, ero perfetta.

Quando Gillecomghain ricomparve vestito a lutto, anche lui sembrava stupito dalla mia trasformazione. Ero sollevata, perché almeno avremmo offerto una parvenza di unità. Mentre percorrevamo i lunghi corridoi per raggiungere il corteo funebre radunato all'aperto, addirittura mi diede il braccio.

Era una fredda giornata di inizio autunno, grigia e nebbiosa, adatta per un funerale.

Uscimmo dai cancelli di Scone e ci ritrovammo in mezzo a una gran folla, tutti ansiosi di ammirare la futura coppia reale. A fatica riuscimmo a raggiungere il fazzoletto di terra dove avrebbe avuto luogo la cerimonia funebre. Re Malcolm sarebbe stato sepolto a Iona, un'isoletta al largo della costa occidentale di Alba, ma aveva insistito per organizzare anche una commemorazione pubblica a Scone, affinché tutti i suoi sudditi potessero andare a omaggiare la salma. Inoltre, in quel modo suo nipote avrebbe avuto la possibilità di sfilare davanti al popolo e conquistarselo grazie al proprio fascino. Mi meravigliai che Re Malcolm, un celeberrimo guerriero in gioventù, avesse potuto favorire uno come Duncan, nonostante fosse il nipote.

Io e Gillecomghain venimmo accompagnati al palco d'onore vicino a un tumulo che indicava il punto esatto dove sarebbe stato costruito il monumento funebre per Re Malcolm. Molti nobili si erano già radunati e da come mormoravano tra loro, una smorfia di disprezzo in volto, capii che non gradivano che fosse stato concesso di avvicinarsi pure a quella folla di popolani.

Solo il mio arrivo li distrasse da tanto turbamento, e avvertii tutta la loro ammirazione, familiare eppure fuori luogo, dato il contesto. Cercai di non lasciarmi annebbiare dai loro apprezzamenti. Un conto era elogiare il mio bel faccino, un altro accettare che occupassi una posizione di autorità.

Mi concentrai piuttosto su quanti giorni mancavano al mio ritorno a Burghead, da dove avrei potuto pianificare l'arrivo di Duncan, e cominciai a contarli a mente. Gillecomghain aveva ragione; nemmeno io credevo che si sarebbe liberato di Suthan, ma forse, se gli avessi messo la pulce nell'orecchio, con il tempo avrebbe cambiato idea. Una volta da noi, non sarebbe stato difficile ritagliarmi qualche momento a tu per tu con lui.

Arrivò a cavallo da solo, felice, salutando chiunque incontrasse sul suo cammino e, così facendo, ritardando di parecchio la cerimonia. Non ci avrebbe provato gusto a dispensare doni o monete in un momento simile, ma di sicuro il giorno dell'incoronazione avrebbe sfruttato la sua ricchezza per conquistarsi la fedeltà di più sudditi possibili. Per fortuna non avrei assistito allo spettacolo.

Poi smontò da cavallo e venne verso di noi, forse troppo raggiante vista l'occasione, e si infilò tra me e Gillecomghain. Io mi scostai per lasciare spazio a Suthan, convinta che ci fosse anche lei.

«La mia presenza ti disturba?»

«No, pensavo solo che... tua moglie... è forse...?»

«Sta male» mi rispose. «Avvicinati, o rischierò di sembrare ridicolo.»

Lanciai un'occhiata a Gillecomghain perché venisse in mio soccorso. Qualsiasi altro uomo si sarebbe offeso per il fatto che Duncan mi volesse accanto a sé. Lui, invece, si limitò a guardare avanti, fingendo di non avere udito la nostra conversazione. Mi morsicai la lingua per evitare qualche commento feroce, e obbedii.

«Visto? Non è stato poi così difficile» tubò Duncan.

Mi guardai intorno per vedere se qualcun altro si fosse accorto del suo strano comportamento e, con mio sgomento, beccai alcuni thane sussurrare tra loro, indicandomi. Anche Bethoc mi stava fissando, senza dubbio delusa per la mia posizione e per le ovvie attenzioni che suo figlio mi riservava. Le sorrisi.

Prima me ne fossi andata da Scone, meglio sarebbe stato.

Quando Crinan avanzò tra la folla con indosso la sua magnifica veste da abate, accompagnato da tutti i vescovi di Alba, calò il silenzio. La folla si scostò per lasciarli passare, e allora scorsi la cassa di legno in cui giaceva il defunto Re Malcolm, trasportata da quattro guardie che non sembravano per nulla affaticate dal peso.

Quell'uomo era stato mio nemico per tutta la vita. Aveva fatto di tutto per spazzare via la discendenza di Coinneach, eppure io ero lì, in piedi davanti al suo cadavere. Non vedevo mio padre da anni, ma non avevo mai sentito la sua mancanza come in quel momento. Oh, magari fosse stato vicino a me e avesse visto cosa restava del suo nemico – minuscolo, rinsecchito, inerme. Sarebbe stata un'immensa soddisfazione per entrambi.

Le guardie issarono il feretro sul tumulo perché tutti lo vedessimo. Crinan cominciò a recitare parole in latino, anche se io avrei preferito una cerimonia di cremazione secondo la nostra tradizione pitta. Al confronto, quel funerale cristiano era noioso, cupo e silenzioso. Mi sforzai di assumere un'aria rispettosa, ma non ero l'unica ad annoiarsi; ben presto i presenti iniziarono a muovere nervosamente i piedi per terra.

La loro irrequietezza non parve turbare Crinan, che continuò imperterrito. A un certo punto, sentendo levarsi un mormorio, alzò la voce, ma poco dopo fu costretto a interrompersi. Non appena i presenti rivolsero lo sguardo dietro di noi, compresi che non erano annoiati, quanto piuttosto incuriositi. Allungai il collo per vedere cosa avesse attirato la loro attenzione, ma c'era troppa gente.

Infine l'immensa folla si aprì.

Tra la nebbia, si stava avvicinando un manipolo di cavalieri. Smontarono a una certa distanza dal luogo della cerimonia, e i servitori corsero a prendere i cavalli. Chissà chi erano quei ritardatari, mi chiesi. L'uomo alla testa del gruppo era alto, almeno quanto Gillecomghain. Le guardie intorno a noi tenevano la mano sull'impugnatura della spada, ma quelli avanzarono sicuri, le braccia che ondeggiavano lungo i fianchi, quasi fossero felicemente consapevoli di aver arrecato disturbo.

Udii le loro voci prima di vederli in faccia. Parlò per primo quello alto, il capogruppo, con voce profonda e stentorea.

«Avete iniziato senza di me, a quanto vedo» disse. Duncan, che mi stava accanto, si irrigidì. «Volevi impedirmi di porgere i miei omaggi a Re Malcolm? Non credo ne sarebbe stato contento.»

Non volava una mosca. I presenti pendevano dalle labbra di quello sconosciuto, anche loro interessati quanto me. Nel frattempo i nuovi arrivati continuarono ad avanzare.

«Era anche mio nonno, come ben sai.»

Trattenemmo tutti il fiato. Gillecomghain indietreggiò, come se quella presenza gli suscitasse repulsione fisica. Donalda si portò una mano alla bocca. Adesso quell'uomo si trovava praticamente di fronte a noi e, al pensiero di non aver riconosciuto i suoi occhi verdi, scuri quanto un bosco in ombra, rimasi sconvolta.

Cacciai un urlo, attirando la sua attenzione. Un impercettibile sorriso gli si dipinse sulla bocca.

«Ciao, Gruoch» mi salutò MacBeth.

24

Nessuno fiatava, e nell'aria si percepiva una tensione che vibrava come la corda tesa di un arco. Morivo dalla voglia di correre al fianco di MacBeth. Sopraffatta dall'intensità del mio desiderio, mi concentrai su un punto alle sue spalle per paura che, se avessi incrociato di nuovo il suo sguardo, non sarei riuscita a controllarmi.

«Prego, zio, continua pure» disse MacBeth.

Poi guardò i soldati, pronti a sguainare la spada al minimo segnale di Duncan. Gli si disegnò un'espressione stupita in volto, come se prima non li avesse visti.

«Cugino, che significa? Non sono venuto ad attaccarti, ma a porgere le mie condoglianze a Re Malcolm, come farebbe qualsiasi nipote che si rispetti.»

Accanto a me, Duncan si irrigidì. Nonostante quella promessa di pace, mi aspettavo che ordinasse alle sue guardie di attaccarlo. Ci pensò Crinan a rompere quel silenzio carico di nervosismo con la sua solita voce melensa.

«Nipote, siamo felicissimi che tu sia venuto.»

«Non quanto me di essere qui insieme a voi.»

Pur sforzandomi, non potei evitare di osservare MacBeth meravigliata. Cercavo il ragazzino che avevo conosciuto tanti anni or sono, invece mi ritrovai di fronte un guerriero, alto, spallato, agile. I riccioli neri gli ricadevano sugli occhi, e mi venne l'assurdo desiderio di levarglieli dal viso in modo da poter distinguere le rughe che gli si stavano già formando intorno agli occhi e agli angoli della bocca.

In quel momento mi accorsi che mi era mancato più di quanto pensassi. Non vedevo l'ora di raccontargli della mia vita a Dunkeld, della vendetta contro Mael Colum, del mio controllo su Burghead.

Già, Burghead...

Sua per diritto di nascita, mi tornarono subito in mente le parole di Donalda. Ricordai che aveva tutte le ragioni per odiarmi, e anche perché negli ultimi sei anni non mi ero mai messa in contatto con lui. Avevo sposato il complice dell'assassino di suo padre, che adesso regnava al posto suo.

Lanciai un'occhiata a Gillecomghain, che stava in piedi accanto a Duncan. Era sbiancato in volto. Notai che si stava spostando dietro una guardia perplessa, quasi volesse nascondersi. Quel movimento, tuttavia, attirò l'attenzione di MacBeth. Non appena incrociò il suo sguardo, la giovialità di prima svanì. Mi prese il panico, convinta che sarebbe scoppiata una rissa, proprio lì, durante il funerale.

Crinan riprese a parlare, cercando di riportare tutti allo scopo iniziale dell'incontro.

«Non avevamo intenzione di offenderti. Sapevamo che eri molto impegnato al servizio di Re Cnut, e non pensavamo che ti avrebbe concesso di venire.»

«Invece sì, tanto abbiamo già vinto» rispose MacBeth con la stessa voce profonda di un tempo. Oh, quella voce... A quanto vidi, non ero l'unica a esserne rimasta affascinata.

MacBeth piaceva alla folla, e anche tanto. Grazie alle numerose battaglie vinte, benché combattute a favore dei sassoni, brillava di luce propria. Gli bastava uno sguardo, e i sudditi di Alba l'avrebbero accolto come loro principe, condividendo con orgoglio ogni sua vittoria, ogni suo successo. Sì, avrebbero intrattenuto i loro vicini raccontando storie sul tempo trascorso insieme al grande MacBeth.

Nonostante il suo fascino vincente, Duncan impallidiva al cospetto di un uomo come lui. E non mi sfuggì che ne era consapevole, come confermato dal sorriso tirato e i pugni serrati.

Se n'era accorto pure Crinan. Il suo infame tentativo di presentare MacBeth come il cane da guardia di Re Cnut, infatti, non aveva sortito l'effetto sperato.

«Se ci dai la tua benedizione, proseguiremo.»

«Certo» rispose lui e si piazzò a fianco di sua madre, dandole un bacio sulla guancia e sussurrandole qualcosa che nessun altro sentì. In silenzio, Donalda stava versando lacrime di gioia per l'arrivo del figlio, ma riuscì a darsi un contegno. Che strano rivederli insieme dopo tanto tempo...

«Cugino, vieni qui vicino a me, ti prego» gridò Duncan proprio mentre Crinan stava per procedere con la cerimonia funebre.

«Grazie, ma preferisco restare con mia madre.»

«Sono certo che la presenza mia e di Gruoch sarà una compagnia altrettanto piacevole. Se non ricordo male, una volta eravate amici.»

Lo guardai allarmata, sperando di capire a che gioco stesse giocando. Forse voleva dimostrare ai presenti che non si sentiva affatto minacciato da MacBeth, o magari voleva impedirgli di cospirare con Donalda. Perché coinvolgere me, però? Per insultarlo ulteriormente? Duncan non poteva sapere che, tanti anni prima, mi aveva proposto di sposarlo. Oppure, vedendo che ai presenti era piaciuto subito, voleva ribadire la propria autorità sul nuovo arrivato.

Sarà anche un grande guerriero, ma io sono il vostro re. Vedete? Non mi lascio intimidire da lui.

Sì, era l'unica spiegazione per una mossa così stupida.

Crinan si incupì ulteriormente. Teneva la mascella serrata, senza dubbio per trattenersi dal rimproverare suo figlio, ma non osò aprire bocca. Bethoc fissava Donalda, quasi sospettasse che ci fosse lo zampino di sua sorella. Oh, vedere l'effetto che aveva avuto MacBeth su quei due mi diede un'immensa gioia!

Dopo un momento di silenzio, MacBeth baciò di nuovo la madre sulla guancia e venne verso di noi. In piedi accanto a lui, sempre più lontana da Gillecomghain, sapevo che avevamo gli occhi di tutti puntati addosso.

Crinan continuò con la cerimonia, anche se adesso procedeva a ritmo spedito. Di sicuro voleva che quello spettacolo terminasse prima che suo figlio fosse eclissato dal cugino.

Tenendo lo sguardo fisso a terra, cercai di fare ordine tra i pensieri in modo da decidere cosa dire finito il funerale. Spostandosi, MacBeth mi sfiorò il braccio con il suo. Mi si rizzarono i peli sulla nuca e mi andò il cervello nel pallone, tanto da dimenticare il garbato saluto che avevo provato e riprovato a mente, costringendomi a ricominciare daccapo.

Conclusa la cerimonia, la bara venne riportata a Scone dove sarebbe rimasta fino al pellegrinaggio a Iona. Io e MacBeth ci incamminammo l'una accanto all'altro dietro Duncan. Mi guardai intorno alla ricerca di Gillecomghain, ma era sparito.

Eravamo circondati da una folla di gente e, nonostante morissi dalla voglia di parlare con lui, non sapevo da dove cominciare.

Adair!

Di sicuro sapeva se stava bene o meno.

«Mio fratello...» iniziai.

«A quanto vedo, hai ottenuto quello che volevi» disse lui nello stesso istante.

Parlò in tono così sincero che non riuscii a nascondere la sorpresa.

«Non credo di aver capito.»

«Hai seguito il tuo destino» aggiunse, indicando Duncan. «È giunto il momento che io faccia altrettanto.»

«Da quanto tempo combatti al servizio di Re Cnut?» gli chiesi, cercando di verificare perché sembrasse non aver compreso la mia posizione.

«Sei anni» rispose. «Ho appena saputo della morte di mio padre per mano di Mael Colum e Gillecomghain.»

Quando mi resi conto che evidentemente ignorava ancora molte cose, iniziò a girarmi la testa. Alle nostre spalle, i cancelli di Scone si stavano chiudendo; si sarebbero riaperti più tardi, non appena fosse cominciata la festa.

Adesso.

Non potevo aspettare un momento di più e rischiare che scoprisse del mio matrimonio con Gillecomghain da qualcun altro.

«MacBeth» lo fermai, appoggiandogli una mano sul braccio. Lui la guardò, e di nuovo il suo tocco mi annebbiò i pensieri.

«Non è co-come... Io ho so-solo...»

Incespicai nelle parole.

«Che ti succede, Gruoch? Non stai bene?» mi domandò, preoccupato in volto. D'istinto mi strinse la mano in un gesto d'affetto. Dentro di me ero dilaniata tra abbracciarlo o ritrarmi e mantenermi il più possibile alla larga da lui.

In quel preciso istante, arrivò Duncan. In segno di rispetto, MacBeth mi lasciò la mano ma rimase dov'era.

«Cugino!» gli sorrise Duncan. «Abbiamo molto di cui discutere.»

«Tua moglie non si sente bene» lo informò MacBeth.

«Lo so» rispose lui, alzando gli occhi al cielo. Accanto a me, MacBeth si irrigidì, ignaro dell'equivoco. «Coraggio, vieni, non perdiamo altro tempo» aggiunse, e me lo portò via.

Ecco, avevo perso la mia occasione per spiegargli che avevo sposato il suo nemico. Ben presto il suo gelido odio per Gillecomghain avrebbe consumato anche me. Il solo pensiero era insopportabile.

Ansiosa di trovare Sinna per chiederle un consiglio, attraversai di corsa gli infiniti corridoi finché non entrai barcollando nella mia stanza. Credevo che non ci fosse nessuno, poi però sentii come un fruscio in un angolo. Afferrai il pugnale, ma vidi Gillecomghain con i pochi abiti che mi ero portata tra le braccia.

«Che stai facendo?»

«Te ne devi andare subito da qui.»

Li infilò in una sacca come una furia.

«Oh!» esclamai, troppo allarmata per la folle velocità con cui si fiondava da una parte all'altra della stanza per rimproverarlo.

In realtà, se prima non vedevo l'ora di andarmene da Scone, adesso non l'avrei più nemmeno preso in considerazione.

No, era follia pura!

Possibile che l'arrivo di MacBeth mi avesse scombussolato tanto? Sì, sarei dovuta tornare di corsa a Burghead e prepararci per il suo inevitabile attacco. Forse però, se fossi riuscita a parlare con lui, avremmo potuto trovare una soluzione. Ancora non sapevo quale potesse essere, ma non ero pronta a considerarlo mio nemico.

«La cerimonia è durata più del previsto» risposi. «Mi tratterrò un altro giorno.»

«Invece parti oggi stesso.»

«No.»

«Non sono forse io il capofamiglia?» gridò Gillecomghain.

Non mi mossi.

«Magari ce la farai a diventare la sgualdrina di Duncan, ma quando MacBeth scoprirà che sei mia moglie, non sarà una preda altrettanto facile.»

«Pensi che possa concedermi a entrambi? Se proprio mi vuoi accusare di qualcosa, almeno scegline uno.»

Volevo che tornasse in sé, io per prima ero abbastanza sconvolta.

«Guarda che sono turbata tanto quanto te dalla sua presenza» aggiunsi.

Gillecomghain era combattuto tra i propri sospetti e la sincerità del mio tono di voce. Non stavo mentendo, e speravo se ne accorgesse.

«Ti prego di credermi» dissi, poi mi avvicinai e gli appoggiai una mano sul braccio. Lui si allontanò e, con mio grande stupore, si prese il viso tra le mani.

«Mi ucciderà» disse con voce rotta.

«Faremo in modo che non accada.»

«Invece sì, è suo diritto.»

Cambiava idea continuamente, non riuscivo a stargli dietro.

«È stato Mael Colum a uccidere Findlaich.»

«Credi davvero che gli importerà?»

No, ovviamente.

Ma mi trattenni dal dare voce ai miei pensieri. Avevo sempre saputo che Gillecomghain mancava di forza di volontà, ma non immaginavo fosse un tale codardo.

«Duncan ti ha promesso la sua fedeltà. Posso parlare con lui, se vuoi, e assicurarmi che ci protegga da MacBeth.»

«Va bene, resterò qui finché non torni con la sua parola. Su, vai. Subito!»

Digrignai i denti e uscii dalla stanza come un tornado. Fino a quando sarei rimasta legata a quel maledetto rammollito che avevo sposato? Andai a cercare Duncan, ma era MacBeth che speravo di trovare nei corridoi, anche se ancora non sapevo quali parole usare per raccontargli ciò che volevo disperatamente fargli sapere.

Mentre passavo davanti alla sala dei ricevimenti, un sonoro brindisi attirò la mia attenzione. Ben presto ne compresi il motivo. MacBeth era circondato dai thane locali, che stava intrattenendo con chissà quale storia. Benché distante, vidi che gli brillavano gli occhi – senza dubbio stava rivivendo una delle sue vittorie. Quando incrociò il mio sguardo, non potei fare a meno di sorridere.

«Oh, eccoti qui.»

Mi ritrovai Duncan accanto e, prima che potessi sottrarmi, mi prese per un braccio e mi spinse dentro la stanza. MacBeth si rabbuiò in volto.

«Suthan sta ancora male?» gli chiesi.

«Sì, parecchio. In linea di successione, dopo di lei vieni tu» mi rispose.

«Prego?» Per poco non soffocai.

«Il tuo titolo nobiliare ti impone di restare qui e parlare con me.»

In quel momento, proprio mentre si stava chinando verso di me, arrivò MacBeth, che ci fece un profondo inchino.

«Vostra Maestà» disse, strizzandomi l'occhio, «posso chiedervi ancora un attimo di pazienza? Voglio assicurarmi che i miei uomini siano sistemati a dovere.»

Non lo sapeva. Ero ancora in tempo, dunque.

«Ma certo, cugino» rispose pomposo Duncan. «Sei libero di andare dove credi.»

Mi accorsi che non aveva fatto nulla per correggere l'errata convinzione di MacBeth che fossi la moglie dell'erede al trono, e la mia confusione aumentò. Era forse un vile modo per farlo ingelosire? Ma no, impossibile. Di sicuro l'affetto che MacBeth nutriva per me un tempo si era ormai affievolito, altro che gelosia...

Sollevò un sopracciglio, divertito perché Duncan stava parlando con un tono di voce inutilmente alto. Si inchinò e andò via, seguito da alcuni cortigiani che, solo la sera prima, avevano tessuto le lodi del cugino.

Non appena MacBeth gli diede le spalle, tutta la sua supponenza svanì nel nulla. Mi lasciò andare il braccio e si rivolse a Bethoc. Fino a quel momento ero riuscita a evitare di rivolgerle la parola, e non avevo nessuna voglia di farlo adesso, oltretutto disorientata com'ero.

«Con permesso» dissi, senza aspettare la loro risposta.

MacBeth era circondato da una gran folla, dunque non riuscii a raggiungerlo. Quando arrivai in corridoio, era sparito. Scelsi una direzione qualsiasi e mi incamminai svelta, sbirciando attraverso ogni porta aperta. Cercai di tendere le orecchie per sentire la sua voce, invano. Oh, perché ero così attratta da lui ma poi, quando più ne avevo bisogno, lo perdevo sempre?

Mi costrinsi ad abbandonare le ricerche e mi sforzai di tornare nella sala dei ricevimenti, decisa a chiedere a Duncan la sua protezione contro di lui. Era l'unica cosa sensata da fare, del resto. Passando davanti a una porta aperta, però, riconobbi le voci all'interno.

Mi fermai.

Era la stanza di Donalda. Lei e MacBeth stavano discutendo, ma un istante dopo si accorsero della mia presenza. Lui si allontanò da sua madre, e l'espressione di disgusto che aveva in faccia era abbastanza evidente da arrivarmi come un pugno allo stomaco.

Aveva scoperto la verità.

«Maledetta bugiarda!» mi accusò furioso.

«MacBeth!» esclamò Donalda, posandogli una mano sul braccio. Lui, però, si ritrasse e avanzò verso di me. Estrassi subito il pugnale. Di sicuro non si era accorto che ce l'avevo.

«Guarda che sono pronta a usarlo» gli dissi, puntandogli la lama contro.

«Perché non mi hai detto che hai sposato Gillecomghain?»

Entrai e mi chiusi la porta alle spalle. Non volevo che l'oggetto della discussione ci udisse. Lì dentro sapevo che MacBeth non mi avrebbe fatto del male, nonostante ciò ero pronta a difendermi se si fosse avvicinato ulteriormente.

«Com'è possibile che non lo sapessi?» chiesi.

«Gli ho mandato diversi messaggi, ma credo che Bethoc li abbia intercettati tutti» intervenne disperata Donalda.

Ecco perché ignorava anche che Mael Colum avesse ucciso suo padre...

«E per quale motivo pensavi che avessi sposato Duncan?»

«Me l'hai fatto credere tu» sibilò. «Se non sei sua moglie, allora significa che sei la sua puttana.»

«Non sono la puttana di nessuno.»

«MacBeth, ti prego...» lo rimproverò Donalda.

«Vattene!» le gridò invece lui.

Lei corrucciò le labbra, ma gli obbedì.

«Resterò qui fuori» disse, poi chiuse la porta e ci lasciò soli.

«Se non sei la puttana di Duncan, perché questa mattina gli stavi accanto, pavoneggiandoti come se fossi tu la regina?»

«Mi limito a eseguire gli ordini.»

Prese a camminare avanti e indietro per la stanza.

«E il matrimonio con Gillecomghain, allora? Credevo che niente avrebbe potuto distoglierti dal tuo obiettivo.»

Colsi una punta di amarezza nella voce e non riuscii a trattenermi dal ridere.

«Ah! Parli come se avessi avuto scelta.»

«Ce n'è sempre una.»

«Se la pensi così, chissà che bella vita conduci.»

«Non fingere di essere una povera derelitta. Proprio tu, poi... Hai preso la tua decisione, e adesso devi affrontarne le conseguenze.»

Mi trattenni dal digrignare i denti. No, non mi sarei lasciata intimidire.

«Sai tra quali alternative ho dovuto scegliere? Sposare Gillecomghain o morire.»

«Io te ne avevo data un'altra, e non mi sembrava questione di vita o di morte.»

Eccola lì, la risposta alle mie domande. Non mi aveva mai perdonato per averlo respinto.

Adesso che era fermo, mi intimidiva ancora di più.

Perché non ero andata da Duncan subito dopo il suo arrivo? Avrei dovuto supplicare la sua misericordia anziché crogiolarmi per un secondo nella possibilità di... di cosa? Cosa speravo di ottenere raccontando a MacBeth del mio matrimonio con Gillecomghain?

«Perché proprio lui?» mi chiese con voce rotta.

«Il mio piano originario era sposare Mael Colum.»

Mi guardò a bocca aperta, e mi pentii della mia schiettezza.

«Tra i due fratelli, era quello che mi avrebbe garantito più potere, più sicurezza, una posizione migliore per essere in grado di mettere a segno la mia vendetta. Lui, però, mi ha rifiutato, e allora si è proposto Gillecomghain. Ho accettato subito, anche perché l'alternativa sarebbe stata tornare a Scone, che all'epoca per me significava morte certa.»

MacBeth non smetteva di fissarmi, e di nuovo mi soffermai sulle rughe che aveva intorno alla bocca. Continuai, rifiutandomi di indulgere oltre.

«Ho un figlio, si chiama Lulach.»

«Il piccolo toro...»

«Sì. Ha quattro anni e assomiglia a Adair» dissi, sperando di fare appello alla sua umanità. «Cresce di giorno in giorno, in statura, saggezza e forza.»

Inspirai a fondo e mi preparai al peggio.

«Puoi minacciarmi di uccidermi quanto vuoi, tanto sopravvivrò. Già altri ci hanno provato, e l'ho sempre scampata.»

Fece per intervenire, ma proseguii.

«Se provi a torcere anche solo un capello a mio figlio o a mettere in pericolo la nostra posizione, sarò io a uccidere te. Senza indugi né rimpianti.»

Mi aspettavo che scoppiasse a ridere o sminuisse il mio tentativo di intimidazione, invece si limitò a fissarmi.

«L'ho già fatto, e lo rifarò.»

Guardò il mio pugnale e colsi una scintilla di consapevolezza nei suoi occhi. Non potevo perdere la mia determinazione proprio ora, né diminuire l'intensità delle mie minacce mostrando segnali di nostalgia e affetto verso di lui.

«Puoi prenderti tutte le contee che vuoi, ma Moray resterà mia.»

Dopodiché me ne andai. Credevo alle mie parole con tutta me stessa, ma ignoravo quale sarebbe stata la mia reazione se MacBeth mi avesse messo alla prova.

Mi tremavano le mani, e le nascosi tra le pieghe del vestito.

Adesso dovevo occuparmi di Duncan, ma prima dovevo ricompormi. Corsi nella mia stanza, pronta a inventarmi una scusa per spiegare a Gillecomghain perché ancora non avevo parlato con il principe. Bram stava di guardia alla porta. Quando entrai, mi accolsero Lulach e Sinna. Di mio marito, nessuna traccia.

«Madre! Vieni a vedere cos'ho fatto!»

Seduto sul pavimento vicino al focolare, Lulach balzò in piedi e mi trascinò fino ai disegni che aveva fatto tra la fuliggine. Notando il mio turbamento, Sinna si accigliò, ma non mi mise pressione perché le raccontassi l'accaduto. Distratta com'ero, non riuscivo a dare a Lulach l'attenzione che bramava.

«Be', mio padre ha detto che sono bellissimi» commentò deluso, attirando all'istante la mia attenzione.

«Hai visto tuo padre?»

«Sì» rispose lui, all'improvviso sospettoso per come lo stavo fissando.

«Ha detto dove stava andando?» domandai a Sinna.

«No.»

«Io lo so!» esclamò Lulach.

«Quindi?»

«A cercare te.»

«Ah, bene, allora mi sa che non mi ha trovato. Ehi, ma questo cavallo che hai disegnato è davvero stupendo!»

Lulach mi regalò il suo bel sorriso contagioso.

«Madre, dov'è l'Irlanda?»

Mi si fermò il cuore.

«In che senso, tesoro mio?»

«Mio padre ha detto che andava a cercarti in Irlanda.»

«Sinna, l'hai sentito anche tu?» le domandai con un senso di oppressione al petto. Mentre tentavo di contenere il crescente panico, Lulach si accigliò.

«No. Prima di andare ha borbottato qualcosa ma non...»

A quel punto gli presi il viso tra le mani e gli accarezzai una guancia, provando a respirare a un ritmo normale.

«Cos'ha detto esattamente tuo padre?»

«Che andava a cercare il suo amore – cioè te – in Irlanda.»

25

Correre.

Non potevo fare altro che correre via. Dovevo tornare subito a Burghead. Dovevo andarmene da Scone prima che Duncan scoprisse che Gillecomghain ci aveva abbandonati e inviasse MacBeth a riprendersi Moray.

Sì, ci aveva abbandonati.

Come aveva potuto?

Dopo tutto quello che avevo fatto per lui... Possibile che non mi fossi accorta di quanto stava per accadere? Perché non avevo sfruttato il suo segreto per tenerlo incatenato a me, proprio come aveva fatto Mael Colum?

Erano domande a cui non avrei trovato risposta ma, mentre correvo da una parte all'altra della stanza nel tentativo di radunare tutto ciò che fossimo riusciti a portare via, non pensavo ad altro. Esausta dal confronto con MacBeth, mi sforzai di non crollare. Sinna stava aiutando Lulach a mettersi il mantello.

Bussarono alla porta.

Restammo di sasso.

«Lady Gillecomghain?»

Sentii la voce sommessa di Bram.

Espirai sollevata e lo feci entrare.

«Allora?» gli domandai.

«Le guardie sono sparite.»

«Tutte?» gli chiesi sgomenta. L'avevo mandato a verificare quante ne restassero.

Annuì.

Oh, come aveva potuto?

Se non lo avesse ucciso prima MacBeth, dopo aver messo in sicurezza Burghead, sarei andata in Irlanda e l'avrei ammazzato io stessa con le mie mani.

«I cavalli?»

«Ne restano tre: il mio, il vostro e quello di Sinna. Li stanno sellando.»

Non era il momento di essere cauti, dunque ci lanciammo a perdifiato lungo i corridoi, i nostri passi che riecheggiavano contro le pareti di pietra.

«E le provviste?» domandò Sinna.

«Andremo a Dunkeld, e dirò che Duncan ha ordinato di fornirci cibo per il viaggio di ritorno verso casa. Speriamo non vengano a sapere prima di Gillecomghain.»

«E se non funziona?»

«Allora moriremo di fame.»

«Ma Gruoch...»

«Insomma, non lo so! Mi verrà in mente qualcosa strada facendo.»

«È il caso di tornare a Burghead?»

Le diedi retta solo quando ci ritrovammo nel cortile, vicino alle stalle. Non avevo tempo per certe domande.

«Preferisci che resti qui e diventi la puttana di Duncan?»

«E MacBeth? Una volta eravate amici. Non puoi chiedere aiuto a lui?»

Ripensai a come ci eravamo lasciati, alle parole astiose di entrambi, all'odio nei suoi occhi... No, non mi avrebbe aiutato. Ormai non era più nemmeno costretto a uccidere Gillecomghain e rischiare la disapprovazione di Duncan, poteva andare comodamente a Burghead e riprendersela. Oh, quanto sembravano insensate adesso le minacce che gli avevo lanciato...

«Se riuscissi a tornare a Burghead, da lì potrei difendere la mia posizione.»

«Non sei tu il mormaer.»

«Sarò anche sprovvista del titolo, ma il popolo mi seguirà. Mi sono fedeli.»

Mentre lo dicevo, ero consapevole dell'immenso rischio che correvo. La città era prosperata grazie a me, però. Era rifiorita sotto la mia influenza, e la gente del posto doveva a me tutto ciò che possedeva. Avrei sfruttato la lealtà che a fatica mi ero guadagnata. Non mi avrebbero voltato le spalle – non potevano farlo.

Bram si stava avvicinando con i cavalli. Aiutò Sinna, poi montò in sella anche lui.

Io issai Lulach su Allistor. Avevo già infilato il piede nella staffa, quando sentii gridare dall'estremità opposta del cortile.

«Una scampagnata in famiglia? Sarei lieto di accompagnarvi.»

Duncan sembrava parecchio gioviale, ma a me cominciarono a tremare le mani, dunque nascosi quelle traditrici sotto il mantello e cercai di ostentare serenità.

«Sei molto gentile, ma vogliamo fare una cosa tranquilla. Temo che la cavalcata ti annoierebbe.»

«Be', certo, qui a corte di tranquillità se ne trova ben poca» commentò lui, venendoci incontro. «Sarò muto come la morte, ve lo prometto.»

Che similitudine bizzarra...

«Sono certa che avrai questioni più importanti di cui occuparti.»

«No, nulla di che al momento» rispose, e mi si piazzò di fronte. «Inoltre, tra poco verrò incoronato re, quindi tutto il resto può attendere.»

«Ripensandoci, forse non ho tutta questa voglia di andare a cavallo...»

«Ma dov'è mio padre?»

La voce di Lulach squarciò il silenzio, e io mi sentii mancare la terra sotto i piedi. Era come se stessi precipitando in un precipizio infinito. Duncan corrucciò le labbra: aveva trovato conferma ai suoi sospetti.

«Se davvero desideri fuggire da Gillecomghain, non sarò io a fermarti, ma fuori da qui non posso proteggerti da MacBeth.»

«Ma no, non stavamo...»

«Non mentirmi, ti prego. Non sopporto la falsità.»

Mi sforzai di non ridere per l'ironia di tale affermazione, ma lui si accorse del mio gelido sguardo divertito.

«Quante volte ancora devo ripeterti che non intendevo farti del male quando ti ho allontanato da Scone? Ero convinto di salvarti la vita.»

«E Thamhas, allora? Anche in quel caso non sopportavi la falsità?»

Glielo rinfacciai in un tono più velenoso del previsto, aggredendolo verbalmente come avrebbe fatto un animale chiuso all'angolo. Lui serrò la mascella.

A quel punto mi sarei dovuta gettare ai suoi piedi, supplicandolo di perdonarmi, ma non ci riuscii. Perché? Lo fissai, sfidandolo a ribattere.

Era evidente che si stesse sforzando di trattenere le proprie emozioni.

«Hai ragione» disse infine. «Non riesco a togliermi dalla testa la sua morte, e vorrei tanto potervi porre rimedio.»

Troppo stanca per mascherare la mia sorpresa, lo guardai inebetita. Lui ridacchiò, contento di avere ottenuto l'effetto desiderato. Era il momento di chiedergli protezione a Burghead. Qualsiasi aiuto mi avesse fornito, benché con riluttanza, non avrebbe cancellato la morte di Thamhas, ma era un buon punto di partenza.

«Ti ringrazio» espirai. «Ho bisogno del tuo aiuto» aggiunsi poi.

«Lo so» mi rispose, prendendomi le mani tra le sue. Dovetti resistere all'impulso di ritrarle. «Non sono riuscito a proteggerti prima, ma lo farò adesso» continuò.

Era meglio di quanto avessi potuto desiderare.

«Gillecomghain è fuggito in Irlanda. MacBeth lo inseguirà, e poi andrà a Burghead. Ho radunato un esercito per proteggere la mia posizione, e suppongo di poter contare sulla fedeltà del Mormaer di Aberdon, anche se devo verificarlo sul posto. Impedisci a MacBeth di riprendersi Moray. Al momento ha pochi alleati laggiù, ma di giorno in giorno porta gente dalla sua parte. Devi sbrigarti, però» gli dissi.

Mi accarezzò una guancia.

«È affascinante vedere il tuo cervello in funzione...»

Non aveva acconsentito alla mia richiesta.

«Farai come ti ho chiesto?»

«Non puoi aspettarti che dica di sì.»

Mi allontanai, ma lui continuò a sorridere.

«Mio nonno gli ha sottratto Moray ingiustamente, e per di più con l'inganno. Ho intenzione di restituirgli ciò che gli spetta per diritto di nascita, così il mio popolo vedrà che non ho paura, e lui non oserà osteggiarmi dopo una simile dimostrazione di generosità.»

«Io... tu... avevi detto che mi avresti garantito protezione.»

«Sì, e manterrò la parola. Tu e Lulach potrete restare qui a corte, sotto la mia custodia.»

Allungò una mano per levarmi una ciocca di capelli dagli occhi, ma io spostai la testa di scatto. Si accigliò.

«Non puoi farlo! Burghead appartiene a me! Il popolo mi è fedele e rispetta la mia autorità.»

«Non ne dubito» disse, anche se dal tono di voce si percepiva l'esatto contrario. Mi stava parlando come se fossi una bambina. Oh, quanto avrei voluto levargli quel sorrisetto dalla faccia con la punta del mio pugnale!

«Permettimi di salvarti, dato che non ci sono riuscito prima.»

«Manderai i tuoi uomini a proteggere Gillecomghain? Potrà vivere qui insieme a noi?»

«Devo dare a MacBeth la possibilità di vendicare suo padre.»

«Quindi vuoi che diventi la tua amante» conclusi senza fiato.

Addolorato dalla mia mancanza di entusiasmo per la sua proposta e stanco di vedermi rifiutare il suo eroico gesto, chiamò una guardia che era apparsa all'entrata del cortile. D'istinto andai da Lulach, lo feci smontare da cavallo e lo tenni stretto a me per proteggerlo. La guardia riportò Allistor nelle stalle, e a quel punto smontarono anche Bram e Sinna, benché di malavoglia.

«So che adesso non lo capisci, ma ti sto aiutando e proteggendo. Alla fine mi ringrazierai, e verrai da me di tua spontanea volontà.»

Lo disse con una tale autorità che, se non avessi avuto la gola chiusa per il panico e i polmoni collassati, sarei scoppiata a ridere.

«Forza, torniamo dentro, ci aspettano per cena» continuò. «Inoltre ho molte cose di cui occuparmi.»

Mi porse la mano, ma con Lulach in braccio dovetti rifiutarla. Lui abbozzò un sorriso, infastidito perché gli avevo negato l'occasione di comportarsi da galantuomo.

«Accompagna Sinna negli alloggi della servitù» ordinò alla guardia. «Se ha bisogno di lei, Gruoch la manderà a chiamare.»

Stavo per protestare, quando la vidi fare un inchino.

«Ma certo, mio signore» rispose mesta. «Forse, però, Lulach avrebbe piacere di andare a giocare con gli altri bambini. Posso portarlo?»

D'istinto mi venne da obiettare, per nulla disposta a perdere di vista mio figlio mentre veniva deciso il nostro futuro. Lo abbracciai con ancora più forza ma, appena Sinna mi lanciò un'occhiata, compresi quanto fosse sensata la sua idea. Avendo la possibilità di muoversi liberamente per la fortezza, infatti, al momento opportuno sarebbero potuti scappare. Per quanto desiderassi tenerlo vicino a me, Lulach sarebbe morto confinato nella nostra stanza.

Guardai Duncan, che stava aspettando la mia decisione.

«Come desidera Vostra Grazia» risposi con la bocca secca.

Passai Lulach a Sinna, poi ordinai a Bram di restare con loro. «Se gli succede qualcosa, la pagherai con la vita» specificai.

Per nulla allarmato dal mio avvertimento, lui annuì, serio in volto. Mentre Sinna si allontanava con Lulach, speravo che mio figlio si voltasse in modo da guardarlo un'ultima volta, invece stava parlottando, senza dubbio sollevato all'idea di lasciarsi alle spalle le tensioni che la sua piccola testolina avvertiva, anche se non riusciva a comprendere.

Senza Lulach a proteggermi dalle attenzioni di Duncan, non avevo altra scelta se non prenderlo sottobraccio e permettergli di riaccompagnarmi nella mia stanza. Al suo fianco mi muovevo come uno spettro, cercando di distogliere la mente il più possibile dai corridoi di Scone. Mi sforzai di immaginare il fiumiciattolo dove io e Lulach avevamo giocato solo due settimane prima. Mi ricordai di tutte quelle fantasie sul mio crescente potere, sul fatto che finalmente avrei ritrovato mio padre e Adair, sulla corona che sentivo a un passo da me; invece di una via di fuga o di sollievo, però, la memoria mi portò solo dolore.

Quando arrivammo alla mia stanza, da cui ero fuggita poco prima, Duncan si trattenne sulla soglia, mostrando i primi segnali di esitazione. Vedendo che non aprivo bocca, era incerto su come comportarsi in mia presenza.

«A tempo debito mi ringrazierai» ripeté, più a beneficio suo che mio, poi chiuse la porta. Lo sentii bofonchiare a una guardia di non lasciar entrare nessuno.

Ero prigioniera.

Rimasi dov'ero, incapace di muovere le gambe. Avevo la fronte imperlata di sudore, ma non riuscivo a sollevare le braccia per togliermi il mantello che tenevo ancora sulle spalle. Passarono secondi, minuti, ore, eppure il mio cervello si rifiutava di guidarmi fino a una sedia o al letto, impegnata a ripercorrere all'infinito gli eventi dell'ultima ora.

Un'ora.

Tanto ci era voluto per ritrovarmi senza più nulla.

Cominciarono a tremarmi le gambe; barcollando, riuscii ad arrivare alla finestra e la spalancai. L'aria era soffocante. Sentendo che a poco a poco mi venivano meno le forze, mi appoggiai al davanzale, disperata. Guardai di sotto, il terreno che ondeggiava.

Sarebbe stato facilissimo arrendersi e abbandonarsi a un'infinita caduta...

Mentre slacciavo i bottoni d'oro del mantello di cui andavo così fiera e che mi scivolò ai piedi, mi tremavano anche le dita. Cercai di arrampicarmi sul davanzale, ma il vestivo mi ostacolava.

Mi sporsi prima con la testa e poi con le spalle, lasciandomi trasportare in avanti dal mio peso.

«NO!»

Era la mia voce, che gridava per mettermi in guardia.

La ragione corse in mio aiuto, e recuperai all'istante il buon senso.

Con uno sforzo immane, mi allontanai dal davanzale e caddi sul pavimento. Mentre inspiravo con avidità, come se fossi rimasta con la testa sott'acqua, il petto mi andava su e giù.

«No» ripetei a gran voce, ritrovando sicurezza. Non gli avrei dato quella soddisfazione. Se mi volevano morta, avrebbero dovuto uccidermi con le loro mani.

Recuperata la forza nelle gambe, presi a fare avanti e indietro per la stanza come un animale selvatico, furiosa per essere stata indotta a pensare addirittura di togliermi la vita. Ero sopravvissuta a scenari ben peggiori di quello. Nonostante mi fossi schiarita le idee, però, non vedevo vie di uscita.

«Oh, nonna...»

Mi mancò la voce, incapace di dare forma alle mie accuse.

Già, la nonna...

Mi immaginai la cascata di capelli d'argento sull'arazzo che stava intessendo, e quel pensiero mi calmò.

«Sei stata tu a condurmi fin qui, adesso mostrami cosa devo fare» le ordinai.

Chiusi gli occhi, inspirai profondamente e ripensai a quella sera, sforzandomi di ricordare nei dettagli tutto ciò che era successo: la danza sfrenata di mia madre mentre pregava di dare alla luce un figlio maschio, l'artemisia che si erano passate le figlie dei druidi, le ombre che danzavano sul pelo dell'acqua e gli occhi di mia nonna, simili a due pozze scure...

Supererai in grandezza ciascuno di noi. La tua fama si diffonderà per tutta Alba e giungerà fino in Inghilterra. Ogni terra che guarderai con i tuoi occhi e toccherai con i tuoi piedi ti appartiene, e tu appartieni a essa.

Aprii gli occhi di scatto. Era come se quelle parole fuoriuscissero dalle pareti di pietra intorno a me. Quando la profezia di mia nonna mi invase la mente, mi aspettavo di girarmi e di ritrovarmela lì sul letto accanto a me.

Non solo. Diventerai immortale.

Quel ricordo non mi aveva abbandonato, indiscutibile nella sua chiarezza.

«Non posso sposare Duncan.»

Io ti sto prospettando gloria ed eredità immortale, e tu mi parli di matrimonio?

«Come, allora?» le chiesi poi.

Devi restare in vita. Devi sopravvivere, tu più di tutti noi.

Enigmi. Sempre e solo enigmi. Come poteva mia nonna pretendere che sopravvivessi? Chi aveva più potere di una regina?

In effetti, se davvero fossi diventata l'amante di Duncan, mi sarei potuta insinuare nella sua vita e fare in modo di essergli indispensabile. A tempo debito, magari sarei anche diventata regina. Di cosa, però? Di una massa di nobili stolti e idioti? La verità era che Scone non significava nulla per me. Lì, non avrei mai avuto potere.

A Burghead, invece...

La terra dei miei antenati, il cuore del regno dei Pitti.

Guardai le colline fuori Scone. Mi venne un'altra idea, benché antica quanto la terra su cui camminavamo.

Scone era potente, ma Burghead poteva superarla. Data la sua posizione al Nord – l'accesso alle vie del commercio, le risorse dell'entroterra e del mare, la protezione garantita dalle montagne – avrei potuto trasformare Moray in un grande regno senza bisogno di ricorrere a trame e intrighi né di diventare la puttana di qualcuno. Ero convinta che gli dèi mi avessero voltato le spalle, invece da tempo cercavano di riportarmi al mio vero obiettivo, cioè Burghead. Soltanto adesso comprendevo il loro piano.

La rinascita dei Pitti.

La Regina del regno del Nord.

Al solo pensiero avvertii un brivido lungo la schiena, e sentii il familiare battito del potere nel petto, proprio come da bambina, quando la nonna aveva profetizzato il mio destino.

E se gli dèi volevano che tornassi a Burghead, laddove mi aspettavo di trovare nemici avrei trovato invece altre strade da esplorare e alleanze da stringere.

Mi lavai la faccia con l'acqua fredda. Mi passai l'olio di lavanda sul collo e sulle mani, inspirando quel profumo intenso e abbandonandomi alla sua corposità.

Tornai allo specchio e mi acconciai i capelli al meglio; non li intrecciai, com'erano solite fare le cortigiane, ma lasciai le mie lunghe onde ramate sciolte sulla schiena.

Di sicuro non sarei passata inosservata, ma del resto era esattamente ciò volevo. Mi sistemai il vestito nero, e mi colpì che solo poco prima avevamo dato degna sepoltura a Re Malcolm. Anche stavolta ammirai come quell'abito metteva in risalto la mia figura, l'alto collo nero in netto contrasto con il pallore del mio volto. Mi fissai il pugnale alla cintola, poi mi avvicinai alla finestra e aspettai di essere convocata, stanca ma pronta.

La luce si affievoliva sempre più, tingendo il cielo di ampi sprazzi viola e arancio. Un bel venticello fresco mi soffiava in faccia e contribuì a rinvigorire la mia determinazione. Se anche questo ennesimo piano fosse fallito, l'avrei fatta finita gettandomi dalle mura di Scone. In caso contrario, ero certa che la mia ascesa sarebbe stata più grandiosa di quanto mi fossi mai sognata.

Infine sentii bussare alla porta.

«Avanti» dissi, sperando che fosse Duncan e che mi vedesse incorniciata nel cielo della sera.

Quando la porta si aprì, in effetti apparve il profilo familiare dell'erede al trono, il viso illuminato dalla luce morente del giorno. Rimase lì impalato, titubante, poco incline a entrare. Forse era il suo modo per ribadire che dovessi andare io da lui spontaneamente. Dopo un attimo di esitazione, dunque, attraversai la stanza e lo presi sottobraccio ancora prima che me lo proponesse. Gli appoggiai delicatamente le dita sulla spalla.

«Hai cambiato idea?» mi chiese, così arrogante che non prese nemmeno in considerazione l'eventualità che potessi tradirlo.

«Ho semplicemente accettato il mio destino» gli risposi, fissandolo negli occhi con le labbra socchiuse. Mi guardò la bocca e deglutì. Pensavo che avrebbe cercato di baciarmi, invece si limitò a schiarirsi la voce, poi mi condusse nel salone dei festeggiamenti.

Non appena entrammo, si voltarono tutti a guardarci. Duncan girò tra gli ospiti come aveva fatto la sera prima accanto a Suthan, e scambiò qualche parola con alcuni thane. Io passai in rassegna la folla alla ricerca di Sinna. Eccola là, seduta vicino a Lulach, che stava giocando felice con altri bambini - oh, che sollievo vederlo così contento!

Dopodiché cercai Bethoc e Crinan, desiderosa di vederli sbigottiti mentre camminavo sottobraccio a loro figlio, ma fu MacBeth ad attirare la mia attenzione, seduto al tavolo d'onore alla destra di Duncan - il posto che spettava a Gillecomghain.

Teneva lo sguardo fisso davanti a sé con un'evidente espressione di disprezzo, anche se non sapevo dire a chi fosse rivolta.

La mia convinzione vacillò. Ciò che dovevo affrontare mi intimidiva.

Non appena prendemmo posto, la festa cominciò. Mangiai quello che mi servirono, anche se non ne ricordo il sapore. Rimasi in silenzio tutta la sera, per paura di tradire i miei pensieri più intimi.

Sperando che alla fine Duncan si fidasse del mio affetto al punto da lasciarmi da sola e raggiungere i nobili – sapevo che non vedeva l'ora di unirsi a loro, infatti – trovai diverse occasioni per appoggiargli la mano sul braccio in gesto di possesso e sussurrargli qualcosa all'orecchio. All'inizio mi guardava con velato sospetto, ma io rispondevo sempre con aperta cordialità. Nel corso della serata si rilassò, convinto di aver conquistato anche me, come tutti gli altri.

«Ho sentito che il conte di Cawdor si vanta di aver ucciso l'immenso cervo che adesso campeggia nella sala delle consultazioni» gli dissi a fior di labbra appena ebbi la certezza che fosse di buonumore, certa che non ci ascoltasse nessuno.

«Ti assicuro che non ha dato il minimo contributo durante la caccia» rispose lui, socchiudendo appena gli occhi.

Lo sapevo, lo avevo sentito raccontare la sua impresa giusto il giorno prima.

«No, no, invece insiste che sia stato tutto merito suo.»

L'insicurezza che mostrava dall'arrivo di MacBeth lo rendeva particolarmente suscettibile, ma si trattava pur sempre di una menzogna.

«Oh, vado subito ad ammonirlo per tale falsità!»

Si alzò e con cortese eleganza raggiunse il conte di Cawdor. Mentre parlava con lui e con gli altri thane, sprizzava fascino e sorrisi; senza dubbio stava ricordando loro quando aveva inseguito il cervo e poi l'aveva chiuso in un angolo nel boschetto.

Avevo solo pochi istanti per agire di nascosto, ma rimasi lì immobile. Temevo che MacBeth spifferasse tutto a Duncan non appena gli avessi rivelato il mio piano. Lo studiai da vicino mentre se ne stava seduto ad appena un braccio di distanza da me, alla ricerca di qualche segnale che mi lasciasse ben sperare.

Lui, però, evitava il mio sguardo. A un certo punto, in fondo alla sala si udì un rumore fragoroso: nel tentativo di alzarsi, un nobile ubriaco era caduto. Si voltarono tutti verso di lui, e allora capii che non avrei avuto un'altra opportunità così ghiotta.

Mi portai una mano sul fianco ed estrassi rapida il pugnale. MacBeth scorse lo scintillio dell'acciaio e afferrò anche lui la spada. Mi affrettai ad appoggiare l'arma sulla sedia di Duncan. Quando la vide, mi guardò stupito.

«L'ho sempre tenuto con me» gli dissi. Nel frattempo Duncan aveva ripreso a chiacchierare con il Conte di Cawdor, ma ci stava osservando. Vedendomi conversare con suo cugino, fece una smorfia.

«Vieni nella mia stanza. Stasera. C'è una cosa di cui voglio discutere con te» gli dissi, poi mi alzai.

«E se io non avessi nessuna voglia di parlarti?»

«Vorrà dire che verrai a restituirmi il pugnale. È un oggetto molto speciale per me, e non voglio privarmene troppo a lungo.»

Infine mi allontanai, augurandomi disperatamente che MacBeth lo prendesse. Un attimo prima che mi allontanassi, però, Duncan mi intercettò.

«Di cosa stavate discutendo tu e MacBeth?»

«Di niente» risposi, e con delicatezza gli appoggiai una mano sul braccio con cui mi aveva afferrato. Il mio gesto non passò inosservato. «Avevo rovesciato del vino.»

«Ah. E dove stavi andando?»

«Oggi sono passata dalle stalle alle stelle, e sono esausta» gli spiegai. «Con il tuo permesso, vorrei ritirarmi.»

Non sembrava convinto. Fidandomi del mio istinto, gli diedi un bacio sulla guancia. Quel gesto attirò su di me gli sguardi di molti, ma mi interessava solo la sua reazione.

«Domani verrai trasferita in una stanza più vicina alla mia» mi comunicò.

Aveva abboccato! Annuii e corsi via.

Mentre percorrevo il corridoio, udii dei passi alle mie spalle. Erano troppo lievi per trattarsi di MacBeth. Sperando fosse Sinna, rallentai. Mi fermai e mi guardai alle spalle: era Ardith, mi aveva seguito. Feci per andarmene, ma lei mi afferrò per un braccio.

«Cosa vuoi, Ardith?»

«Vedo che hai seguito il mio consiglio.»

«Come, prego?»

«Ti ho visto con Duncan stasera» rispose. «Hai intenzione di allontanarlo da Suthan.»

Non replicai, volevo che il silenzio confermasse le sue supposizioni.

«Perché, vuoi fermarmi?»

«Be', dipende.»

«Allora, cosa vuoi?» ripetei.

Corrucciò le labbra. Senza dubbio voleva tirarla per le lunghe, convinta di avermi in pugno, ma io non avevo tempo per i suoi giochetti. Mi divincolai e proseguii, però lei mi venne dietro.

«Voglio un seggio a Scone. Voglio far parte del tuo consiglio.»

«Ah, secondo te Duncan mi permetterà di averne uno?»

«Posso insegnarti con quali parole e promesse convincerlo.»

La stessa manipolatrice di sempre, interessata a punti sensibili e debolezze. Non avrei mai dovuto stuzzicarla, ma non mi ero sbagliata: la vita nell'abbazia non le bastava. Facendole assaporare una posizione addirittura superiore a quella che avrebbe ricoperto a Dunkeld, senza volerlo l'avevo legata a me.

«E se mi rifiutassi?»

«Allora mi assicurerò che il tuo piano fallisca.»

Benissimo. Non era mia intenzione conquistare Duncan, dunque non ci avrei perso nulla. Eppure non volevo lasciarle credere che avesse tanta presa su di me.

«Non ti sarà facile raffreddare l'affetto di Duncan nei miei confronti.»

«Io magari no, ma Bethoc certamente.»

Rimasi di sasso.

Lei voleva sfruttarmi per raggiungere il proprio obiettivo, ma di sicuro Bethoc mi avrebbe distrutto. Se le avesse rivelato che ero pronta a sedurre suo figlio, chissà fin dove si sarebbe spinta pur di fermarmi. Magari mi avrebbe cacciata via in piena notte o accusata di qualche tradimento punibile con una condanna a morte.

«D'accordo, ti darò quello che vuoi.»

Ardith annuì, soddisfatta e vittoriosa.

«Come mai hai cambiato idea su Duncan?»

«Gillecomghain se n'è andato e...»

Pensai di raccontarle delle sue inclinazioni sessuali, ma non volevo fornirle un modo per rovinarmi la reputazione. Calcolai che per tenerla al mio fianco avrei dovuto usare un approccio diverso, fare appello a qualcosa di più forte.

«Avevi ragione, sai? L'ho capito quando sei venuta nella mia stanza ieri sera. Vederti dopo tanto tempo è stata una sofferenza per me, per questo ti ho aggredita. Tradirti è stata la cosa peggiore che abbia mai fatto, e non passa giorno senza che me ne penta. Mi dispiace, davvero.»

Soffocò chissà quale strana emozione, poi mi prese per un braccio, un gesto a cui non ero preparata. Mi aspettavo che avrebbe smascherato le mie mezze verità e socchiuso gli occhi sospettosa, spingendomi a confessare altri dettagli, invece accettò subito le mie scuse: nonostante fossero passati anni, evidentemente non dubitava di avermi ancora in pugno.

Quando ci congedammo, notai un luccichio dorato sul suo polso. Lei si accorse che lo stavo fissando e sorrise, poi sollevò la manica. Il bracciale di mia madre! Trattenni il fiato e toccai quel freddo metallo, sfiorandole la pelle con la mano.

«Lo porto sempre.»

In effetti quel raffinato monile stava meglio a lei che a me.

«Ascolta, Ardith...» cominciai, ma un rumore in fondo al corridoio fece sussultare entrambe. Stava arrivando MacBeth, insospettito nel vederci bisbigliare.

«Vuoi che me ne occupi io?» mi propose.

«No, faccio da sola» le risposi. «Io e Duncan potremmo avere bisogno di lui per sbarazzarci di Gillecomghain.»

Un'altra mezza verità.

«Pensi di portarlo dalla tua parte?»

«Sì, e prego gli dèi di riuscirci» replicai, per la prima volta sincera. «Mi aiuteresti a tenere Duncan lontano nel frattempo?» aggiunsi tutto d'un fiato, come se mi fosse venuto in mente dopo. «Solo io posso convincere MacBeth; se pensasse che è un'idea di Duncan, non credo accetterebbe, inoltre non posso permettere che il principe fraintenda la sua presenza nella mia stanza. È paranoico, proprio come suo nonno.»

«Ma certo» rispose. «Molto saggio da parte tua.» Mi strinse la mano in segno di approvazione e se ne andò, passando accanto a MacBeth come se non lo avesse visto.

Lo feci entrare prima che avesse il tempo di pormi domande e chiusi la porta.

In mia assenza era stato acceso il fuoco, e adesso faceva più caldo di quanto avrei voluto. MacBeth se ne stava in piedi sulla soglia, le braccia conserte, guardingo.

«Prego, accomodati» gli dissi, indicandogli le sedie davanti al focolare.

«No, grazie.»

«Mi spiace, ma purtroppo non ho niente da offrirti» aggiunsi per sdrammatizzare, ansiosa di guadagnare tempo così che il cuore tornasse a battermi a un ritmo regolare.

«Cosa vuoi, Gruoch?»

Sentendolo pronunciare il mio nome, mi calmai all'istante. Lo conoscevo. Nonostante ciò che era accaduto in quegli anni, sapevo che era una persona seria e riflessiva, inoltre eccellente nel maneggiare la spada, leale all'eccesso.

«Mi sa che ci interessa la stessa cosa» cominciai, soppesando bene le parole e, malgrado l'agitazione, sforzandomi di restare immobile, calma, sicura di me.

Lui inarcò un sopracciglio ma non disse nulla, obbligandomi così a continuare.

«Posso farti avere quello che vuoi. Quello che vuoi *davvero,* intendo» dissi, studiandolo attentamente in attesa della sua reazione.

Fece un brusco respiro.

«E sarebbe?» mi chiese con voce roca, avanzando verso di me.

«Diventare re.»

26

Attesi trattenendo il fiato.

Speravo di potermi fidare di Ardith – chissà se davvero avrebbe tenuto Duncan alla larga. Non potevo affrettare i tempi con MacBeth, e mi tremavano le mani al pensiero che ci scoprissero prima di avere ottenuto il suo sostegno.

«E perché credi che voglia diventare re?» mi chiese infine.

Scoppiai a ridere, convinta che scherzasse, ma mi incupii quando mi resi conto che diceva sul serio. C'erano tante cose su cui avrei dovuto convincerlo, lo sapevo, ma questo era l'ultimo dei miei pensieri.

«Perché saresti venuto qui se non per sfidare l'autorità di Duncan e ostacolarne le mire al trono?»

Corrucciò le labbra, e allora mi tornò in mente quando lo faceva sempre da piccolo, ogni volta che Donalda ci rimproverava. Che praticamente fosse uno sconosciuto per me ma che al contempo lo conoscessi in maniera intima mi lasciava sbalordita.

«Sono così trasparente?» rispose, ma con poco entusiasmo. Mi domandai se non ci fosse dell'altro.

«Penso di sì.»

«Non ho mai desiderato essere re, avevo altre ambizioni» iniziò.

«Me lo ricordo.»

«Poi, però...» Gli venne meno la voce, e aggrottò le sopracciglia, pensieroso. Fissò il fuoco, le fiamme che gli tremolavano nelle pupille.

Morivo dalla voglia di lisciargli con il pollice la ruga che gli si era formata in mezzo alla fronte.

«Dunque non vuoi sedurre Duncan per portarlo via a Suthan?»

Scossi la testa.

«Pensavo volessi sostituirti a lei.»

«Piuttosto che sposarlo, lo ammazzo.»

«Vedo che, rispetto a quando sei partita per Dunkeld, le tue priorità sono cambiate» disse inclinando la testa, come se esaminarmi da un'angolazione differente gli avrebbe rivelato quali segreti gli stavo nascondendo.

«Vivere a Dunkeld è stato un incubo. Duncan era un cretino, e Bethoc sfruttava ogni occasione per bacchettarmi. È stata più crudele del previsto.»

Gli balenò in volto un'ondata di emozione. Avanzò di un passo come se volesse consolarmi, ma si trattenne.

«Cosa ti ha fatto?»

Me lo chiese con studiata indifferenza, ma nel suo gesto di prima avevo colto quanto fosse preoccupato e mi volesse bene. Il cuore prese a battermi più forte.

«Ero molto affezionata a un giovane della corte, e lei l'ha fatto uccidere» risposi.

«Lo amavi?»

Avrei voluto rispondere di sì, per vedere se si fosse ingelosito, però non volevo pensasse che mi ero invaghita di un altro.

«Era un ragazzo gentile e innocente, ma Bethoc l'ha usato per distruggere il mio futuro, e pure quello di mio padre e di Adair. Mi ha reso complice della sua morte, e adesso il suo ricordo mi perseguita.»

«Conosco bene la sensazione.»

«Hai perso anche tu una persona cara?»

«Sì» replicò, scaricandomi addosso tutto il peso del suo sguardo esausto.

Davanti all'intensità del desiderio che trasmettevano i suoi occhi, mi mancò il respiro. Volevo che me lo dicesse, una volta per tutte.

«So che per te sarà una magra consolazione, ma... ho ucciso Mael Colum.»

MacBeth socchiuse gli occhi. Mi chiesi se, vedendosi negata la possibilità di vendicare l'assassino di suo padre, si sarebbe arrabbiato. Mi affrettai a spiegarmi meglio.

«Ha minacciato me e mio figlio.»

«Ti ha fatto del male?» mi domandò, un lampo di furia negli occhi.

«No, non ha potuto. L'ho ucciso prima.»

Annuì. Mi aspettavo che dicesse qualcosa, invece rimase fermo dov'era, riflettendo sulle mie parole.

«Come?»

«L'ho attirato con l'inganno nella foresta e l'ho ucciso.»

«Come sei riuscita a convincerlo a...» iniziò, poi espirò; evidentemente ci era arrivato. Proruppe in una risatina di scherno.

«Non sono mai andata a letto con lui» precisai. Non era importante, ma volevo lo sapesse. «Devo ammettere, però, che da bambina mi avevi illuso.» Azzardai una battuta, cercando di ristabilire la serenità che stava aumentando tra noi.

«Io?»

«Sì, tu. Ricordi tutte quelle storie che mi raccontavi sul fatto che bastasse un colpo solo per ammazzare qualcuno? Magari avessi capito subito che stavi esagerando» lo canzonai.

«Invece ti assicuro che è la pura verità» rispose sulla difensiva, come faceva da ragazzino quando lo accusavo di mentire o di manipolare i fatti.

«L'ho pugnalato a un fianco, ma ho dovuto quasi tagliarlo a metà prima che morisse.»

«Cioè l'hai fatto a fette con la spada?» mi chiese, per un istante ammirato.

«Con il tuo pugnale.»

Mentre se lo sfilava dalla cintola, gli balenò in volto un'altra ondata di emozione.

«Mi piacerebbe riaverlo. Come ti ho detto prima, ci tengo molto al tuo regalo.»

Me lo passò dall'impugnatura, e dovetti trattenermi dal toccargli la mano. Me lo rimisi alla cintola, invece.

Restammo in silenzio per un po'. MacBeth sospirò e si passò una mano tra i capelli scuri, un ricciolo che gli ricadeva sulla fronte. Ansiosa com'ero di prolungare quel momento di pace, non mi veniva in mente altro da aggiungere.

«A metà, hai detto?» mi chiese infine, scettico.

Scoppiai a ridere.

«Be', magari non era proprio un taglio dall'ombelico al mento, ma abbastanza grande da fargli uscire le budella.»

«Quanto avrei voluto assistere alla scena» disse, abbozzando un sorrisetto.

«Mi credi?»

«Se credo che hai ucciso l'assassino di un uomo a cui volevi bene come se fosse il tuo secondo padre e che minacciava il tuo futuro? Sì, ciecamente.»

Risi sollevata, e lui mi lanciò un'occhiata inquisitoria.

«Pensavo ci avrei messo di più a convincerti. Nessuno ha sospettato di me finora.»

«Non ti ricordi cosa mi hai detto una volta, quando eravamo piccoli?» mi domandò. Scossi la testa, e allora continuò. «Mi hai detto che il tuo destino era diventare regina e che avresti ucciso chiunque ti avesse ostacolato, uomo, donna o bambino che fosse.»

Quel ricordo mi riportò a un tempo in cui, desiderosa di attirare la sua attenzione, gli avevo raccontato della profezia di mia nonna.

«Avevo otto anni» commentai, sbalordita che se ne fosse ricordato e che gli stesse tanto a cuore.

«Ti ho creduto allora, e ti credo anche adesso.»

Chissà come sarebbe stata la mia vita con un uomo come lui al mio fianco...

Il fuoco si stava spegnendo lentamente; avrei potuto parlare della Burghead della nostra giovinezza finché le braci non si fossero annerite, ma non avevo tempo da perdere con certe fantasie inutili. Era giunto il momento di concentrarmi sul mio obiettivo.

«Non mi hai chiesto come riuscirò a farti eleggere re.»

«Lo immagino.»

«Ucciderò Duncan. Nessuno sospetterà di me, e lo farò un giorno in cui tutti ti vedranno a corte, cancellando così ogni possibile dubbio.»

«In effetti sono io il prossimo in linea di successione, ma perché pensi che verrei preferito ad altri candidati?» mi chiese, un'espressione astuta in volto.

«Pendono tutti dalle tue labbra! Li hai ai tuoi piedi. Non sei cieco, dunque lo vedi tu stesso. Io posso contribuire ad aumentare la loro ammirazione verso di te e indebolire la posizione di Duncan, mettere in discussione il suo coraggio e le sue doti di comando. Non sarà difficile, te lo assicuro.»

«E rinuncerai al tuo grande destino per proteggere Gillecomghain?»

Scossi la testa.

«Non per lui, ma per Burghead. Credo che adesso il mio obiettivo sia quello» dissi, non ancora pronta a condividere con lui il mio grandioso progetto. «E per Lulach.»

«Quindi vorresti che, in cambio della corona di Alba, ti lasciassi Moray.»

Annuii.

Rimase in silenzio, assorto. Oh, quanto avrei voluto leggergli nel pensiero e capire cosa gli passasse per la testa. Il fuoco bruciava piano, e la stanza era avvolta dal buio della sera. Aveva il viso in penombra.

«No» rispose infine. Mi si fermò il cuore.

«Ti prego, MacBeth, posso farcela, devi credermi. Non si

promettono certe cose con leggerezza.» A mano a mano che perdevo anche l'ultima speranza, incespicai nelle parole.

«Non ho dubbi che ci riusciresti e...» iniziò, ma io lo interruppi.

«E allora qual è il problema? Come posso convincerti? Sono certa che non ti manca l'ambizione.»

«No, infatti.»

«Ti prego, dimmi cosa posso fare» insistei, balzando in piedi anch'io. «Sono disposta a tutto pur di impedirti di portarmi via Burghead.» Mi vennero le lacrime agli occhi, ed ero felice che nella penombra non lo vedesse.

«Burghead, o forse Gillecomghain?» ribatté stizzito. Che non riuscisse ad accettare la mia totale indifferenza verso quel rammollito di mio marito mi faceva diventare matta.

«Non mi importa niente di lui!» risposi, così convinta che si bloccò. «Il mio cuore appartiene a Burghead. L'ho salvata dalla rovina. Il mio popolo mi ama, e viceversa. Burghead è come un figlio per me e, se perdessi anche quello, non mi resterebbe più niente.»

Non avevo intenzione di aprirmi tanto con lui ma, vedendo che non abboccava all'amo, non mi restava altro che dirgli la verità.

Sul viso gli si disegnarono tante emozioni contrastanti che non riuscivo a distinguerle.

«Ti sto offrendo tutto ciò che hai sempre voluto» lo implorai, afferrandogli una mano. Era calda e ferma. D'istinto la ritrasse.

«Non è questo che...»

«Possiamo pensare a un piano diverso.»

«No.»

Si allontanò. Avevo le guance rigate di lacrime, ma ormai non potevo più trattenermi.

«Per favore, se mai mi hai voluto bene...»

«Non hai idea di quanto te ne voglia.»

«Tanto vale che mi uccidi subito, in questo preciso momento, perché se mi abbandoni al mio destino a Scone sono sicura che lo farò io stessa.»

«Gruoch!» tuonò lui, mettendomi a tacere.

Non appena vidi il suo sguardo, qualsiasi parola di protesta mi morì in gola.

Si lanciò verso di me, mi prese il viso tra le mani e appoggiò le labbra sulle mie, poi inciampò in avanti, travolgendomi. La parete arrestò la nostra caduta e, per un istante, mi vennero le vertigini sentendo il peso del suo corpo contro di me.

Poi si allontanò, la breve distanza tra noi all'improvviso abissale.

Respirava affannosamente, il petto che gli andava su e giù.

«Scu-scusami. Perdonami, ti prego» mi disse con voce tremante.

«Figurati, non ce n'è bisogno.»

Poi mi diede le spalle, come per dimenticarsi di quel bacio.

«Quando ho risposto di no, intendevo dire che non mi stai offrendo tutto quello che ho sempre voluto.»

Aveva la voce impastata. Ero sicura di conoscere già la risposta alla mia prossima domanda, ma volevo sentirla da lui.

«Oltre a diventare re, vorresti qualcos'altro?»

«No» disse, girandosi verso di me. «In verità, è stato il mio pensiero fisso dal giorno in cui mi hai chiesto se potevo darti la corona di Alba. Ho giurato a me stesso che un giorno sarei diventato re. Ho supplicato mio padre di lasciarmi andare alla corte di Re Cnut per servirlo, in modo da conquistarmi la gloria in battaglia e avere una possibilità di sconfiggere Duncan.»

«Ma allora perché...» iniziai, però lui mi interruppe.

«Non è importante, tanto non mi basterebbe.»

Poi scoppiò a ridere, una reazione inconsulta considerato quanto ci fosse in sospeso tra noi, ma non vedevo l'ora di riascoltare quel suono.

«L'ho appena capito: senza di te al mio fianco, nessun trono sarebbe mai abbastanza.»

Mi avvicinai e lo baciai, con passione, affamata.

Non si ritrasse.

Mi attirò a sé. Nei punti in cui mi toccava, sentivo la pelle bruciare, ma volevo che continuasse. Gli passai le mani tra i capelli scuri e lo avvicinai a me. La sensazione della sua bocca sulla mia mi riportò a quel primo bacio a Burghead e mi trascinò indietro nel tempo, a tutti i baci immaginari che gli avevo dato da allora, alle fantasie da cui traevo il mio piacere.

Questa, per esempio, era una di quelle.

Feci per allontanarmi, ma lui non mollò la presa.

«Lulach» dissi.

«Cosa?»

«Non posso stare con te» aggiunsi divincolandomi, anche se mi si spezzava il cuore. Si incupì, ma sapevo che non avrebbe mai accettato mio figlio come suo legittimo erede.

«Burghead doveva essere la sua eredità.»

«E lo sarà» affermò, allungando una mano verso di me.

Scossi la testa e mi preparai a ciò che stavo per dire.

«No. Se mai io e te avessimo dei figli...» Non terminai la frase, perché la prospettiva di avere un figlio insieme a lui, un pensiero dolce e viscoso, mi offuscava la mente.

«Groa» sussurrò con le mani appoggiate sulle mie braccia, mentre mi accarezzava una spalla con il pollice. «È tuo figlio, e lo accetterò come se fosse mio. Ciò che ti è caro, lo sarà ancora di più per me.»

Lo studiai da vicino alla ricerca di qualche segnale che stesse mentendo, ma gli brillavano gli occhi di sincerità. All'inizio faticai a crederci, ma l'intensità della sua adorazione per me era innegabile. Mi incorniciò il viso tra le sue mani e con le dita mi disegnò uno schema invisibile sulla guancia.

Mentre i suoi polpastrelli mi scivolavano lungo il collo e si infilavano tra i capelli, tirandoli con delicatezza, si portò a un niente dalla mia bocca. Mi baciò sulla gola, lasciandomi senza fiato. La mia reazione lo spronò a continuare, e allora le sue labbra trovarono di nuovo le mie. Con la lingua mi aprì la bocca, poi venni travolta da un'eccitazione irrefrenabile.

Spostai le mani dal suo collo al petto, che era teso sotto le mie dita. Lo cinsi con le braccia e poi gliele feci scivolare lungo la schiena finché non emise un flebile gemito.

Da fuori, nel corridoio, udimmo un rumore e ci bloccammo entrambi.

Voci di gente ubriaca che stava venendo verso di noi. Restammo immobili al buio, e sperai con tutta me stessa che quei beoni non entrassero barcollando proprio nella mia stanza. Per fortuna passarono oltre, lasciando dietro di sé un terribile silenzio, nel quale qualsiasi parola ci fossimo scambiati sarebbe fluttuata per tutta la fortezza fino a raggiungere Duncan, ne ero sicura.

«Dobbiamo...» iniziai.

«Aspetta, non qui» mi disse nello stesso preciso istante. Sorridemmo, consapevoli di essere già una cosa sola.

«Gillecomghain» disse.

«Di lui ci occuperemo dopo» risposi. «Prima di tutto, dobbiamo accertarci che Duncan non ti conceda Moray troppo presto. Finché Gillecomghain sarà vivo, non può toccarmi.»

«Ma se mi desse Moray, non realizzeremmo entrambi il nostro obiettivo?»

Scossi la testa, ormai sapevo come Duncan affrontava certe questioni.

«No, per dimostrare che non ha paura di te farà il gesto teatrale di concederti la possibilità di vendicare tuo padre. Toglierà il proprio sostegno a Gillecomghain e così mi rivendicherà per sé.»

«Con Suthan ancora in vita?»

«Mi presenterà come la dama di compagnia di sua moglie, ovviamente, ma tutti capiranno quali sono le sue vere intenzioni.»

Si incupì di nuovo. «Non permetterò che accada.»

«Esatto, devi impedire a Duncan di fare qualsiasi annuncio finché non avrò scoperto dove si trova Gillecomghain e deciso cosa fare di lui» gli dissi. «Va', adesso. Ne riparleremo domani mattina.»

Ebbe un attimo di esitazione, quasi impercettibile, poi mi baciò e se ne andò.

Crollai sul letto, incredula per la svolta epocale che aveva preso la mia vita nell'ultima ora.

Benché fossi esausta, continuavo a rivivere nella mente il nostro incontro, all'infinito, con incredibile nitidezza: la forza delle sue braccia mentre mi attirava a sé, le sue mani tra i miei capelli, la sua lingua che mi si insinuava tra le labbra...

Non mi ero mai sentita il fuoco dentro come in quel momento.

Mi addormentai solo dopo che il pensiero della sua bocca mi ebbe soddisfatto.

27

Nonostante avessi dormito poco, mi svegliai rigenerata. Dalla finestra entrava il canto degli uccellini. Rimasi a letto a osservare la luce del mattino che si riscaldava, tingendosi d'oro.

La calma era sempre stata un concetto sfuggente per me. Quando finalmente l'avevo assaporata a Burghead, all'inizio tanta immobilità mi aveva allarmato. Abituata al caos e alla lotta, la percepivo come un nemico, che voleva gabbarmi e indurmi a fidarmi di quell'ingannevole sensazione di sicurezza, dunque non abbassavo mai la guardia.

In quel momento, però, mi lasciai travolgere e mi abbandonai a essa. Avevo l'impressione di essermi risvegliata in un mondo nuovo, dove non sarei più stata punita di continuo da una mano invisibile ma dove, invece, avrei potuto realizzare il mio obiettivo, forte della benedizione degli dèi. Per effetto di un'antica superstizione infantile secondo cui, se mi fossi alzata, quella nuova realtà si sarebbe dissolta, non mi mossi finché il sole non filtrò dalla finestra aperta, arrossandomi le guance.

Una nuova realtà... Com'era, però? Cosa avevamo deciso io e MacBeth? In buona sostanza, nulla. Come ci saremmo comportati con Gillecomghain? Chissà, magari sarei riuscita a convincere Duncan a mandare una sua truppa a cercarlo.

Quasi fosse stato invocato dai miei pensieri, la porta si aprì ed entrò proprio lui.

«Buongiorno!» gli dissi e mi misi a sedere, sorridente e gioiosa. Se anche era rimasto stranito dal mio caloroso saluto e avesse avuto qualche dubbio, si rasserenò all'istante. Spesso le persone si mostravano felici in sua presenza, perciò il mio comportamento non faceva che confermargli la propria convinzione, e cioè che riusciva a mettere di buonumore chiunque lo circondasse.

«Hai dormito bene?» mi chiese.

«Molto.»

«Ottimo! Credo di aver trovato una soluzione al tuo problema.»

Venne a sedersi sul mio letto, e gli permisi di prendermi la mano, sforzandomi di non assumere un'espressione disgustata in volto.

«Confermi che, a un tuo cenno, tutti gli abitanti di Burghead ti seguirebbero?»

Quel genere di domanda mi preoccupò.

«Sì, te l'ho già detto.»

Batté le mani.

«Eccellente! Quando darò Moray a MacBeth, lui potrebbe reclamarti come parte del risarcimento di Gillecomghain. Per giustificare la mia decisione di prendere te e tuo figlio sotto la mia custodia, spiegherò alla corte che hai radunato un vero e proprio esercito a Burghead, dunque devo per forza tenerti qui con me, non solo per proteggerti ma anche per evitare che tu possa istigare una rivolta laggiù. MacBeth non potrà opporsi!»

«Però...»

«Annuncerò le mie intenzioni adesso.»

«Come, adesso?»

Balzò in piedi, entusiasta per quel colpo di genio.

«Sì. Manderò MacBeth a cercare Gillecomghain per vendicarsi di suo padre, e gli fornirò tutta l'assistenza di cui ha bisogno. Tuo marito ha un giorno di vantaggio, ma non può essere andato lontano» concluse, poi si avviò verso la porta.

Scesi dal letto in camicia da notte e lo seguii, cercando di pensare a come trattenerlo nella mia stanza.

«Non dovrebbe presenziare anche lui all'incoronazione?»

Scosse la testa, forse non voleva mettere il cugino nelle condizioni di contestare il suo potere.

«Aspetta! Ti accompagno» gli proposi.

«Non ce n'è bisogno, grazie.»

«Ti prego, voglio esserci anch'io, e al tuo fianco.»

Gli strinsi la mano e lo tirai verso di me. Dalla porta aperta una guardia avrebbe potuto vederci, ma corsi il rischio e lo baciai. Aveva le labbra strette e sottili, e mi abbracciava goffamente, quasi non sapesse come fare. Preoccupata che quel nostro incontro potesse provocare più danni che altro, mi staccai. Vidi che mi sorrideva raggiante, però.

«Forza, allora, sbrigati» mi incalzò. Mi affrettai a vestirmi.

Percorremmo i corridoi a passo svelto, al punto che mi trascinava impaziente dietro di sé. A corto di scuse per temporeggiare, speravo che sarebbe venuto in mente qualcosa a MacBeth. Quando entrammo nella sala del trono, si era già raccolta una gran folla.

Duncan si diresse verso il palco e, per un terribile istante, pensai che non sarei riuscita ad avvisare MacBeth in tempo. Per fortuna venimmo bloccati da un giovane thane, che lo salutò a gran voce e con immenso entusiasmo, al punto che non poté evitare di fermarsi e ricompensarlo per la sua gioia.

MacBeth si trovava all'estremità opposta della sala; era un gesto avventato, lo sapevo, ma ne approfittai per correre da lui. Vedendo la mia espressione allarmata, mi venne incontro.

«Signori, bentrovati!» gridò Duncan, ottenendo l'attenzione dei presenti.

Non avevo più tempo. «Proponigli una battuta di caccia» dissi a MacBeth.

«Una battuta di caccia?» ripeté lui mentre i thane cominciavano ad accalcarsi intorno al futuro re.

«Sì, adesso.»

«Se lo interrompo però...»

«Muoviti!»

Evidentemente l'urgenza del mio tono di voce bastò a convincerlo.

«Una battuta di caccia!» gridò, a beneficio degli ospiti in sala.

Si voltarono tutti a guardarlo, me compresa. Mi ammonì con un rapido cenno del capo per la mia palese disapprovazione del suo goffo intervento.

«Cugino!» continuò a gran voce. «Stavamo giusto discutendo la possibilità di organizzare una battuta di caccia in onore di nostro nonno. Mi risulta che era uno dei suoi passatempi preferiti, dunque quale modo migliore per celebrarne le gesta?»

Duncan avrebbe tranquillamente potuto obbligare i presenti ad ascoltare la sua decisione su di me con tutta la pomposità di cui ero sicura volesse dare sfoggio, ma sapevo che non avrebbe mai negato nulla ai suoi thane. Nonostante fosse infastidito per l'interruzione, ci teneva a presentarsi sempre come un magnifico e generoso eroe. Condurre quella battuta di caccia, quindi, era per lui una prospettiva irresistibile – glielo si leggeva in faccia.

«E sia!» esclamò, e si levò un grido di approvazione. Sorrise, mentre i thane gli davano pacche sulla spalla, eccitati per l'evento. A quel punto mi fiondai al suo fianco per dissipare il dubbio che gli avevo visto negli occhi quando si era accorto che stavo parlando con MacBeth.

«Poco male, potrai annunciare la missione di MacBeth e i tuoi progetti per me domani» gli sussurrai.

Annuì in silenzio, già concentrato sull'imminente caccia.

«Verrai con noi?»

«Non credo che i tuoi uomini gradirebbero la mia presenza» risposi. «Vado a vedere come sta Suthan, piuttosto.»

«Si sta occupando di lei mia madre» ribatté, ansioso di seguire la folla che si stava già riversando fuori dal salone, diretta verso le stalle.

«Andrò a darle il cambio, allora, così potrà riposare» insistei. «Se diventerò la dama di compagnia di tua moglie, devo fingere di interessarmi a lei, no?»

«Suppongo di sì» rispose, benché riluttante.

MacBeth si stava dirigendo verso le stalle insieme agli altri nobili, ma speravo di intercettarlo prima che partissero. Ci serviva ben altro che il momento di intimità di prima, dovevamo pensare a un piano.

«Se ti va, vengo con te nelle stalle, così potrò salutarti.»

Finalmente Duncan sorrise, e sentii che tutti i suoi dubbi erano svaniti.

Arrivati nel cortile, ci ritrovammo circondati da uomini e bestie. Duncan voleva che restassi al suo fianco ma, mentre gli portavano il cavallo, in quella confusione riuscii a defilarmi. Mi unii alla folla e alla fine trovai MacBeth, anche stavolta attorniato dai thane. Oh, la sua crescente popolarità si stava rivelando più un ostacolo che un dono!

Non appena mi vide, comprese al volo che certi momenti di vicinanza erano una rarità per noi, perciò mi venne incontro con il suo cavallo. Benché mi fossi ripromessa di non perdere tempo e di suggerirgli in fretta una soluzione pratica, più si avvicinava, più mi girava la testa, e a stento mi trattenni dall'afferrarlo, baciarlo, trascinarlo a terra e buttarmici sopra.

«Perché proprio una battuta di caccia?» mi chiese.

Tentai di riordinare i pensieri. «Stamattina Duncan voleva mandarti a cercare Gillecomghain e approfittare della tua assenza per reclamarmi per sé.»

«Lo terrò occupato in modo che non dica qualche sproposito mentre cavalchiamo» commentò, serio in volto.

«Non credo lo farà, gli piace rispettare un rigido cerimoniale. Dobbiamo assicurarci che non abbia l'occasione di parlarne alla corte prima di avere deciso come trovare Gillecomghain.»

«Senti, devo dirti una cosa...»

Purtroppo, però, fummo interrotti dal corno che annunciava l'inizio della battuta di caccia.

Quando girò il cavallo, MacBeth mi sfiorò la spalla con la mano, e di proposito indugiò appoggiato a me più del dovuto; eravamo entrambi desiderosi di sentire ciascuno il tocco dell'altro. Ero riconoscente perché, via via che i cacciatori uscivano dal cortile in fila, la baraonda intorno a noi ci offriva un'ottima copertura.

Mi ricomposi e tornai da Duncan, posizionato in testa al gruppo come un principino. Lo salutai con entusiasmo e lui mi sorrise come un bambino. Il mio gesto attirò l'attenzione di alcuni uomini che mi schernirono per quello che credevano fosse un ultimo disperato tentativo di conquistare il futuro re.

Non mi importava, tanto ben presto avrebbero capito a chi avevo giurato fedeltà.

Rimasi nelle stalle finché anche l'ultimo cavaliere svanì oltre la saracinesca e il rumore dei corni oltrepassò le mura. Il fragoroso scalpiccio degli zoccoli dei cavalli faceva il paio con il battito del mio cuore mentre pensavo a MacBeth insieme a loro.

«Non funzionerà.»

Provai un brivido familiare che pervase i miei sensi, e il mio corpo si irrigidì. Bethoc. Riluttante all'idea di ritrovarmi davanti la sua faccia, finsi di non averla sentita e tenni lo sguardo fisso sul gruppo che si stava allontanando. A quel punto, mi si piazzò di fronte, impedendomi la visuale.

Rimase lì a fissarmi, impassibile in volto. Voleva intimidirmi, o indurmi a parlare per prima, invadendo un terreno invisibile nella nostra infinita battaglia.

Io, però, non ero più la bambina indifesa che aveva conosciuto nel Fife, quando aveva umiliato mia madre, e nemmeno la giovane che aveva ritrovato a Dunkeld, del cui destino poteva disporre a proprio piacimento. Lasciai che il silenzio tra noi si prolungasse, un battito del cuore dopo l'altro, rifiutandomi di farmi schiacciare.

«Non funzionerà» ripeté.

Non essendo una domanda, mi guardai bene dal rispondere.

«Se anche tu fossi convinta di sedurre Duncan, non permetterò che vi sposiate, te lo assicuro. Non diventerai mai la Regina di Alba.»

«Lungi da me voler sposare tuo figlio.»

La studiai e, dietro la sua usuale freddezza, avvertii un odio profondo. Mi aspettavo che provasse sdegno e arroganza nei miei confronti, benché non avessi fatto nulla per suscitare il rancore che a malapena riusciva a trattenere.

«Perché mi odi tanto?»

Bethoc alzò gli occhi al cielo come se stesse parlando con una bambina.

«Ma quale odio? Per me non esisti nemmeno.»

Mi accorsi, però, che stava mentendo, e anche che cominciava a perdere il controllo.

«Invece sì. Mi detesti dal giorno in cui ci siamo conosciute.»

«Allora eri una bambina piagnucolosa che cercava di intimidirmi a suon di ninnenanne.»

Allora si ricordava di me dai tempi del Fife...

«E a Burghead, allora?»

Sussultò.

«Mi odiavi anche quando siete venuti a Burghead. Nonostante ciò, tu e Crinan avete attraversato il regno per proporre il fidanzamento con Duncan.»

«A mio figlio serviva una regina» rispose, poi sussultò di nuovo.

Ecco, ci siamo.

Sembrava un animale selvatico in gabbia, ansioso di liberarsi e di tagliarmi la gola con gli artigli.

«Sei la figlia di Re Malcolm, eppure hai attraversato il paese in lungo e in largo per mettere quella "bambina piagnucolosa" su un trono a cui tu stessa non avresti mai potuto aspirare» dissi, comprendendo finalmente da cosa dipendesse tanta animosità.

Digrignò i denti, e pensai che mi avrebbe azzannato.

«Seguendo la tua logica, dovrei odiare Suthan.»

«Quella marionetta? Oh, no, è la moglie migliore che potessi sperare per Duncan, alla tua completa mercé.»

«Anche tu lo eri a Dunkeld.»

«Sì, ma sapevi che non sarebbe durata a lungo. È impossibile comandare una come me, nipote di Re Coinneach e di una druida. Sono venuta al mondo per essere regina, la corona mi spetta per diritto di nascita.»

«Ah, proprio tu parli di diritto di nascita!» mi rinfacciò. «Sei la figlia di una sgualdrina pagana, tuo padre è sempre stato un codardo e tuo marito il patetico surrogato di un mormaer. Non hai potere, non hai autorità.»

«Se fosse vero, non staresti qui a cercare di convincertene tu per prima.»

Tremava dalla rabbia, dunque rincarai la dose.

«Duncan non ti darà più retta come da ragazzino. Tuo padre è morto, e non potrà più proteggerti. A tuo marito interessa solo la sua abbazia. Io diventerò una regina potente, invece per te è la fine.»

Se ne andò e, quando mi passò accanto, mi sentii le gambe molli. In quel momento non mi resi conto di quanto mi avesse prosciugato quel confronto ma, non appena mi appoggiai all'arco di pietra, cominciai a respirare affannosamente e mi si appannò la vista.

La passione che MacBeth nutriva per me mi aveva infuso una sicurezza ingiustificata, dato che in realtà era ancora tutto in sospeso. Non c'era nulla di sicuro per noi. Avevo vinto, d'accordo, ma a quale prezzo? Certo, Bethoc non aveva più il potere di un tempo, ma si sarebbe attivata per distruggermi... sempre che non l'avesse già fatto. Ciononostante, non mi sarei rimangiata le parole che le avevo appena detto.

«Tutto a posto?» udii una vocina dietro di me.

Quando mi voltai, mi ritrovai accanto Suthan in camicia da notte, uno scialle intorno alle spalle minute.

«Sì.»

Lì fuori, alla luce del pomeriggio, sembrava più piccola di quando si era seduta vicino a me nella sala dei festeggiamenti. Aveva un'espressione preoccupata in volto. Benché da un lato fossi commossa, la sua presenza mi innervosiva. Com'era possibile che, involontariamente, quella fragile donnina sassone avesse mandato all'aria la mia vita per la seconda volta?

«Mi spiace, ho saputo che non stai bene» azzardai, vedendo che non diceva nulla.

Lei scosse la testa, poi guardò verso la saracinesca come se volesse uscire da Scone per non tornarvi mai più. «Niente di grave.»

Con lei la vita non era stata più clemente che con me eppure, nonostante non avesse nemmeno un'oncia della forza che mi aveva permesso di sopravvivere, era comunque riuscita a diventare Regina di Alba, pur essendo del tutto inadeguata a ricoprire quel ruolo.

«Io lo amo.»

Parlò così piano che quasi non riuscii a sentirla.

«Non mi interessava diventare regina o chissà cos'altro... volevo lui e basta.»

Mi guardò, con la speranza che potessi capirla, e mi chiesi se le fossero arrivate voci sul mio comportamento con Duncan.

Dopo tutto quello che mi aveva portato via, ero l'ultima persona di cui si sarebbe dovuta fidare ma, in un modo o nell'altro, nella sua innocenza, in me vedeva un'amica, qualcuno con cui confidarsi. La compassione che avevo provato prima per lei si raffreddò. Non avevamo ricevuto lo stesso trattamento: io non potevo concedermi il lusso di fidarmi delle persone, per esempio. Fossi stata anche solo in minima parte ingenua come lei, infatti, ormai sarei morta da secoli.

«Devo trovare mio figlio» dissi e mi allontanai dalla sua inquietante vulnerabilità, ansiosa di trovare conforto nel profumo dei capelli di Lulach e nel suo abbraccio.

Prima di svoltare l'angolo, girai la testa per vedere se mi avesse seguito. Era ferma all'entrata della fortezza, ne vedevo il profilo contro la luce intensa. Scone sarebbe stata la sua fine.

28

«Madre!»

La vocina di Lulach rimbalzò contro le pareti non appena lo trovai negli alloggi della servitù insieme a Sinna. Mi venne incontro di corsa lungo il corridoio, e allora mi inginocchiai, pronta ad accoglierlo tra le braccia. Lo strinsi a me e gli ricoprii il faccino di baci. Per poco non mi mettevo a piangere per il sollievo. Eravamo stati lontani troppo a lungo.

Me lo issai in grembo mentre mi raccontava tutto quello che aveva fatto insieme a Sinna. Gli passai le mani tra i capelli, e lasciai che il mormorio della sua voce placasse la mia angoscia e che la morbidezza dei suoi riccioli sotto le mie dita mi riportasse al presente. Sinna ci stava accanto. In quell'istante di gioia, avevo in mente solo il mio prezioso bambino.

«Uno dei cuochi mi ha fatto vedere la loro riserva segreta di frutta» mi stava dicendo Lulach. «Ci sono mele e pere, e anche secchi di bacche appena colte. Ti ci porto?»

Ci dirigemmo mano nella mano verso la cucina, e lì mi presentò i servitori che aveva conosciuto. Si erano affezionati a lui e al suo entusiasmo come avevano fatto quelli di Burghead con me alla sua età. Avrei tanto voluto che mia nonna lo conoscesse e invocasse Brighde per chiederle quale glorioso cammino avrebbe percorso. Pazienza, mi sarei assicurata io che condividesse il destino dei re.

Quando ce ne andammo, da qualche parte in lontananza risuonò un corno. I cacciatori stavano tornando!

Non potevo rimandare oltre.

La battuta di caccia era durata meno del previsto, un'oretta al massimo. Mentre correvo verso le stalle con Lulach e Sinna, rimuginai su tutto ciò che poteva essere andato storto: magari l'avevo sottovalutato e Duncan aveva già dato il suo annuncio, oppure il cavallo di MacBeth aveva avuto un incidente...

Arrivata nel cortile, mi batteva il cuore all'impazzata. In realtà gli uomini stavano gridando esaltati mentre un cervo morto veniva scaricato dal dorso di una giumenta nervosa che, non appena fu liberata da quel peso, cominciò a scalciare con violenza. Cercai di captare qualche informazione, ma in quella baraonda era impossibile. In un modo o nell'altro, però, la voce di Duncan si sentiva.

«Riconosco che si tratta di un cervo enorme, ma non quanto quello che ho appeso nella mia stanza. Vieni, cugino, te lo mostro.»

Si vantava fin troppo ad alta voce. Pregai che non fosse stato MacBeth a ucciderlo, il suo fragile orgoglio non l'avrebbe sopportato. Presi in braccio Lulach e trovai MacBeth tra la folla. Stava sistemando il cavallo, dunque non si accorse di me. Aveva un'espressione impassibile in volto, ma sospettavo che nascondesse una profonda irritazione. Avrei tanto voluto correre da lui, ma Duncan mi bloccò.

«Gruoch!» esclamò. «Sei venuta ad accogliere i vincitori!»

Nonostante si mostrasse entusiasta, era così teso che mi meravigliai non si rompesse in due. Prima che potessi allontanarlo da Lulach, gli arruffò i capelli.

«L'hai uccisa tu quella magnifica bestia che stanno portando via?» gli chiesi speranzosa.

«No, è stato un thane» mi rispose, poi diede una pacca sulla spalla a un giovanotto che passava di lì. «L'avevo quasi preso, ma questo presuntuoso si è messo in mezzo prima ancora che potessi sollevare l'arco.»

Il cacciatore in questione sembrava già pentito per il suo intervento, benché l'avesse fatto in buona fede. Ero convinta che gli avrebbe domandato perdono, invece Duncan, forse intuendo la stessa cosa, gli allungò un'altra pacca sulla schiena.

«Bravo, bel colpo!»

Il giovane si inchinò e poi corse via. Alle spalle di Duncan, notai che anche MacBeth lo stava elogiando. Stavolta, però, il nobile non chinò la testa come un burattino. MacBeth aveva la capacità di tirare fuori l'orgoglio nelle persone, e per Moray sarebbe stato un incredibile valore aggiunto.

Duncan seguì il mio sguardo e, non appena vide il cugino, si accigliò.

«Stavo pensando che potrei aspettare di essere incoronato prima di revocare la mia protezione a Gillecomghain e mandare MacBeth a cercarlo.»

«Mi pare un'idea meravigliosa!» esclamai, tornando a concentrarmi solo su di lui.

«Mostrare al nostro popolo che ho polso sarà la mia prima azione da re. Se lo facessi ora, emozionati come sono per l'incoronazione, se ne dimenticherebbero subito, invece voglio che mi ricordino per la mia forza e la mia generosità.»

«Eccellente.»

Meno male, così avrei guadagnato qualche giorno.

«Sarà domani!» aggiunse.

«Do-domani?»

«Sì, ho deciso di anticipare l'incoronazione.»

«Però...» iniziai, ma lui alzò una mano per zittirmi.

«So che per tradizione deve trascorrere almeno una settimana, ma sono sicuro che mio nonno non solleverebbe obiezioni, inoltre i vescovi e i mormaer che contano sono già qui a corte. Non c'è motivo di aspettare un istante di più.»

Sorrise e diede un altro buffetto sulla testa a Lulach. Per fortuna che lo avevo in braccio, altrimenti gli avrei mollato un ceffone.

«Non preoccuparti, fra poco sarà tutto sistemato» continuò, travisando il motivo della mia costernazione. «Bene, adesso ho parecchie questioni da sbrigare. Ci vediamo stasera.»

Poi svanì all'interno della fortezza. Anche MacBeth stava per entrare.

«Cosa facciamo adesso, madre?» mi chiese Lulach.

«Vieni, voglio presentarti una persona.»

MacBeth aveva detto che, qualsiasi cosa mi fosse cara, lo sarebbe stata ancora di più per lui, ma non ero del tutto sicura di come avrebbe reagito riguardo a mio figlio. A ogni modo, prima di decidere come procedere, era meglio verificare subito se fosse disposto ad accettarlo.

«Chi?» mi domandò, incapace di contenere la curiosità.

«Un grande guerriero» gli spiegai. Nel frattempo io e Sinna seguivamo MacBeth a una distanza di sicurezza affinché nessuno scoprisse le mie intenzioni. «Ti ricordi il pugnale che porto sempre con me?»

Annuì. In realtà Lulach preferiva ammirare le spade piuttosto che brandirle. Adorava il gelido metallo della mia lama, e spesso passava le dita sull'elsa intarsiata.

«Ecco, me l'ha regalato lui quando eravamo bambini.»

Entrammo negli alloggi reali, varcammo porte dagli intricati decori e superammo arazzi che raccontavano le gesta di Re Malcolm. Duncan era stato saggio a tenere MacBeth così vicino a sé. Se gli fosse successo qualcosa, suo cugino sarebbe stato il sospettato numero uno. Be', in realtà una simile precauzione era più da Bethoc o Crinan.

MacBeth sembrava sparito, ma Sinna mi indicò una porta in legno di quercia.

«Ne sei sicura?»

«Ho scoperto dove alloggiava il giorno in cui è arrivato.»

«Sei una volpe...»

Inspirai a fondo e bussai. Quando venne ad aprire, la sua figura occupava tutto il riquadro.

Davanti a quell'omone, Lulach alzò la testa sbigottito. MacBeth ci studiò, soffermandosi su di lui. Io trattenni il fiato, attenta al minimo segnale di rimpianto o sospetto, ma vidi che gli sorrideva.

«Sei stato tu a dare il pugnale a mia madre?» gli domandò Lulach.

«Sì» annuì.

«E ne hai mica un altro?»

MacBeth scoppiò a ridere. «Oh, sì, ne ho un sacco.»

Lulach allora gli rivolse un largo sorriso, e lui ci invitò a entrare. Non appena lo misi a terra, mio figlio corse al suo fianco. Mentre quel grande guerriero teneva sollevata l'elsa della sua spada, a dimostrazione che era stata creata apposta per la sua mano, mio figlio si beveva in silenzio ogni sua parola.

Un altro piccolo momento di pace...

Non riuscii a godermelo appieno, però. Mi era già accaduto in passato di crogiolarmi nel pensiero che sarebbe andato tutto bene. MacBeth mi guardava spesso, e la sua espressione preoccupata mi confermava che aveva intuito il mio disagio.

Lasciò Lulach seduto sul letto con Sinna a osservare in adorazione i tanti pugnali che aveva estratto da innumerevoli punti diversi del suo corpo, e mi raggiunse. Restammo lì entrambi a osservarlo. Mi sfiorò; non vedevo l'ora di abbracciarlo, stringerlo e sentire di nuovo il peso del suo corpo su di me.

«È successo qualcosa?» mi chiese a fior di labbra in modo da non stuzzicare la curiosità di Lulach.

«Duncan verrà incoronato domani, e Moray sarà il primo regalo che farà da re.»

Lui si limitò ad aggrottare le sopracciglia.

«Gillecomghain non può essere lontano» aggiunsi sussurrando, «ma è impossibile sapere che direzione abbia preso.»

«Se lo trovassi, come ti comporteresti con lui?»

Benché guardasse Lulach, mi sembrò di cogliere qualcosa

di strano nel suo tono di voce. Mi stava mettendo alla prova, forse?

«Deve morire, no?» gli chiesi, consapevole dei suoi giochetti.

«E come reagirà Lulach alla morte del padre?»

Adoravo che si preoccupasse tanto per mio figlio.

In effetti non ci avevo pensato. Se suo padre non fosse più tornato, Lulach avrebbe capito il perché? La somiglianza con Adair era innegabile ma adesso, mentre esaminava una lama, accigliato per la concentrazione, mostrava la stessa diligenza di Gillecomghain.

«Sarà più facile spiegargli per quale motivo è morto che non perché ci ha abbandonati. Se avessi la garanzia che non ritornerà mai più, troverei il modo di dichiararne il decesso in questo preciso istante, così per noi sarebbe finita.»

«E se fossi in grado di dartela, questa garanzia?»

«In che senso, scusa?»

«L'ho fatto seguire. Appena ho saputo della sua fuga, ho chiesto a un mio uomo di pedinarlo, aspettare un giorno e poi ucciderlo.»

«Hai mandato un uomo solo contro di lui?»

«Ti sto dicendo che ho mandato a morte tuo marito e la tua unica preoccupazione è che possa avere fallito?»

«Per me è morto nel momento in cui ci ha abbandonati. Si è portato con sé le nostre guardie, però... erano sei in totale.»

MacBeth sorrise come se gli fosse venuta in mente una barzelletta.

«Be', per sconfiggere il mio uomo ci vuole ben altro.»

«La sua morte solleverà domande.»

«Ho fatto in modo che sembri siano stati attaccati dai briganti.»

Lo fissai, sbalordita dalla sua lungimiranza.

«Allora, non appena il tuo uomo tornerà, ci sposeremo?» gli chiesi esitante.

Si rabbuiò in volto, e la sua reticenza mi devastò.

«Forza, uscite» ordinai a Sinna e Lulach. Nonostante le proteste di mio figlio, Sinna lo prese in braccio e corse via.

«Non ho nessuna intenzione di diventare la tua sgualdrina» gli dissi non appena ebbero chiuso la porta.

«No! Non è quello che... Voglio sposarti, naturalmente, ma temo solo che il mio uomo non torni in tempo.» Mi prese il viso tra le mani.

Mi venne in mente una cosa. «Che intenzioni avevi con me?» gli domandai, allontanandolo.

«Come?»

«Ieri sera, quando abbiamo parlato, avevi già mandato il tuo uomo a uccidere Gillecomghain.»

«È andato tutto come previsto» disse, cercando di abbracciarmi, ma io resistei.

«Non hai risposto alla mia domanda.»

«Ti avrei chiesto in sposa. In fondo mi spetti come risarcimento.»

Gli si illuminarono gli occhi e, nonostante avessi dovuto sentirmi sollevata nell'udire quelle parole, non mi piaceva l'idea di essere alla mercé del primo venuto.

«Se qualcuno sospettasse che ho fatto uccidere Gillecomghain, potrei sempre sostenere che ho diritto ad averti in premio avendo sconfitto l'assassino di mio padre. Se il mio uomo riuscisse ad agire indisturbato, invece, ti offrirei la mia protezione in quanto mio dovere verso un membro della famiglia.»

«In ogni caso, comunque, mi avresti obbligata a sposarti?» gli chiesi, non capendo perché mi rifiutassi di passare oltre.

«Sì.»

Avanzò verso di me.

«E se io non avessi voluto?» insistei, benché sempre meno convinta a ogni suo passo.

«Avrei trovato il modo di piegarti al mio volere.»

Quando me lo ritrovai davanti, il suo corpo che mi sovrastava, la mia voce perse di forza.

«A quanto vedo, non dubiti delle tue capacità» gli sussurrai per stuzzicarlo. Era solo l'inizio.

«Sono molto bravo, in effetti.»

«Dimostramelo.»

Lui fece un largo sorriso e chinò la testa, sfiorandomi il collo con le labbra. Rabbrividendo, gli passai una mano tra i capelli. Volevo di più.

«Non è che ci voglia tutta questa abilità per baciare una donna sul collo...»

Ridacchiò, poi mi prese per mano e mi distese sul letto. Feci per slacciargli le braghe, ma mi bloccò.

«Che c'è?»

«Niente, ma sono io a essere sotto esame, non tu» sussurrò.

Mentre mi sfiorava le gambe, sollevandomi la veste all'altezza delle ginocchia, mi baciò. Poi mi passò le dita lungo le cosce. Io, ormai, ansimavo.

«Metti le mani sopra la testa» mormorò, e io obbedii, afferrando le coperte.

Le sue labbra indugiarono prima sul collo e poi più giù, sul seno, e nel frattempo continuava ad accarezzarmi. Avuta la conferma di quanto fossi eccitata, emise un gemito. Continuò a scendere con le labbra finché non mi ritrovai la sua testa tra le gambe.

Quando mi baciò, inarcai la schiena e trattenni il fiato, incapace di controllarmi.

Mi infilò la lingua dentro, e a quel punto vidi la stanza girare. Aprii la bocca in un soffocato grido di godimento, mentre il mondo tutt'intorno a me diventava buio e avevo consapevolezza solo delle sue mani, delle sue labbra, della sua lingua.

Sarebbe potuto entrare chiunque ma, in balia di me stessa com'ero, non me ne curai. Finalmente mi ritrovai sepolta sotto il peso del piacere.

29

Tornai nella mia stanza frastornata, e ordinai ai domestici di prepararmi un bagno. Portarono latte e miele, oltre a una fiala di olio di lavanda da aggiungere all'acqua – anch'essi regali di Donalda. Speravo di ricambiare la sua generosità non appena la mia posizione a Burghead si fosse consolidata. Oh, quanto avrei voluto che l'uomo di MacBeth si sbrigasse, ero stufa di aspettare.

Cercai di non pensare a nulla e mi concessi quel momento di ristoro. Poi mi infilai un abito viola scuro, che mi faceva apparire come una perfetta regina pitta, e mi diressi verso il salone principale. MacBeth avrebbe dovuto essere al tavolo d'onore insieme a Duncan, ma il suo posto era vuoto, dunque mi sedetti accanto a Suthan e attesi che arrivasse. L'erede al trono sembrava angosciato quanto me per la sua assenza.

Nel corso della serata, la mia apprensione aumentò finché non chiesi umilmente a Duncan il permesso di ritirarmi. Invece di andare nella mia stanza, però, tornai agli alloggi di MacBeth: la volta precedente avevo memorizzato il percorso. Da dietro la porta udii delle voci sommesse. Cercai di placare i miei sospetti e la spalancai. Lo trovai impegnato in un'animata conversazione con un uomo, a cui fece cenno di tacere non appena mi vide.

«Gruoch, pensavo fossi a cena.»

«Potrei dire lo stesso di te.»

Quel giovanotto mi stava fissando a bocca aperta dal momento in cui ero entrata, senza il minimo ritegno. Lo guardai anch'io in gesto di sfida. Invece di girare la testa, però, mi fece un immenso sorriso.

«Groa, non mi riconosci?» mi chiese poi.

Quel sorriso di sghimbescio, quegli occhi celesti, quei riccioli biondi...

Adair!

Incapace di parlare, corsi ad abbracciarlo forte ma mi staccai subito dopo per esaminarlo da capo a piedi, ansiosa di capire come aveva fatto il mio fratellino a crescere tanto e a diventare quell'uomo irriconoscibile che mi ritrovavo di fronte. Lui, però, sembrava a disagio per tanta emozione e diede un calcio al pavimento.

«Come sta nostro padre?»

«Bene. Va tutto bene. Ha conquistato Re Cnut, che l'ha nominato suo consigliere.»

Dalla gioia scoppiai a ridere e lo abbracciai di nuovo.

«Gli manchi» mi bofonchiò nella spalla.

«Anche a me è mancato tanto. E pure tu, mio caro fratellino...»

Cercò di divincolarsi, ma io mi aggrappai a lui, riluttante a lasciarlo andare e a fargli vedere le lacrime che mi rigavano le guance.

«Groa!» protestò infine.

«No! Mi staccherò da te soltanto quando sarò pronta. Sono tua sorella maggiore, dopotutto.»

Scoppiò a ridere. MacBeth, invece, era accigliato e teneva le braccia conserte sul petto. Pensavo fosse contento per il nostro incontro, eppure prima del mio arrivo lui e mio fratello stavano litigando.

«Che succede?» gli chiesi, liberando Adair dal mio abbraccio.

«Niente.»

«Ah, vendicare tuo padre lo chiami niente?» ribatté mio fratello.

«Sei stato tu, dunque?» gli domandai.

«Sì» mi rispose raggiante. Mi ricordai cosa mi aveva detto MacBeth riguardo al suo uomo, e sentii scoppiarmi dentro un orgoglio pari a quello che stava provando Adair in quel momento.

«Il tuo uomo, quello che nemmeno sei guardie sarebbero riuscite a sconfiggere, era mio fratello?» chiesi poi a MacBeth.

«Davvero le hai detto così?» mi interruppe Adair.

MacBeth, però, rimase in silenzio. La sua espressione cupa mi dava sui nervi.

«Allora... cosa c'è che non va?» gli domandai.

Incapace di trattenersi, Adair intervenne di nuovo. «Lo avrebbe fatto chiunque per vendicare Findlaich.»

«Ti sei comportato da sciocco, invece» commentò MacBeth.

«Davvero non ci vedi un atto di giustizia nelle mie azioni? Era l'unico modo.»

«Ehi, voi due, basta! Vi siete forse messi d'accordo per tenermi all'oscuro dei fatti?» esclamai, spazientita dal loro bisticcio. Adair incrociò le braccia. Alto com'era, sembrava già un uomo, anche se in realtà continuava a comportarsi come un adolescente.

«Su, diglielo» lo incalzò MacBeth.

«Gli ho dato fuoco mentre dormiva insieme ai suoi uomini e...»

Incapace di controllarmi, trattenni sonoramente il fiato, e allora lui si bloccò. Vedendo la mia reazione, la sicurezza in se stesso cominciò a vacillare.

Gillecomghain per me era morto nel momento in cui aveva lasciato Scone, ma il pensiero che fosse bruciato vivo suscitò in me una strana compassione, un'inaspettata tenerezza. Che orrore, una morte così lenta e dolorosa... Nemmeno Mael Colum aveva sofferto tanto.

«Adesso Duncan capirà che c'è il mio zampino» spiegò MacBeth a Adair, anche se stava guardando me.

«Sei rimasto qui tutto il tempo, non sospetterà mai di te» lo rassicurò mio fratello.

«Invece sì» intervenni io di getto. «È un sempliciotto, d'accordo, ma comincia ad avere qualche dubbio. In realtà lo vedo guardingo fin dall'arrivo di MacBeth a corte.»

«Chi ti credi di essere per rimproverarmi, eh?» mi rispose Adair, arrossendo.

«Basta!» intervenne MacBeth. «Dimmi, qualcuno ti ha visto venire qui?»

«No.»

La petulanza di mio fratello mi infastidiva. Certo, non potevo aspettarmi che fosse rimasto lo stesso bambino adorante di un tempo, ma per effetto di un vecchio impulso che ben conoscevo non sopportavo che avesse lui l'ultima parola.

«Te ne devi andare subito» gli dissi. «Nasconditi da qualche parte finché non sarà tutto finito. Se ti ha visto qualcuno...»

«Insomma, quante volte ve lo devo ripetere? Non mi ha visto nessuno!» rispose lui piccato.

«Non devono ricollegarti a me in nessuna maniera» ribadì MacBeth. «Gruoch ha ragione, devi andartene subito.»

«Ma non ho ancora cenato!»

«Be', potevi pensarci prima.»

Adair si rimangiò ciò che stava per dire, e gli fece un inchino, benché di malavoglia.

Mi pentii di avergli risposto male. Volevo stringergli la mano per rassicurarlo, ma lui se ne andò.

Io e MacBeth restammo da soli.

«Però, mio fratello è in splendida forma» commentai, cercando di alleggerire la tensione.

«Muore dalla voglia di dimostrare il proprio valore, un comportamento che immagino tu abbia incoraggiato fin da piccolo...»

Non risposi, sopraffatta dal desiderio di baciarlo di nuovo, di sentire la sua lingua su di me.

«Cosa facciamo adesso?» mi chiese.

Gli presi il viso tra le mani e lo guardai negli occhi profondi.

«Mio marito è morto, Lord MacBeth.»

Quando pronunciai il suo nome, lui sorrise.

«Trova un vescovo di cui possiamo comprare il silenzio. Procediamo secondo i piani e diffondiamo la notizia della morte di Gillecomghain.»

Annuì e se ne andò. Io rimasi in un angolo dietro la porta così, se fossero entrati a cercarlo, non mi avrebbero visto. Nervosa, presi a trafficare con i fili del mio vestito, convinta di sentire rumore di passi ovunque. Mi aspettavo che qualcuno si fiondasse dentro e mi trascinasse via, invece non venne nessuno. Passò una buona mezz'ora, anche se a me sembrò molto di più, prima che MacBeth tornasse con un uomo anziano in abiti ecclesiastici.

Quando mi prese la mano, iniziò a battermi il cuore all'impazzata. Mi distese sul letto, ancora, impedendo la visuale al vescovo. Oh, ce ne fossero stati anche venti, non me ne sarei accorta, da tanto ero in adorazione di quell'uomo che mi stava di fronte. Infine mi sollevò la gonna: ero pronta per lui.

I nostri corpi si unirono come se fossimo stati scolpiti nella stessa roccia. Nemmeno Brighde in persona avrebbe potuto tessere un arazzo migliore di quello che componevano le nostre vite, unendosi tra loro.

Terminata la cerimonia dell'accoppiamento, MacBeth lasciò una moneta nella mano dell'anziano vescovo, che ci dichiarò marito e moglie e ci lasciò soli a crogiolarci nella nostra vittoria. Passammo la notte avvinghiati, e prendemmo sonno soltanto dopo esserci sollazzati a vicenda.

La mattina seguente, al mio risveglio, trovai MacBeth già vestito. Avrei preferito restare con lui nuda, ma mi infilai l'abito e tornai svelta nella mia stanza, assicurandomi che nessuno mi vedesse. Non appena entrai, Sinna mi corse incontro.

«Dove sei stata?»

«Poi te lo spiego.»
«Pensavo ti fosse successo qualcosa.»
La avvicinai a me e le diedi un bacio sulla guancia.
«Va tutto bene, Sinna. Va tutto bene.»
Mi aiutò a indossare l'abito color verde bosco, e poco dopo ci incamminammo verso la sala del trono.
Era già piena di nobili. MacBeth stava parlando fitto con qualcuno, però, non appena entrai, alzò la testa. Ansiosa di stargli vicina, mi avviai verso di lui, ma Ardith mi bloccò la strada, paonazza in volto.
«Cosa pensi di fare?» mi chiese.
«Sto cercando Donalda» mentii.
Lei scosse la testa, e per un istante mi sembrò di sentire odore di artemisia. Mi guardai intorno per vedere se anche altri se ne fossero accorti, ma erano tutti emozionati in vista degli imminenti festeggiamenti per l'incoronazione. Ardith non aveva mai dato sfoggio di usare pratiche druidiche, evidentemente cominciava a perdere colpi, una ragione in più per averla tenuta all'oscuro di tutto.
«Stai cercando di far ingelosire Duncan, lo capisco, ma non è la tattica giusta per conquistarlo. Se mostri affetto per MacBeth in modo così sfacciato, potrebbe anche diventare paranoico e allontanarti.»
«Perché non dovrei mostrare affetto a mio marito, scusa?»
Ero stata troppo avventata. Non avrei dovuto rivelarglielo, ma ero stufa di fingere che avesse ancora potere su di me.
Aprì la bocca per rispondere, ma non le uscirono le parole, dunque la lasciai lì inebetita. Vederla così turbata, però, non mi diede nessun piacere. Volevo solo godermi la vittoria insieme a MacBeth.
«Forse, se l'altro giorno non mi avessi minacciata in corridoio e ti fossi appellata al mio affetto invece che alla mia debolezza, avrei potuto provare a considerarti di nuovo mia alleata, ma non sono più la sciocca ragazzina che potevi manipolare a tuo piacimento. Siamo cambiate entrambe in que-

sti anni, forse troppo per recuperare ciò che avevamo un tempo» le dissi.

Ardith fece per abbracciarmi.

«Ti auguro ogni bene» aggiunsi, poi corsi da MacBeth.

Quando prendemmo posto, Donalda si avvicinò a noi. Aveva l'aria confusa, come tanti altri intorno, ma non dissi nulla. Non vedevo l'ora di raccontarle che adesso era mia madre a tutti gli effetti, che finalmente avevo sposato suo figlio, che non doveva più contenere la propria gioia. Ogni cosa a suo tempo, però. Duncan e Suthan stavano facendo il loro ingresso e, mentre si avviavano verso il palco, calò il silenzio.

Crinan diede inizio alla cerimonia. Avrei dovuto osservarli rapita o tenere la testa china in segno di sottomissione, ma non riuscivo a staccare gli occhi di dosso a Duncan, seduto sul trono accanto a Suthan. Volevo vedesse fin dove mi ero spinta e comprendesse la follia del suo errore. Sostenni il suo sguardo finché non fu lui a cedere per primo. Non mi avrebbe più dato ordini, tanto quanto Ardith.

C'era ancora molto da fare, comunque. MacBeth aveva promesso di non minacciare il trono di Duncan, ma io no. Nonostante sfoggiasse un abbigliamento degno di un re, impallidiva in confronto a mio marito, e Suthan era la figlia di un nobile qualsiasi. Il popolo non l'avrebbe accettata come regina con la stessa facilità con cui l'aveva accolta come principessa, ed ero sicura che lei si sarebbe complicata la vita da sola con quel suo modo di parlare timido e dimesso e la sua fragile costituzione.

No, non sarebbe passato molto prima che avessimo ampliato i confini di Moray, poi nessuno avrebbe più potuto mettere in discussione a chi spettava il trono, ossia al Re e alla Regina dei territori del Nord.

Ogni cosa a suo tempo, però. Adesso dovevamo giurare fedeltà a Re Duncan. Poiché MacBeth non era ancora un mormaer, si posizionò in coda alla fila, insieme agli altri nobili senza autorità né terre. Mentre procedevamo lentamente lungo la navata in attesa del nostro turno, rimasi al suo fianco.

«Io, MacBeth Mac Findlaich, giuro fedeltà a Duncan Mac Crinan, legittimo erede al trono di Alba...» intonò, dopodiché fece un profondo inchino e gli baciò la mano, «e a Suthan, sua moglie e Regina di Alba.» Si inchinò anche a lei e poi mi lasciò spazio.

«E io, Gruoch figlia di Boedhe, giuro fedeltà a Duncan Mac Crinan, legittimo erede al trono di Alba.» Mentre pronunciavo quelle parole, non riuscii a evitare una smorfia. Duncan serrò la mascella infastidito, ma non poteva farci nulla. «E a Suthan, sua moglie e Regina di Alba.» Le feci un inchino, e lei sorrise – la solita Stupidan di sempre.

Infine diedi il braccio a MacBeth, e mi trattenni dal guardare se Duncan ci stesse osservando mentre ci accodavamo agli altri nobili che, compiuto il proprio dovere, stavano uscendo dalla sala l'uno dopo l'altro.

Seguimmo la folla verso il salone principale, dove era già in corso una grandiosa festa in onore del nuovo re. I festeggiamenti sarebbero proseguiti fino a tarda notte. Poiché a tutti i sudditi residenti a Scone e nei vicini insediamenti era stato garantito cibo e birra, ci si aspettava che condividessero la gioia per l'incoronazione, ma temevo che in molti l'avrebbero presa come scusa per ubriacarsi fino a perdere i sensi.

Quando io e MacBeth entrammo nel salone, Donalda venne da noi.

«Così attirerete ogni genere di calunnia» sussurrò, preoccupata in volto.

«Ti assicuro che non stiamo facendo niente di disdicevole» le rispose MacBeth con un gran sorriso. Donalda aveva l'aria talmente turbata che mi affrettai a darle ulteriori spiegazioni.

«Ieri sera abbiamo saputo della morte di Gillecomghain, e stamattina ci siamo sposati.»

Pensavo che sarebbe stata contenta, invece aggrottò le sopracciglia, ansiosa.

«Groa, sono desolata. Perdere il proprio marito è una cosa terribile.»

Mi ricordò che dovevo interpretare la parte della vedova addolorata.

«Sì, orrenda» le risposi, «ma il mio unico pensiero è stato che Lulach avesse la protezione di un padre. Sono grata a tuo figlio per il suo aiuto in questo difficile momento.»

Mi strinse la mano in segno di incoraggiamento. MacBeth era agitato, a disagio; mentire non gli si addiceva.

«Sai com'è morto?»

«No. Cercheremo di scoprire più dettagli possibili di ritorno verso Moray.»

«Vi siete sposati in fretta...»

«Non appena ho saputo che Gruoch era vedova, ho mandato a chiamare un vescovo» si affrettò a spiegarle MacBeth. «Temevo per la sua sicurezza. Una corte piena di nobili non è un luogo adatto per una vedova, soprattutto se bella come lei.»

«Perché tanta segretezza, però?»

«Non volevo che qualcuno si opponesse. Duncan avrebbe potuto accettare la proposta di matrimonio di qualcun altro. Coraggio, sii felice per me! Ho sposato il mio amore, e adesso potrai tornare a Burghead insieme a noi.»

Vedendo che gli scintillavano gli occhi di rabbia per tutte quelle domande, alla fine Donalda si ammorbidì.

All'inizio nessuno dei presenti badò a noi, concentrati com'erano su altri festeggiamenti, ma non mi importava. Guardai i nobili di Scone e mi crogiolai nella consapevolezza che ben presto, tornata a Burghead, non avrebbero più avuto nessuna importanza per me.

Avanzando tra la folla, però, qualcuno si accorse che camminavamo l'uno accanto all'altra. Uno dei thane ci raggiunse, lo sguardo bruciante di curiosità. Non osò chiederci nulla, ma saltò da un argomento all'altro: la battuta di caccia del giorno prima, l'incoronazione, il tempo... Pur partecipando attivamente alla chiacchierata, non gli demmo la soddisfazione di confermare ciò che sapevamo volesse sentirsi dire.

Quando infine arrivò Duncan, lo salutammo anche noi per

educazione e lo osservammo prendere posto al tavolo d'onore, la torque di Alba al collo. Ben presto gli astanti ricominciarono a chiacchierare tra loro. Non appena ci vide, si schiarì la voce e ci chiamò.

«Andiamo» mi sussurrò MacBeth.

«Dove?»

Non rispose, ma si limitò a portarmi davanti a lui.

«Vostra Maestà» tuonò, abbastanza forte perché chi ci stava intorno sentisse. «Posso congratularmi con voi per l'ascesa al trono di Alba? Sono sicuro che sarete un re valoroso.»

Duncan sorrise. Benché preoccupato per la nostra condotta, era felice di non avere incontrato ostacoli alla propria incoronazione. Be', diciamo che aveva solo avuto fortuna.

«Grazie» rispose con gentilezza. «E vi ringrazio anche per il vostro pieno sostegno» continuò, come per ricordare a tutti chi detenesse il potere. «Ho intenzione di ricompensare quanti mi hanno aiutato, e vorrei confer...»

«Ho importanti novità da comunicarvi» lo interruppe MacBeth, e intorno a noi calò di nuovo il silenzio. Non avevo mai provato tanto orgoglio né mi ero mai goduta tanto l'attenzione dei presenti. «Senza dubbio avrete saputo che mio cugino Gillecomghain è stato ucciso mentre fuggiva da Scone.»

Duncan spalancò gli occhi, prima dalla sorpresa e poi dalla rabbia. Il gesto di regalare Moray a MacBeth, come aveva pianificato, adesso avrebbe perso lustro, perché sarebbe stata una scelta obbligata. Nell'istante in cui gli invitati appresero la notizia, un'ondata di eccitazione travolse la sala.

«No, non lo sapevo. Una vera tragedia, nevvero, anche se devo ammettere che avevo pensato di...»

MacBeth lo interruppe ancora.

«Speravo di riconciliarmi con mio cugino ma, vedendomi negata l'opportunità, sono profondamente rattristato.» Astutamente, assunse un'espressione di rimpianto e rispetto.

Duncan rispose con un sorriso tirato. Perfino io rimasi sbalordita dalla sfrontatezza di MacBeth. Fu Suthan a rompere il silenzio carico di tensione che era calato, rivolgendosi a me con un'espressione solidale in volto.

«Sono desolata per la vostra perdita, Lady Gillecomghain» mi disse sincera.

«Vi ringrazio, Vostra Altezza. Sì, in effetti sono distrutta» replicai con la voce rotta dall'emozione.

Anche MacBeth, che mi dava ancora il braccio, fece in modo di apparire affranto.

«Non sono riuscito a salvare mio cugino» continuò, «ma adesso ho la possibilità di proteggere la sua famiglia. È mio dovere, infatti, occuparmi di sua moglie e suo figlio.»

Duncan cercò disperatamente di mantenere il controllo della situazione.

«Sono sicuro che troveremo qualcuno disposto a prendersene cura» disse di getto. «Un nobile di Scone, magari.»

Alle mie spalle, udii più di un uomo borbottare interessato, già intento a pensare a come convincere Duncan che fosse il candidato ideale.

«Molto gentile da parte vostra» dissi, gustandomi il momento, «tuttavia ho già compiuto la mia scelta.»

Nelle rughe intorno agli occhi e alla bocca del nuovo re si disegnò un profondo sbigottimento.

«È vero» continuò MacBeth, e dal calore della sua voce compresi che anche lui si stava divertendo quanto me. «Ormai ho deciso, proteggerò io la vedova di mio cugino. A tal proposito, questa mattina ci siamo sposati.»

I presenti trattennero il fiato.

«Inoltre ho intenzione di tornare insieme a mia moglie a Moray, dove sono nato e vissuto, e reclamare la contea per la discendenza di Findlaich.»

Notai Bethoc in un lato della sala che ci fissava, le dita bianche all'altezza delle nocche mentre stringeva la coppa, gli occhi socchiusi dalla collera. Le sorrisi, sperando che sentisse tutto il peso del mio sdegno.

Dopo avere perso tante battaglie, alla fine la guerra l'avevo vinta io.

Finalmente avevo trovato un uomo potente quanto me: stessa ambizione, stessa astuzia, stessa forza. Sebbene non fossi ancora regina, tra me e me ero convinta che lo sarei diventata presto. La profezia di mia nonna si sarebbe compiuta, e con MacBeth al mio fianco.

«Permettetemi di presentarvi mia moglie, Lady MacBeth» disse a Duncan con un teatrale movimento del braccio.

Noi tre ci rivediamo quando?
Con tuoni pioggia o lampi?
A baraonda finita,
a guerra persa e vinta.
Per incontrarvi MacBeth.

NOTA STORICA

Questo libro iniziò per me con una sconvolgente rivelazione: non solo Lady MacBeth è davvero esistita ma, dal pochissimo che sappiamo, risulta chiaro ed evidente che lei e chi le stava intorno ebbero una vita rocambolesca. Se molti degli eventi e dei personaggi narrati sono frutto della mia fantasia, magari vi sorprenderà sapere che molto altro ha, invece, un fondamento storico.

Da un lato sarebbe per me un immenso piacere elencarvi nel dettaglio ogni singola persona, legame familiare ed evento di cui abbiamo un resoconto documentato, ma mi piace altresì pensare che magari troverete l'ispirazione per scoprire da soli la verità su un particolare personaggio o elemento della storia. Per questo motivo, ho intenzione di condividere con voi soltanto le informazioni che più mi hanno affascinato all'inizio delle mie ricerche.

Gruoch era davvero sposata con Gillecomghain, il cugino di MacBeth. Ecco cosa ci dicono al riguardo gli *Annali* dell'Ulster: "Gilla Comgán figlio di Mael Brigte, conte di Moray, venne bruciato vivo insieme ad altre cinquanta persone".

Gli *Annali* non registrano il nome del suo assassino, ma sull'unione tra MacBeth e Gruoch esistono due storie: la prima vuole che MacBeth abbia ucciso Gillecomghain e poi reclamato a sé Gruoch come premio; la seconda, invece, narra che Gillecomghain venne ucciso da qualcun altro e che MacBeth sposò Gruoch per obbligo familiare. Considerato che Gillecomghain e suo fratello Mael Colum (anch'egli realmente vissuto) hanno ucciso Findlaich, il padre di MacBeth, sono propensa a scommettere sulla prima ipotesi.

Non ci sono notizie relative a eventuali figli nati dal matrimonio tra Gruoch e MacBeth, mentre sappiamo che Lulach divenne re dopo la morte del padre adottivo. Questo particolare mi ha influenzata nella potenziale dinamica relazionale tra Lulach e MacBeth e anche tra Gruoch e il suo secondo marito.

Il romanzo è disseminato di tanti minuscoli e affascinanti dettagli sulla vita quotidiana dell'epoca – per esempio, l'importanza di alcuni luoghi (il legame tra Gruoch e Loch Leven), specifici tratti caratteriali (l'abilità di Crinan a gestire le finanze dell'abbazia) e luoghi di interesse religioso (la compresenza di pratiche pagane e cristiane a Burghead). Tra le righe, ma in misura minore, sono nascosti anche alcuni riferimenti all'opera shakespeariana. Mi è piaciuto molto inserire questi specifici dettagli storici nella vita inventata di Gruoch, e spero vi siate divertiti a trovarli.

RINGRAZIAMENTI

Dalla prima bozza come episodio pilota per la televisione al romanzo rilegato che avete tra le mani, questa storia è stata influenzata e plasmata dall'amore e dal sostegno di tante persone.

Grazie a Natalie e ad Allison P. per avermi aiutato a mettere a fuoco l'arco narrativo. Grazie a Charlotte, amore mio, per avere letto ogni stesura del libro – tutte le parole e i capitoli che alla fine non ce l'hanno fatta – e per le ore di telefonate durante le quali ti ho vomitato addosso ogni genere di sciocchezza per poi uscirmene con un «Oh, ce l'ho! Grazie!» prima di appendere al volo e ributtarmi nel mio lavoro.

Grazie a Louise, la mia regina, per avere sempre creduto in me e per la tua instancabile dedizione nel voler consegnare questa storia – molteplici versioni comprese – nelle mani giuste. Non vedo l'ora di conquistare il mondo insieme a te. Grazie alla mia carissima Katie per il suo incrollabile entusiasmo. Grazie di cuore per avermi portato alla Bloomsbury e per il tuo crescente incoraggiamento.

Grazie ad Alison H per i suoi incredibili feedback e le sue analisi. Grazie a Lynn per avere raddrizzato le storture del libro, e anche a Elizabeth e a Faye per aver rimesso insieme tutto quanto. Grazie a Philippa, Amy e Anna per il lavoro che avete svolto per far conoscere il mio libro al mondo, e a David per aver trovato la copertina dei miei sogni.

Ringrazio profondamente coloro che sono stati disposti a leggere stralci del libro sul treno o a bordo di un aereo e che si sono innamorati dei suoi personaggi molto prima che venisse dato alle stampe. Grazie anche alla mia amata famiglia per il loro infinito amore e per aver avuto fiducia in me.

Infine un grazie di cuore a Moose: la lingua inglese non prevede parole abbastanza forti per esprimere la mia gratitudine per il tuo appoggio. Hai creduto in me e mi hai incoraggiato fin dall'inizio, aiutandomi a superare tanti momenti di incertezza e disperazione. Mi spiace aver soppiantato le nostre vacanze in Galles con una delle mie folli idee, ma almeno l'ho portata a termine.

Questo volume è stato stampato nel dicembre 2024
presso Rotolito S.p.A. - Milano